SÉRIE A 2 FR.

LES
SOIRÉES AMUSANTES

RECUEIL NOUVEAU & VARIÉ

D'HISTORIETTES CURIEUSES, PIQUANTES ANECDOTES, BONS MOTS,
PLAISANTERIES, PLAIDOYERS COMIQUES, CALEMBOURGS,
ANERIES, JOYEUX DEVIS, ÉQUIVOQUES, ÉNIGMES,
CHARADES, TOURS DIVERTISSANTS, ETC.

DIXIÈME ÉDITION

PARIS

C. DILLET, LIBRAIRE-ÉDITEUR

15, RUE DE SÈVRES, 15

LES

SOIRÉES AMUSANTES

Beaugency. — Imp. Gasnier.

LES
SOIRÉES AMUSANTES

RECUEIL NOUVEAU ET VARIÉ

DE PIQUANTES ANECDOTES, BONS MOTS, PLAISANTERIES,
PLAIDOYERS COMIQUES, CALEMBOURGS, ANERIES,
JOYEUX DEVIS, ÉQUIVOQUES, ÉNIGMES,
CHARADES, TOURS DIVERTISSANTS, ETC.

DIXIÈME ÉDITION

PARIS
C. DILLET, LIBRAIRE-ÉDITEUR
15, RUE DE SÈVRES, 15

1874

LES
SOIRÉES AMUSANTES

PREMIÈRE PARTIE

ANECDOCTES CURIEUSES

La commune des aliénés.

J'étais à la recherche d'une maison de campagne que je désirais non loin de la Seine ; j'en trouvai une de belle apparence dans un village de Normandie. — Il me paraît, me dit le propriétaire, bon vivant, que vous ne craignez pas d'augmenter le nombre des aliénés. — Que voulez-vous dire ? m'écriai-je. — Vous ignorez donc le sobriquet donné aux habitants de ce village ? — Oui, monsieur, je l'ignore ; mais, s'ils sont fous, je ne me soucie guère de vivre parmi eux, car la frayeur que j'aurais de gagner la maladie commune pourrait me la faire contracter. — Oh ! rassurez-vous, il n'y en a pas plus qu'ailleurs ; c'est la simplicité d'un maire qui leur a valu ce surnom. Si vous le voulez, je vais vous raconter l'anecdote qui y a donné lieu.

Le village de B... était administré, il y a quelques

années, par un cultivateur aisé, ayant de la droiture, de bonnes intentions, mais peu lettré. Or, cet honnête homme, que je nommerai Thouret, reçut un jour une circulaire de M. le Préfet du département, par laquelle ce magistrat demandait l'état nominatif des aliénés existant dans la commune. M. le Maire relut cette lettre trois fois de suite avec beaucoup d'attention, espérant y trouver la signification du mot *aliénés*, qu'il ne connaissait pas. « Diable, se disait-il en se grattant l'oreille, qu'est-ce que c'est donc que ça? »

Après bien des réflexions qui n'aboutirent à rien, il se décida à aller trouver son adjoint, M. Bélant, honnête vigneron, avec qui il était fort bien, et il le pria de prendre communication de la lettre. M. l'adjoint savait un peu lire, mais pas très-couramment, et craignant d'ennuyer l'autre, il lui dit : — Lis toi-même, je t'écoute.

Quand la lecture fut faite : Eh bien ? dit Bélant. — Eh bien ! dit Thouret, peux-tu me dire ce que c'est que les aliénés ? — Ah ! c'est ce mot-là qui t'embarrasse ? — Parbleu, sûrement tu sais ce que ça veut dire, toi ? — Oh ! je sais à peu près. — Eh bien, dis-moi à peu près. — Dam ! oui, je sais à peu près.... mais je ne peux pas te l'expliquer. — Cousin, si tu ne peux pas me l'expliquer, c'est que tu ne sais pas. Y ne faut pas faire le fanfaron. Allons trouver M. le maître ; lui qui est le secrétaire de la mairie, va nous dire ça tout de suite.

Les voilà chez M. Coupé, maître d'école. C'était un vieux routinier qui venait de renvoyer sa bande d'enfants plus joyeux à ce moment qu'à leur arrivée chez lui. Il salua les deux fonctionnaires, les fit asseoir, et leur demanda ce qu'il pouvait pour leur service. —

C'est, lui répondit le maire, pour vous prier de nous déchiffrer cette lettre de notre préfet.

Le maître d'école mit ses lunettes et la lut tout couramment. — Ah ça ! dites-nous maintenant ce que c'est que les aliénés, dit Bélant ; je l'ai su, mais je l'ai oublié. — Messieurs, je ne puis pas vous dire cela : il faut que ce soit quelque chose d'extraordinaire, car je n'en ai jamais entendu parler. — Il n'est pas possible, monsieur le maître... vous ne pourriez pas le trouver dans vos livres ? — Peut-être qu'oui, Messieurs, répondit le pédagogue ; je vous promets de faire cette recherche, et je vous en ferai part aussitôt que j'aurai trouvé le mot.

Ces messieurs s'en retournèrent aussi avancés qu'ils étaient venus. Chemin faisant, ils rencontrèrent un jeune notaire du voisinage, qui venait de faire signer un contrat de mariage dans la commune. L'idée vint à M. Thouret de le consulter sur le mot qu'il fallait qu'il connût à tout prix. — Tu vas te faire moquer de toi, lui dit Bélant. — Pourvu qu'il ne se moque pas de nous deux, qu'est-ce que cela te fait ?

M. le maire s'approche ; son adjoint le suit : — Monsieur le notaire, lui dit le premier, voulez-vous bien nous donner un avis de conseil sur une lettre qui nous embarrasse ?

Quand le notaire eut examiné l'affaire : — Messieurs, répondit-il gravement, les aliénés sont ceux qui vont à la messe le dimanche. — Ah ! tiens.... je ne m'en serais jamais douté, dit le maire ; je vous remercie, monsieur. — Oui, c'est cela, s'écria Bélant, je le savais bien.

Le notaire s'esquiva, craignant d'éclater de rire à leur barbe, et les laissa dans cette croyance. Or, ceci se passait un samedi : les deux cousins décident qu'ils iront à la messe le lendemain, et qu'ils sortiront un peu avant les autres paroissiens pour compter le nombre des dévots dits aliénés.

Ils exécutent leur projet, puis ils se rejoignent. Le nombre n'était que de quarante-cinq. — C'est bien peu, se dirent-ils, sur plus de mille âmes: on va dire que nous n'avons pas de dévotion, et nous n'obtiendrons pas le curé que nous sollicitons. — Peuh! nous pouvons bien doubler, tripler même le nombre... qui est-ce qui nous contredira ? — Pardine ! personne.

Voilà l'affaire entendue, et, rentré chez lui, M. le maire fit cette réponse au préfet :

« Monsieur le préfet, pour répondre à l'honneur de la vôtre, en date du..., je vous dirai que, pour quant aux aliénés qui existent dans la commune, ils sont 180, le maire et l'adjoint compris. »

Je laisse à deviner l'étonnement où cette réponse jeta M. le préfet ! Il ne pouvait croire qu'il y eût tant de fous dans le village de B..., et pourtant il n'osait presque en douter en voyant M. le maire et M. l'adjoint compris dans le nombre. — A coup sûr, se dit-il, ces deux-là le sont ; mais je dois m'informer s'ils ont autant de confrères qu'ils le croient.

M. le préfet fit prendre des renseignements ; il apprit la vérité, qui se répandit bientôt dans tous les rangs de la bureaucratie départementale ; l'hilarité fut générale et prolongée ; on fit mille plaisanteries sur le maire et les habitants de B... Bref, maints surnoms leur furent donnés : resta celui d'aliénés.

Joseph II et l'Invalide

L'empereur Joseph II n'aimait pas la représentation, et son goût pour la simplicité est assez connu.

Un jour, vêtu d'une simple redingote boutonnée, accompagné d'un simple domestique sans livrée, il était allé, dans une calèche à deux places, qu'il conduisait lui-même, faire une promenade du matin aux environs de Vienne; il fut surpris par la pluie, comme il reprenait le chemin de la ville.

Il en était encore éloigné, lorsqu'un piéton, qui regagnait aussi la capitale, fit signe au conducteur d'arrêter. Joseph II arrête ses chevaux.

— Monsieur, lui dit le militaire (car c'était un sergent), il y aurait-il de l'indiscrétion à vous demander une place à côté de vous? cela ne vous gênerait pas prodigieusement, puisque vous êtes seul dans votre calèche, et cela ménagerait mon uniforme que je mets aujourd'hui pour la première fois.

— Ménageons votre uniforme, mon brave, lui dit Joseph, et mettez-vous là. D'où venez-vous?

— Ah! dit le sergent, je reviens de chez un garde-chasse de mes amis, où j'ai fait un fier déjeûner.

— Qu'avez-vous donc mangé de si bon?

— Devinez.

— Que sais-je, moi? une soupe à la bière?

— Ah! bien oui, une soupe! mieux que ça.

— De la choucroûte?

— Mieux que ça.

— Une longe de veau?

— Mieux que ça, vous dit-on.

— Oh ! ma foi, je ne puis plus deviner, dit Joseph.

— Un faisan, mon digne homme, un faisan tiré sur les plaisirs de S. M., dit le camarade, en lui frappant sur la cuisse.

— Tiré sur les plaisirs de S. M. ! il n'en devait être que meilleur.

— Je vous en réponds.

Comme on approchait de la ville, et que la pluie tombait toujours, Joseph demanda au compagnon dans quel quartier il logeait, où il voulait qu'on le descendît.

— Monsieur, c'est trop de bonté ; je craindrais d'abuser de....

— Non, non, dit Joseph ; votre rue ? Le sergent indiquant sa demeure, demanda à connaître celui dont il recevait tant d'honnêtetés.

— A votre tour, dit Joseph, devinez !

— Monsieur est militaire, sans doute ?

— Comme dit monsieur.

— Lieutenant ?

— Ah ! bien oui, lieutenant ! mieux que ça.

— Capitaine ?

— Mieux que ça.

— Colonel, peut-être ?

— Mieux que ça, dit-on.

— Comment diable, dit l'autre, en se rencognant dans un coin de la calèche, seriez-vous feld-maréchal ?

— Mieux que ça.

— Ah ! mon Dieu, c'est l'empereur !

— Lui-même, dit Joseph, se déboutonnant pour montrer ses décorations.

Il n'y avait pas moyen de tomber à genoux dans la voiture ; l'invalide se confond en excuses, et supplie l'empereur d'arrêter pour qu'il puisse descendre : « Non pas, lui dit Joseph ; après avoir mangé mon faisan, vous seriez trop heureux, malgré la pluie, de vous débarrasser de moi aussi promptement ; j'entends bien que vous ne me quittiez qu'à votre porte. » Et il l'y descendit.

Le Faux Devin.

On appelle grillon un petit insecte qui habite nos foyers, aimant les lieux chauds, et faisant un bruit aigu et perçant. Un paysan nommé Grillon, avait ouï faire tant de récits de bons festins, et avait entendu si souvent chanter les louanges des mets et des vins délicieux qu'on y servait, qu'il ne voulait point mourir sans avoir goûté, et sans avoir fait trois repas où il n'eût rien à désirer, après quoi il s'embarrassait fort peu de mourir. Mais n'ayant pas de quoi contenter son envie, faute de moyens, il eut recours à une invention qu'il crut devoir lui réussir : c'était de contrefaire le devin, et de le publier partout où il irait. Il résolut, pour lors, de parcourir le pays, jusqu'à ce qu'il pût trouver quelqu'un qui eût besoin de son ministère, se proposant de dire qu'il lui était impossible de rien deviner qu'auparavant il n'eût fait, pendant trois jours consécutifs, trois repas composés des mets et des vins les plus délicats : s'inquiétant fort peu des coups de bâton et des étrivières qu'il pourrait recevoir lorsqu'on viendrait à découvrir sa fourberie. Il se mit donc en route, et publia le secret particulier qu'il avait de deviner toutes choses. Plusieurs personnes auraient bien voulu le consulter, mais le prix qu'il mettait à sa devination les empêchait de se satisfaire. Après avoir voyagé pendant quelque temps, il arriva dans un château où résidait une dame de haute naissance, et puissamment riche, qui avait perdu depuis quelques jours un diamant de très-grande valeur que trois de ses domestiques lui avaient dérobé. Cette dame entendant parler de l'arrivée et de la science du prétendu devin le fit venir, et lui demanda s'il pouvait découvrir ce qu'était devenu un diamant qu'elle venait de perdre. Grillon répondit qu'il lui en donnerait des nouvelles, mais que cela ne pouvait se faire qu'avec le temps, et par le moyen de quelques dépenses. La dame lui demanda quel temps il fallait, et à combien monterait cette dépense. Il demanda seulement trois jours, et dit que la dépense consisterait à lui faire faire, durant les trois jours, trois excellents repas, qui devaient durer chaque jour depuis le matin jusqu'au soir ; qu'autrement il ne pouvait avoir la faculté de deviner. La dame ordonna, en conséquence, qu'on lui servit pendant trois jours tout ce qu'il désirerait. On le conduisit ensuite dans une chambre qui lui fut destinée ; on lui donna à souper, mais ce souper-là ne fut pas mis au nombre de ses trois repas qui devaient durer toute la journée. Lui couché, les trois laquais qui avaient fait le vol se crurent perdus ; ils se consultèrent ensemble, et résolurent d'attendre l'expiration des trois jours. Un d'eux eut commission d'aller servir le devin durant son premier repas; dès le matin, il se mit à table, fut servi comme il l'avait commandé, et le domestique qui le servait avait grand soin d'épier toutes ses actions et de lui verser fréquemment à boire. Lorsqu'il se fut bien rassasié, il demanda à coucher, et jeta par hasard les yeux sur ce laquais, en disant tout haut : Ah ! Dieu merci, en voilà déjà un. Le domestique croyant que c'était lui que le devin désignait, alla tout tremblant trouver ses camarades, leur raconta ce qui lui était arrivé, et dit qu'ils étaient découverts. Ils résolurent donc, pour être plus éclaircis, qu'un des deux autres irait le servir le lendemain. Le jour étant venu, Grillon fut traité avec plus d'apprêt qu'au premier repas, et lorsqu'il voulut se retirer pour aller se coucher, il dit encore tout haut : Ah ! Dieu merci, en voilà déjà deux.

Le domestique, tout effrayé, se retira et donna l'épouvante à ses deux compagnons. Ils convinrent que le troisième irait le lendemain servir à son tour, et qu'ils délibéreraient sur ce qu'ils auraient à faire, d'après ce que le devin dirait. La nuit se passa, et le jour étant venu, on couvrit de nouveau la table de mets délicieux. Le troisième laquais, qui mourait d'appréhension en servant le devin, ne savait ce qu'il devait faire, et à chaque fois qu'il lui demandait à boire, il s'imaginait qu'il le montrait au doigt en le menaçant. Notre homme, ayant achevé de souper, se mit à rendre grâces à Dieu, et, à la fin de la prière, il dit tout haut : Ah ! merci, les voilà tous trois, je ne désirais rien autre chose, je suis maintenant content. Toi, mon ami, dit-il au laquais, dis à madame que j'aurai l'honneur de la voir. Ce laquais, ayant raconté à ses camarades ce qu'il venait d'entendre, ils ne doutèrent plus que leur vol ne fût découvert ; ils prirent donc le parti d'aller tous les trois, de grand matin, se jeter aux pieds du devin pour lui avouer leur friponnerie, lui remettre le diamant, et le supplier d'avoir pitié d'eux. Grillon, qui ne s'attendait à rien moins qu'à une si bonne nouvelle, et qui réfléchissait au moyen de pouvoir se sauver du château pour se soustraire au châtiment que méritait son imposture, Grillon, dis-je, fut bien étonné de cette découverte; et voyant qu'au lieu des étrivières auxquelles il s'attendait, il allait recevoir une bonne récompense, prit pour lors un air sérieux, et leur dit qu'ils avaient très-bien fait de lui avoir déclaré leur friponnerie, quoiqu'il ne l'ignorât pas par le moyen de son art; mais que s'ils voulaient avoir le pardon, il fallait lui déclarer toutes les particularités de ce vol, savoir: quand, où et comment ils avaient dérobé ce diamant; ce qu'ils firent sans rien omettre. Grillon prit alors le diamant, le fit, en leur présence, avaler à un dindon de la basse-cour, qu'il remarqua; il se fit ensuite conduire à l'appartement de madame, en répétant ce qu'il avait appris des domestiques; il lui dit qu'elle avait perdu sa bague un tel jour, à telle heure, en tel lieu et en telle compagnie; qu'en défaisant son gant, elle lui était tombée de la main, et qu'une des dindes de sa basse-cour, passant par là, l'avait avalée; il demanda qu'on les fît toutes venir, et qu'il la reconnaîtrait. La dame, voyant que toutes les particularités qu'il lui disait étaient véritables, ordonna qu'on fît passer devant elle tous ses poulets d'Inde; ce que l'on fit. Alors Grillon ayant reconnu celui à qui il avait fait avaler le diamant, dit: Madame, le voilà, faites-lui ouvrir le ventre et vous le trouverez. On tua l'animal, et on trouva, ainsi qu'il l'avait prédit, le diamant dans son ventre. La dame, émerveillée de la science profonde, du devin, le retint au château, et voulut qu'il ne partît que le lendemain, en lui promettant une bonne récompense. Peu d'heures après cette découverte, le mari de cette dame arriva ; il était absent depuis huit à dix jours : elle lui raconta aussitôt l'aventure de son diamant, en louant beaucoup le talent du devin qui le lui avait retrouvé. Son mari, moins crédule, ne put si facilement croire qu'un homme eût le pouvoir de deviner. Il plaisanta beaucoup son épouse en cherchant à la dissuader de sa croyance ; mais, voyant qu'il ne pouvait en venir à bout, il fit venir le devin, et le trouva de si mauvaise mine et d'un raisonnement si ridicule, que cela le confirma davantage dans l'opinion qu'il avait que sa femme s'était laissée duper. C'est pourquoi il le fit sortir de sa présence, et ordonna qu'on le chassât dès qu'il ferait jour. Mais la dame, toujours enthousiasmée de la prétendue science du devin, se fâcha de la réception que son mari lui avait faite ; elle chercha à le persuader en le priant de faire lui-même l'épreuve de son savoir sur quelque chose. Un grillon se présenta à l'instant sur la cheminée ; le mari profita de cette occasion, il le prit, et ayant demandé deux plats, il le renferma dedans, sans que personne le vît faire ; il envoya à l'instant chercher le devin, et lui dit : Eh bien ! mon ami, toi qui fais ici le devin, et veux passer pour tel, comme je sais que tu n'es qu'un maraud, et que tu ne le fais que pour attraper le monde, je veux voir à présent ce qu'il en est ; car si tu ne devines sur le champ ce qui est entre ces deux plats, je vais te faire assommer de coups de bâton. Le pauvre devin fut bien saisi, car il voyait sa fourberie découverte. Ce qui fit qu'en levant les yeux au ciel, il dit tout haut : Hélas ! pauvre Grillon, te voilà pris. Il en-

tendait parler de lui-même, qui se nommait Grillon.
Mais le seigneur, qui ne savait point son nom et qui ne
comprenait point cette équivoque, crut que véritable-
ment il avait deviné ; il découvrit aussitôt les deux plats,
et fit voir le grillon qu'il avait enfermé ; il s'avoua alors
pour vaincu, et récompensa généreusement le devin, qui,
se trouvant trop heureux de l'avoir échappé belle, se
promit bien de ne plus se mêler d'un métier si périlleux.

Une soirée de Napoléon à Rambouillet.

Les jours où il n'y avait à Rambouillet ni chasse, ni
concert, ni spectacle, Napoléon travaillait avec ses mi-
nistres ; et le soir, pour compenser un peu la disette de
plaisirs, on jouait dans le grand salon carré. Neuf tables
chargées de bougies et de cartes étaient dressées à
droite et à gauche : au centre était celle destinée à
l'empereur, dans le cas où il aurait voulu jouer lui-
même.

Un soir il alla droit à une table sur laquelle avait
été posé un jeu d'échecs. — Voyons, dit-il à Duroc,
savez-vous ce jeu-là ? — Non, Sire. — Voyez donc si
parmi ces messieurs, il en est quelques-uns qui veuillent
bien faire ma partie.

Et l'empereur, se retournant vers l'officier général
avec lequel il discutait déjà, reprit avec lui la conversation interrompue. Pendant ce temps, le grand-maréchal s'était mis en quête d'un joueur d'échecs ; mais,

parmi les personnes présentes, il n'en était pas une seule qui sût la moindre notion de ce jeu difficile.

L'empereur demanda alors à Duroc : Le maire de Rambouillet est-il ici ? — Oui, Sire. — Priez-le de venir me parler.

Duroc alla prévenir le maire, qui s'approcha de l'empereur.

— M. le maire, lui dit Napoléon, n'avez-vous point dans votre ville et parmi vos administrés un joueur d'échecs ? — Sire, nous avons le curé de notre église paroissiale ; mais je ne répondrai pas à Votre Majesté qu'il y soit fort habile. — N'importe, voilà mon affaire. Est-ce un brave homme? est-il tolérant ? — Sire, c'est un digne homme, aimé et respecté de ses paroissiens. — Je veux faire connaissance avec lui, ajouta Napoléon. Puis, sur son ordre, le grand-maréchal sortit.

Un quart-d'heure après, on vit entrer dans le salon un bon vieillard aux cheveux blancs, à la figure franche et épanouie : c'était le curé de Rambouillet. Après avoir été présenté à l'empereur, qui lui fit un salut affectueux, il lui tourna un petit compliment fort convenable à son caractère et à son âge.

— Monsieur le curé, lui répondit Napoléon, j'ai appris que vous étiez bon joueur d'échecs, je ne serais pas fâché d'essayer ma force contre la vôtre. Voyons, mettez-vous là, et conduisez-vous en brave champion, ne me ménagez pas si je fais quelque école.

— Eh! eh! Sire, autrefois je savais jouer ce jeu-là passablement, répondit le vieux pasteur ; mais aujourd'hui je suis un peu rouillé : quand on n'exerce pas souvent un art, on devient incapable.

— Oh! ce jeu-là n'est pas un art, monsieur le curé, c'est une science véritable. Allons, allons, tout rouillé que vous prétendez être, vous me faites l'effet de ne point avoir oublié entièrement vos succès d'autrefois. Voyons à qui commencera.

Le curé prit place en face de l'empereur. Napoléon fouilla dans la poche de sa veste, tira quelques pièces de vingt francs, et en mit une sur la table en disant :

— Il faut intéresser un peu le jeu, mais il ne faut pas le brûler ; nous allons seulement jouer vingt francs en six trous. Le vieux prêtre s'était mis aussi en devoir de tirer de la poche de sa soutane une bourse assez maigre ; mais quand il vit la pièce d'or de l'empereur, il ouvrit de grands yeux et dit, peut-être pour s'excuser de jouer si gros jeu, car il n'était ni joueur, ni riche : — Sire, il me semble que c'est beaucoup d'argent.

Mais Napoléon alla au-devant de la confidence du vieillard, et lui répondit de sa voix la plus affectueuse : Monsieur le curé, votre argent est le patrimoine des pauvres, et je ne voudrais pas que vous en risquassiez la plus légère partie au jeu. Vous allez vous mettre de moitié avec Duroc (il désigna le grand-maréchal), et votre mise sociale sera parfaitement égale, puisque vous apporterez, vous votre talent, et lui son argent.

— Mais, Sire, répartit le prêtre, monseigneur le grand-maréchal n'a peut-être pas de mon talent une aussi bonne opinion que Votre Majesté ; lui, qui a l'honneur d'être votre compagnon de périls, doit savoir mieux que personne que vos adversaires ne triomphent jamais.

Cette louange, amenée naturellement et débitée avec une bonhomie parfaite, flatta plus Napoléon que tous les discours de Fontanes. — Monsieur le curé, répondit-il en souriant, moi et Duroc sommes vos paroissiens en ce moment. Ne nous gâtez ni l'un ni l'autre.

Le jeu commença. Le puissant empereur en vint aux mains avec le modeste curé, et ce fut un piquant spectacle de voir le grand capitaine, alors dans tout l'éclat d'une gloire que rien ne semblait devoir obscurcir, en tête-à-tête devant un échiquier, avec un pauvre prêtre. Celui qui pouvait, à un signe de son épée, faire marcher un demi-million d'hommes d'une extrémité de l'Europe à l'autre, méditait profondément la marche de quelques cavaliers, dont un coup déterminait le déplacement, et il avait pour rival, sur cet innocent champ de bataille, un bon et respectable vieillard.

Il fut complètement battu par le curé, qui gagna cinq parties de suite avec une dextérité et un bonheur qui ne laissèrent pas à Napoléon le temps de respirer. Quand le moment de se séparer fut venu, quand minuit eut sonné à la grosse horloge de Rambouillet, Napoléon, qui venait de perdre sa cinquième partie, se leva en riant, et dit à son adversaire, de l'air du monde le plus aimable : — Monsieur le curé, vous venez de me donner une leçon; j'en profiterai. J'ai plus appris ce soir à jouer ce jeu-là, que depuis vingt ans que je le joue. Vous m'avez battu sans merci.

— Votre Majesté est invincible partout ailleurs, répondit le vieillard, et c'est bien le moins qu'elle soit battue aux échecs. Au surplus, Sire, votre défaite tient à la rapidité de votre manière de jouer; ce mode réussit quelquefois; mais il n'est pas toujours heureux quand on a en tête un ennemi lent, patient et expérimenté.

Le bonhomme, sans s'en douter, donnait encore à Napoléon une leçon de stratégie.

Les grands personnages qui avaient constamment entouré la table de l'empereur pour le voir jouer avec Monsieur le curé, gardaient le silence. Le bon prêtre prit délicatement les cinq pièces d'or que l'empereur avait perdues, et s'approchant du grand-maréchal, lui dit à voix basse :

— Monseigneur, sur cette somme, il vous revient, de bonne guerre, cinquante francs.

— Monsieur le curé, répliqua le grand-maréchal, gardez-les, je vous prie, vous les distribuerez aux pauvres à mon intention.

— Votre vœu sera exactement rempli, monseigneur.

Cependant Napoléon, qui tâchait d'expliquer à ceux qui l'entouraient les causes qui l'avaient fait perdre, revint auprès du vieillard et lui dit : — Monsieur le le Curé, vous m'avez fait passer une soirée charmante, je vous en remercie. Maintenant, que vous savez où me trouver; j'espère bien que vous me ferez l'amitié de venir me revoir; et puis, ajouta-t-il gaîment, vous me devez, sinon une visite, du moins une revanche, et j'espère bien la prendre la prochaine fois.

Le curé s'étant incliné en signe de remercîment, l'empereur changea de conversation, et lui demanda tout-à-coup : — Quel âge avez-vous ? — Sire, soixante-douze ans. Voilà bientôt quarante-cinq ans que je prie pour la France dans le saint ministère que je remplis. — Eh bien ! continuez, monsieur le curé, à prier pour elle et pour moi. Nous nous reverrons bientôt, je l'espère. — Sire, bientôt est le mot, répondit le vieux prêtre; car si votre majesté daigne me faire l'honneur de m'admettre à sa partie, je n'ai pas de temps à perdre; à mon âge, les points sont comptés d'avance, même au jeu d'échecs.

Le héros et le vieux prêtre ne devaient plus se revoir. En 1813, le curé de Rambouillet mourut, et l'empire était bien près de succomber.

Le Paysan et l'Avocat.

Un jour, un fermier, nommé Bernard, vint à Rennes pour certain marché. Son affaire une fois terminée, voyant qu'il lui restait quelques heures de loisir, il pensa qu'il ferait bien de les employer à consulter un avocat. On lui avait souvent parlé de M. Potier de la Germondaie, dont la réputation était si grande, que l'on croyait un procès gagné lorsqu'on pouvait s'appuyer de son opinion. Le paysan demanda son adresse et se rendit chez lui, rue Saint-Georges.

Les clients étaient nombreux, et Bernard dut attendre longtemps ; enfin son tour arriva, et il fut introduit. M. Potier de la Germondaie lui fit signe de s'asseoir, posa ses lunettes sur le bureau, et lui demanda ce qui l'amenait.

— Par ma foi ! monsieur l'avocat, dit le fermier en tournant son chapeau, j'ai entendu dire tant de bien de vous, que comme je me trouvais tout porté à Rennes, j'ai voulu venir vous consulter, afin de profiter de l'occasion.

— Je vous remercie de votre confiance, mon ami, dit M. Potier de la Germondaie. Mais vous avez sans doute quelque procès ?

— Des procès ? par exemple ! je les ai en abomination; et jamais Pierre Bernard n'a eu un mot avec personne.

— Alors une liquidation, un partage de famille?

— Faites excuse, monsieur l'avocat, ma famille et moi nous n'avons jamais eu à faire de partage, vu que nous prenons à la même huche, comme on dit.

— Il s'agit donc de quelque contrat d'achat ou de vente?

— Ah! bien oui! je ne suis pas assez riche pour acheter, ni assez pauvre pour revendre.

— Mais enfin, que voulez-vous de moi? demanda le jurisconsulte étonné.

— Eh bien! je vous l'ai dit, monsieur l'avocat, reprit Bernard avec un rire embarrassé, je veux une *consulte*... pour mon argent, bien entendu... à cause que je suis tout porté à Rennes, et qu'il faut profiter des occasions.

M. de la Germondaie sourit, prit une plume, du papier, et demanda au paysan son nom.

— Pierre Bernard, répondit celui-ci, heureux enfin qu'on l'eût compris.

— Votre âge?

— Trente ans approchant.

— Votre profession?

— Ma profession?... Ah! oui, quoi est-ce que je fais?... je suis fermier.

L'avocat écrit deux lignes, plie le papier et le remet à son étrange client.

— C'est déjà fini, s'écrie Bernard; eh bien! à la bonne heure, on n'a pas le temps de moisir, comme dit cet autre. Combien donc est-ce que ça vaut la *consulte*, monsieur l'avocat?

— Trois francs.

— Bernard paie sans réclamation, salue du pied et sort enchanté d'avoir *profité de l'occasion*.

Lorsqu'il arriva chez lui, il était déjà quatre heures. La route l'avait fatigué, et il entra à la maison bien décidé à se reposer.

Cependant ses foins étaient coupés depuis deux jours et complètement fanés ; un des garçons vint demander s'il fallait les rentrer.

— Ce soir ? interrompit la fermière qui venait de rejoindre son mari ; ce serait grand péché de se mettre à l'ouvrage si tard, tandis que demain on pourra les ramasser sans se gêner.

Le garçon objecta que le temps pouvait changer, que les attelages étaient prêts et les bras sans emploi ; la fermière répondit que le vent était bien placé, et que la nuit viendrait tout interrompre. Bernard, qui écoutait les deux plaidoyers, ne savait à quoi se décider, lorsqu'il se rappela tout-à-coup le papier de l'avocat.

— Minute, s'écrie-t-il, j'ai là une *consulte*, c'est d'un fameux, et elle m'a coûté trois francs ; ça doit nous tirer d'embarras. Voyons, Thérèse, dis-nous ce qu'elle chante, toi qui lis dans toutes les écritures.

La fermière prit le papier, et lut en hésitant ces deux lignes :

> Ne remettez jamais au lendemain
> Ce que vous pouvez faire le jour même.

— Il y a cela, s'écria Bernard, frappé d'un trait de lumière ; alors vite les charrettes, les filles, les garçons, et rentrons le foin.

La femme voulut essayer encore quelques objections, mais il déclara qu'on n'achetait pas une *consulte* trois francs pour n'en rien faire, et qu'il fallait suivre l'avis de l'avocat. Lui-même donna l'exemple en se mettant à la tête des travailleurs, et en ne rentrant qu'après avoir ramassé tous ses foins.

L'événement sembla se charger de prouver la sagesse de sa conduite, car le temps changea pendant la nuit : un orage inattendu éclata sur la vallée, et le lendemain, quand le jour parut, on aperçut, dans les prairies, la rivière débordée qui entraînait les foins récemment coupés. La recolte de tous les fermiers voisins fut complètement anéantie ; Bernard seul n'avait rien perdu.

Cette première expérience lui donna une telle foi dans la consultation de l'avocat, qu'à partir de ce jour il l'adopta pour règle de conduite, et devint, grâce à son ordre et à sa diligence, un des plus riches fermiers du pays. Il n'oublia jamais, du reste, le service que lui avait rendu M. de la Germondaie, auquel il apportait tous les ans, par reconnaissance, un couple de ses plus beaux poulets ; et il avait coutume de dire à ses voisins, lorsqu'on parlait des hommes de loi, « qu'après les commandements de Dieu et de l'Église, ce qu'il y avait de plus profitable au monde était la *consulte* d'un bon avocat. »

La dix-septième lettre de l'alphabet.

La question la plus simple nous surprend quelquefois, et en voici la preuve :

Un jour, un général inspectait un régiment d'infanterie ; il était sévère et cherchait surtout à embarrasser les officiers par des questions imprévues. Le jour de la revue d'ensemble, il s'adressa à l'officier de droite du premier bataillon, et lui dit de faire l'appel de son peloton. L'officier chercha dans sa poche son calepin ; mais le général, l'arrêtant, lui dit : « Je ne doute pas, monsieur, que vous sachiez lire ; mais vous devez connaître vos hommes, savoir leur nom et les appeler de mémoire. »

L'officier fut obligé d'avouer que sa science n'allait pas jusque là.

— C'est bien, monsieur, dit le général, vous ne savez pas votre métier.

Au second peloton, même réponse, même réprimande. Cependant on se racontait, de peloton en peloton, ce qui se passait, et on se plaignait de la sévérité du général. Un sous-lieutenant, qui commandait un des derniers pelotons, vit venir le danger, et, pour le parer, il s'adressa à ses soldats :

— Mes amis, leur dit-il, vous savez que je ne suis pas méchant, et vous ne voudriez pas me faire de la peine ; je vous aime tous beaucoup, mais, si je vous porte dans mon cœur, ma mémoire, moins fidèle, peut bien avoir oublié vos noms ; voici donc ce qu'il faut que vous fassiez pour que je continue à être bon enfant. Quand le général sera là, je ferai l'appel, et vous répondrez présent les uns après les autres, en commençant par la droite, quels que soient les noms que je prononce. C'est convenu, n'est-ce pas ! Attention ! le voilà qui s'approche.

Le général était de fort mauvaise humeur.

— Faites l'appel de votre peloton, dit-il au sous-lieutenant, en fronçant le sourcil.

— Oui, général, reprit le jeune homme. — Dubois ?
— Présent — Nicolas ? — Présent. — Boulanger ? —
Présent, etc., jusqu'à ce que le dernier homme du troisième rang eût répondu.

— Parbleu ! monsieur, dit le général, vous êtes le
seul officier de votre régiment qui connaissiez votre
peloton. C'est très-bien, je vous porterai sur le tableau
d'avancement.

Il n'est pas besoin de dire qu'après la revue le général réunit tous les officiers, qu'il se plaignit de ce
qui s'était passé, et qu'il signala le sous-lieutenant
comme le seul méritant.

Mais ces éloges pesaient au jeune officier ; aussi,
le soir, rencontrant le général près du quartier, il l'aborda et lui dit :

— Mon général, vous m'avez adressé tantôt des éloges que je ne mérite pas, je dois vous l'avouer. — Et
il lui raconta ce qu'il avait fait.

— Cela prouve, du moins, monsieur, que vous avez
de l'esprit, dit le général.

— Mon Dieu mon général, reprit le sous-lieutenant,
vous ne savez pas combien il est facile d'intimider
l'homme le plus sûr de son affaire, en lui adressant à
l'improviste la question la plus simple. Tenez, vous
voyez ce sous-officier qui passe là-bas et va se promener : c'est peut-être le meilleur instructeur de toute
l'armée ! permettez-moi de l'appeler et veuillez lui demander une définition de la charge.

On appela le sous-officier. — Le sixième temps de la
charge ? lui dit le général.

— Le sixième temps de la charge...? répondit le
sous-officier, attendez donc : Apprêtez armes...

— Oh ! si tu commences par le premier, tu y arriveras.

— Parbleu mon général, vous qui êtes si fort, reprit le sous-officier, dites-moi donc quelle est la dix-septième lettre de l'alphabet ?

— La dix-septième lettre de l'alphabet,..? parbleu, a.... b.... c.....

— Ah ! si vous commencez par le commencement, vous y arriverez bien sûr.

— Eh bien, mon général, ajouta le sous-lieutenant, vous voyez bien qu'on peut surprendre l'homme le plus habile : car vous savez bien votre alphabet, n'est-ce pas ?

Le général se prit à rire et ne se fâcha pas.

———

Horrible anxiété.

Un étranger très-riche, nommé Suderland, était le banquier de la cour, et naturalisé en Russie ; il jouissait auprès de l'impératrice d'une assez grande faveur. Un matin, on lui annonce que sa maison est entourée de gardes, et que le maître de police demande à lui parler.

Cet officier, nommé Reliew, entre avec l'air consterné. « Monsieur Suderland, dit-il, je me vois, avec un vrai chagrin, chargé par ma gracieuse souveraine d'exécuter un ordre dont la sévérité m'effraie, m'afflige, et j'ignore par quelle faute ou par quel délit vous avez excité à ce point le ressentiment de Sa Majesté.

— Moi ! monsieur, répondit le banquier, je l'ignore autant et plus que vous ; ma surprise surpasse la vôtre. Mais enfin quel est cet ordre ?

— Monsieur, reprend l'officier, en vérité le courage me manque pour vous le faire connaître.

— Eh quoi, aurai-je perdu la confiance de l'impératrice ?

— Si ce n'était que cela, vous ne me verriez pas si désolé. La confiance peut revenir ; une place peut être rendue.

— Quoi ! s'agit-il de me renvoyer dans mon pays ?

— Ce serait une contrariété ; mais avec vos richesses on est bien partout.

— Ah ! mon Dieu ! s'écria Suderland, tremblant, est-il question de m'exiler en Sibérie ?

— Hélas ! on en revient.

— De me jeter en prison ?

— Si ce n'était que cela, on en sort.

— Bonté divine ! voudrait-on me knouter ?

— Ce supplice est affreux, mais il ne tue pas.

— Eh quoi ! dit le banquier en sanglotant, ma vie est-elle en péril ? l'impératrice si bonne, si clémente, qui me parlait encore si doucement, il y a deux jours, elle voudrait..... Mais je ne puis le croire. Ah ! de grâce, achevez ; la mort serait moins cruelle que cette attente insupportable.

— Eh bien, mon cher, dit enfin l'officier de police avec une voix lamentable, ma gracieuse souveraine m'a donné l'ordre de vous faire... empailler.

— Empailler ! s'écrie Suderland, en regardant fixement son interlocuteur ; mais vous avez perdu la raison, ou l'impératrice n'aurait pas conservé la sienne ; enfin vous n'avez pas reçu un pareil ordre sans en faire sentir la barbarie et l'extravagance.

— Hélas ! mon pauvre ami, j'ai fait ce qu'ordinairement nous n'osons jamais tenter. J'ai marqué ma surprise, ma douleur ! j'allais hasarder d'humbles remontrances ; mais mon auguste souveraine, d'un ton irrité, en me reprochant mon hésitation, m'a commandé de sortir et d'exécuter sur-le-champ l'ordre qu'elle m'avait donné.

Il serait impossible de peindre l'étonnement, la colère, le tremblement, le désespoir du pauvre banquier. Après avoir laissé quelque temps un libre cours à l'explosion de sa douleur, le maître de police lui dit qu'il lui donne un quart-d'heure pour mettre ordre à ses affaires.

Alors Suderland le prie, le conjure, le presse longtemps en vain de lui laisser écrire un billet à l'impératrice pour implorer sa pitié. Le magistrat, vaincu par ses supplications, cède en tremblant à ses prières, se charge de son billet, sort, et, n'osant aller au palais, se rend précipitamment chez le comte de Bruce. Celui-ci croit que le chef de police est devenu fou : il lui dit de le suivre, de l'attendre dans le palais, et court sans tarder chez l'impératrice. Introduit chez cette princesse, il lui expose le fait.

Catherine, en entendant cet étrange récit, s'écrie :

« Juste ciel ! quelle horreur ! en vérité, Reliew a perdu la tête. Comte, partez, courez et ordonnez à cet insensé d'aller tout de suite délivrer mon pauvre banquier de ses folles terreurs, et de le mettre en liberté.

Le comte sort, exécute l'ordre, revient, et trouve avec surprise Catherine riant aux éclats.

« Je vois à présent, dit-elle, la cause d'une scène

aussi burlesque qu'inconcevable: J'avais depuis quelques années un joli chien que j'aimais beaucoup, et je
lui avais donné le nom de *Suderland*, parce que c'était
celui d'un Anglais qui m'en avait fait présent. Ce chien
vient de mourir; j'ai ordonné à Reliew de le faire empailler, et comme il hésitait, je me suis mise en colère
contre lui pensant que, par une vanité sotte, il croyait
une telle commission au-dessous de sa dignité. Voilà
le mot de cette ridicule énigme. »

(Mémoires de M. le comte de Ségur).

Étrange bonhomie.

Lors de l'incendie du Palais-de-Justice, le 10 jan-
vie 1776, le feu ayant gagné la prison de la Concierge-
rie, on se hâta de la faire évacuer, et de transférer les
prisonniers dans d'autres maisons d'arrêt. La garde
répandue dans les cours, pour y maintenir l'ordre,
aperçut dans un coin un pauvre homme, vêtu en paysan, qui pleurait et se désolait. Le sergent lui demanda
s'il avait perdu quelque chose dans l'incendie. « Hélas!
non, Monsieur, répondit-il, je suis un prisonnier; ils
ont emmené mes camarades dans une charrette, j'ai
voulu y monter, on m'a donné un coup de poing, on
m'a dit d'attendre ici, et qu'on viendrait m'y chercher;
je meurs de froid et de faim, et je ne sais où aller. »
Ce sergent se mit à rire de voir un prisonnier se lamenter de ce qu'il était libre, et, touché de sa bonhomie, il le fit approcher près d'un grand feu qu'on

avait allumé dans la cour, et lui donna du pain, de la viande et du vin. Le paysan boit, mange et dort ensuite profondément, sans que le tumulte qui règne autour de lui puisse le réveiller. Au point du jour, le premier président arrive avec un grand cortège; on lui raconte l'histoire du paysan, qui dormait encore; on le réveille et on l'amène devant lui.

— Mon ami, lui dit le magistrat, comment t'appelles-tu?

— Monseigneur, je m'appelle Pierre Laval.

— Et d'où viens-tu?

— De Valvins, monseigneur, près Fontainebleau.

— Et pourquoi es-tu en prison?

— J'avais répondu de 30 francs pour mon compère Morin; il n'a pu payer, ni moi non plus, et on m'a mis en prison.

Le premier président dit à un de ses secrétaires:

— Payez les 30 francs pour ce bonhomme, et qu'on le mette en liberté.

— Ah! monseigneur, vous êtes bien bon; que de bonté! monseigneur.

Et, tout d'un coup, commençant à se lamenter:

— Ah! mon Dieu! qu'est-ce que je vais devenir?

— Comment; on te dit que tu es libre, et que ta dette est payée, que tu peux retourner à Valvins, et tu n'es pas content?

— Ah! monseigneur, comment voulez-vous que je retourne, je n'ai pas un sou.

Le premier président tire un écu de 6 francs de sa poche et le lui donne. Le paysan se confond en remerciements, et le voilà qui se lamente encore: Ah! mon Dieu! mon Dieu! comment faire? et qu'est-ce que je vais devenir?

— Oh! oh! dit le premier président, voilà un homme difficile à contenter ; que te faut-il donc ?

— Eh ! monseigneur, comment voulez-vous que je m'en aille à Valvins ? on m'a amené ici en charette, et je ne sais pas le chemin.

Le premier président, tout en riant de sa naïveté, dit qu'on le menât au port Saint-Paul, qu'on le fît embarquer, et qu'on lui payât sa route : « Va, mon ami, tu arriveras le soir à Valvins. » Nouveaux remerciements d'abord, et puis nouvelles complaintes : Ah ! mon Dieu ! qu'est-ce que je vais devenir ? Pour le coup, le premier président le crut fou. On lui demanda ce qu'il avait. — Hélas ! ma femme sait que je n'ai pas d'argent, et quand elle va me voir, elle croira que je me suis sauvé, elle aura peur. Le premier président lui conseilla, avec toute la bonté possible, de descendre chez un de ses voisins, et de faire prévenir sa femme, afin d'éviter toute surprise : et il le renvoya enfin satisfait... « Mais, disait-il, j'ai vu le moment qu'il faudrait le ramener moi-même à Valvins. »

***

Veillée militaire.

Pendant l'invasion de 1814, les alliés envoyèrent un corps d'armée, Russes et Prussiens, bloquer Verdun. Cette place se trouvait alors sous les ordres du général C...., forcé d'évaquer Epinal et de se retirer à Verdun sur un ordre de l'empereur.

Les postes avancés de l'ennemi se trouvaient presque sous les murs de cette ville, et il ne se passait

pas de jour que ses védettes ne se permissent de nar-
guer nos soldats et ne cherchassent à les attirer au
dehors par mille bravades provoquantes.

Un matin, trois Cosaques poussèrent l'audace jusqu'à venir à portée de fusil de la place. Indignés de
leur audace, le commandant de place et un officier de
hussards font seller leurs chevaux, et, sous prétexte de
faire une reconnaissance, s'avancent droit sur ces Cosaques : ceux-ci les apercevant poussent un hourra, re-
montent à cheval et les repoussent jusquaux portes
de Verdun. Ce jour-là, le général avait réuni plusieurs
de ses amis à sa table : quand on apprit la poursuite
que venait de recevoir le commandant, on se mit à le
plaisanter. L'aide-de-camp du général, M. d'H..., fut
un de ceux qui se montra le plus mordant: — « Eh!
morbleu! s'écria le commandant de place, *je voudrais
bien vous y voir, vous, et voir comment vous en re-
viendriez?....* — Soit, répondit l'aide-de-camp, si
le général veut me le permettre, je vais vous prouver
que la vue de vos Cosaques ne m'épouvante pas plus
que leurs discours, car je prends avec vous l'engagement d'aller leur parler et de revenir tranquillement ici.
— C'est impossible! s'écrient tous les convives. — Moi,
je vous en défie, ajoute le commandant : je vous parie
un déjeûner pour tous les officiers qui sont ici, que
vous n'exécutez pas ce que vous prétendez faire. — Je
tiens votre pari, commandant, reprend l'aide-de-camp
sans s'émouvoir; avant peu, je serai de retour: au
revoir donc, messieurs, et il sortit. »

S'élancer à cheval, se faire ouvrir les portes de la
ville et se diriger vers les trois Cosaques, fut pour l'aide-
de-camp l'affaire d'un moment. A son approche, les
Cosaques vont droit à lui.

Et quel fut l'étonnement du général et des officiers témoins de cette scène du haut des remparts, de voir les Cosaques s'avancer respectueusement au-devant de l'aide-de-camp, le saluer comme un de leurs officiers, et après l'avoir écouté attentivement, se diriger avec lui vers le premier village qui se trouve sur la route de Verdun à Metz. — Quelle imprudence! s'écria le général, le voilà prisonnier! Et, par sa mauvaise humeur en voyant emmener son aide-de-camp par ces maudits Cosaques, le général témoigna combien il regrettait d'avoir donné son assentiment à une fanfaronnade. — J'ai eu tort de lui permettre de sortir, s'écrie le général avec douleur, car le voilà prisonnier... Et, suivi de ses convives, il revient achever le dîner.

On avait à peine terminé, qu'on entendit un grand bruit de pas dans l'antichambre : c'était notre aide-de-camp. Quel fut l'étonnement de chacun de le voir revenir! Allant droit au commandant de place : Eh bien! commandant, pensez-vous que j'aie gagné mon pari? — Oui, reprit le commandant, et j'en suis charmé, car nous vous avons cru prisonnier, et nous le regrettions. » Tout le monde le félicitant sur son heureux retour, on le pria de raconter son aventure.

Elle est fort simple, reprit-il modestement : aussitôt mon pari accepté, je donnai l'ordre à mon soldat d'ordonnance de seller mon cheval : pendant ce temps-là, je montai dans ma chambre, je pliai une grande feuille de papier en quatre, et j'y apposai trois énormes cachets. Mon intention était de me faire passer pour un officier parlementaire. Vous avez vu qu'après avoir pris congé de vous, je m'avançai vers les Cosaques, que je reconnus pour être des Polonais de l'Ukraine ; je leur adressai quelques paroles dans leur langue, en les pré-

venant que je demandais à porter ma dépêche à un de
leurs officiers ; ils m'annoncèrent alors qu'ils étaient en
tournée dans les environs, et qu'ils ne s'en trouvait pas
un seul au premier village qui se trouve sur la route
de Verdun à Metz. Je n'hésitai pas alors à me faire
conduire chez le maire de l'endroit, que je connaissais
particulièrement. — Comment ! s'écria-t-il quand il
m'aperçut, vous voilà donc prisonnier de ces brigands-
là ? Si vous voulez, nous allons vous délivrer. — Ne
craignez rien, lui dis-je, je ne suis ici que pour voir
leurs officiers. Et je fis donner deux litres d'eau-de-
vie à mes trois Cosaques, qui ne me perdaient pas de
vue ; j'ajoutai que j'attendais un instant leurs officiers,
et je racontai au maire mon pari. Il m'engagea à partir au plus tôt, car, me dit-il, ils devaient être de retour vers le soir.

Je profitai de son avis ; je fis demander un sous-officier à qui je remis ma dépêche, et me fis reconduire
par mes trois Cosaques. Chemin faisant, je leur dis que
je les attendais le lendemain à Verdun, pour m'apporter la réponse à la dépêche.

A ce récit, tous les officiers témoignèrent à M. d'H...
le plaisir qu'ils éprouvaient de l'issue heureuse qu'avait
eue cette aventure : le commandant de place paya son
déjeûner le lendemain, et, comme on le pense bien,
on ne vit pas de Cosaques apporter de réponse à la
dépêche de la veille. Des coups de knout furent, pour
les malheureux soldats, le prix de la mystification dont
ils avaient été l'objet.

François II et le villageois.

François II, empereur d'Allemagne, se rendait à Lachsenbourg, forteresse curieuse, élevée au milieu d'un lac. Sans suite et sans gardes, il s'amusait à conduire lui-même une barque. Il y en a beaucoup sur ces rives. Un villageois s'approche et l'appelle ; il le prend pour un batelier. « Ohé ! passe-moi ! lui crie-t-il. — Volontiers, lui répond le monarque.

Le paysan s'assied tranquillement dans la nacelle, et le souverain la dirige. — Combien vous faut-il maintenant ? » dit le rustre arrivé au but, et tirant sa bourse. — Rien, mon ami, répond l'empereur. » — Vous ne menez donc pas par état ? — Si fait : je mène mon royaume.

Aventure d'Eln-El-Magasi.

Il y avait à Bagdad, sous le règne de Motadad, un homme appelé Eln-el-Magasi, dont le métier était de conter dans les rues des anecdotes et des bons mots. Il avait un talent remarquable, et l'on ne pouvait l'entendre sans rire.

Voici une de ses aventures rapportée par lui-même : J'étais un jour devant la porte du palais du calife, j'égayais le peuple par des récits piquants. Un des serviteurs de Motadad vint se placer derrière moi. Aussitôt je me mis à conter des histoires de domestiques. Elles l'amusèrent ; il s'en alla et revint quelques instants après. Il me prit par la main et me dit : Je suis entré dans l'appartement du calife ; je me tenais debout devant lui, lorsque j'ai pensé à toi et à tes discours ; j'ai ri, le calife a trouvé cela étrange et m'a dit : Eh bien ! qu'as-tu donc ? J'ai répondu : Il y a près de la porte un certain Eln-el-Magasi qui raconte des choses à faire rire une pierre. Là-dessus le calife m'a ordonné de t'amener en sa présence ; mais je veux la moitié de la gratification qu'il t'accordera. »

L'idée de cette gratification excitant mon avidité, je lui répondis : Monseigneur, je suis un pauvre homme, chargé de famille ; si vous vouliez vous contenter du sixième..... ou du quart..... Il fut inflexible.

Introduit par lui, je saluai le calife, qui me rendit le salut. Ses regards étaient attachés sur un livre. Il le parcourut presque en entier, tandis que j'étais debout devant lui. Enfin, il le ferma, leva les yeux vers moi et dit : Tu es Eln-el-Magasi ? On m'a rapporté, continua-t-il, que tu racontes des histoires curieuses et plaisantes. —Seigneur, répliquai-je, le besoin rend industrieux. Je réunis autour de moi un cercle d'auditeurs ; je captive leur bienveillance par mes récits, et sollicite leurs bienfaits.

— Voyons ton répertoire, ajoute le calife : si tu me fais rire, je te donnerai deux milles pièces d'argent, et si je ne ris pas, que me donneras-tu ? — Je n'ai rien à vous offrir que ma tête, lui dis-je. Vous en ferez ce que vous voudrez. — C'est proposer une condition fort équitable, reprit Motadad ; eh bien ! si tu ne me fais pas rire, je t'appliquerai dix coups sur la nuque avec ce sac.

Je me dis à moi-même, un prince ne frappe qu'avec quelque chose de léger, de doux. Je tournai les yeux vers le sac, qui était de maroquin et suspendu dans un coin de la salle. Je ne me trompe pas, me dis-je, il y a probablement de l'air dans ce sac. Si je fais rire le calife, j'ai tout profit ; si je n'y réussis pas, eh bien ! dix coups d'un sachet gonflé de vent seront faciles à supporter.

Je commençai à raconter des bons mots, des anecdotes, traits de bedouins, de pédants, de juges, de filous, je débitai de tout. Enfin, mon répertoire s'épuisa ; le mal de tête me prit ; je tombai dans la tiédeur, puis dans le froid. Cependant tous les pages et domestiques placés derrière moi, étouffaient de rire. Le calife seul conservait un sérieux imperturbable. — Je suis au bout, lui dis-je ; ma foi ; je n'ai jamais vu un homme comme vous. — C'est fini, demanda-t-il. — Je n'ai plus qu'une chose à dire, repris-je. — Parle, répondit-il.

Vous m'avez promis, ajoutai-je, de me donner pour gratification dix coups sur la nuque ; je vous prie de me les appliquer, et d'en joindre encore dix autres à ce nombre. Il eut envie de rire, mais se retint et répondit : accordé.

Je tendis la tête. Au premier coup qu'il me donna, je crus qu'une tour s'écroulait sur moi. Le sac était rempli de cailloux. Il m'en frappa dix fois, et mon col faillit être brisé ! Mes oreilles tintaient ; le feu sortait de mes yeux. Je m'écriai : Seigneur, un mot ! Il se disposait à compléter le nombre de vingt ; mais il s'arrêta : Qu'est-ce ? dit-il. — Suivant les principes de la religion, répondis-je, il n'est rien de plus louable que de tenir sa parole, ni de plus odieux que d'y manquer. Or, je me suis engagé envers le domestique qui m'a introduit ici, à partager avec lui ma gratification, quelle qu'elle fût, petite ou grande. Par un effet de votre générosité et de votre munificence, vous avez bien voulu la porter au double : j'ai ma moitié, l'autre moitié lui appartient.

Ces mots firent rire le calife au point qu'il se renversa sur le dos ; il frappait des mains, il trépignait, il se pressait le ventre. Enfin, il se calma et dit : Qu'on amène un tel devant moi. Et il commanda qu'on lui donnât le reste des coups. — Qu'ai-je donc fait, s'écria le domestique ? — C'est moi, lui dis-je, qui ai commis la faute et mérite cela ; mais tu es mon associé. On m'a payé mon contingent, on va maintenant te payer le tien. Tandis qu'on le battait, je me mis à lui adresser des reproches et à lui parler ainsi : Je te disais que je suis pauvre et chargé de famille ; je te peignais ma misère et te priais de te contenter du sixième ou du quart ; tu as exigé la moitié. Si j'avais su n'obtenir du commandeur des croyants d'autre gratification que des coups, je te l'aurais abandonné tout entière.

Le calife recommença à rire en m'entendant tenir ce discours. Quand le patient eut reçu sa portion, Môtàdad prit une bourse dans laquelle étaient deux mille pièces d'argent, il les partagea entre le domestique et moi. Ensuite je me retirai.

A. CAUSSIN DE PERCEVAL.

La messe pour les laboureurs en particulier.

Dans un village de la Beauce, les laboureurs avaient coutume de faire chanter, tous les ans, une messe en l'honneur de saint Eloi, leur patron. L'*Introït* commençait par ce mot : *statuit*. Comme ils s'apperçurent que c'était la même messe pour tous ceux qui avaient saint Eloi pour patron, ils allèrent trouver leur curé, et lui dirent que leur intention était de faire dire une messe le jour de leur fête ; qu'ils demandaient une messe pour les laboureurs en particulier, qu'ils ne voulaient plus de *statuit*, et qu'ils paieraient le double. Le curé ayant répondu que cela n'était pas possible, le maître d'école, qui avait entendu parler de payer double, dit qu'il chercherait, et que peut-être il trouverait quelque chose qui pourrait convenir. Quelques jours après, se trouvant dans la sacristie, il prit le missel, et, parcourant toutes les messes votives, il montra à son curé celles qui avaient pour titre : *Missa pro pace*, messe pour la paix ; *tempore belli*, en temps de guerre ; *pro laborantibus in partu*, pour les femmes en couche ; et voici l'interprétation qu'il y donna : il dit à monsieur le curé : Monsieur, j'ai trouvé notre affaire ; tenez, voyez : *Missa pro pace*, messe pour le temps passé : ce n'est pas cela ; *tempore belli*, pour le beau temps : ce n'est pas cela non plus ; mais voici : *Missa*, messe, *pro laborantibus*, pour les laboureurs, *in partu*, en particulier. Le curé ne put s'empêcher de rire et le laissa faire. Ces bonnes gens entendant chanter *salve, sancta parens*, au lieu de *statuit*, crurent que la messe était

faite pour eux, et s'en allèrent contents, après avoir
payé l'honoraire double, comme ils l'avaient promis.

Le cheval à quatre.

Un jeune homme voulant aller se divertir à la campagne avec quelques-uns de ses amis, loua un cheval
la veille ; et pour s'en assurer il paya douze francs
d'arrhes. A peine fut-il rentré chez-lui qu'on vint lui
dire que la partie était remise à un autre jour. Comme
il ne voulut pas perdre l'argent qu'il avait donné, il alla
trouver le loueur de chevaux, demanda à voir celui
qui lui était destiné, et se mit à le mesurer à diverses
reprises de la tête à la queue pendant plus d'une demie-
heure. — Aurez-vous bientôt fini ? lui dit le maître,
qui commençait à s'impatienter. — J'examine, dit le
jeune homme, s'il est assez long. — Comment, assez
long ? — Oui, assez long, parce que nous devons monter à quatre dessus. — A quatre ? — Oui à quatre.
— Eh bien, reprit l'autre, allez chercher ailleurs des
chevaux à quatre, le mien ne sera pas pour vous. —
J'ai donné douze francs, je l'aurai ! — Tenez, voilà vos
douze francs. Et, le reconduisant hors de la maison, il
dit à un de ses voisins qui était devant sa porte :
Pierre, si tu as un cheval pour quatre, voilà un monsieur qui fera bien ton affaire.

L'abbé Paramelle.

Ce personnage est doué, par la nature et l'étude, de la faculté singulière de découvrir les sources d'eau cachées dans le sein de la terre, et a rendu de grands services de ce genre dans vingt quatre départements qu'il a déjà parcourus.

Dans une importante commune du département de***, l'abbé Paramelle fut un jour appelé à l'effet d'indiquer une source suffisante pour amener une fontaine jaillissante publique. Le géologue accourut, et le jour même de son arrivée la source était trouvée. Ce résultat si heureux pour la ville ne fut pourtant pas également apprécié. Le peuple travailleur y applaudit de grand cœur ; mais chez quelques gros bonnets, il en fut autrement. D'autres projets avaient été faits, et on se mit à discuter s'il était bien possible qu'il y eût une source là où l'abbé Paramelle l'avait indiquée, et cela sans que personne s'en fût douté avant lui. L'esprit de parti, qui gâte toujours tout, avait passé par là.

Cependant le maire fit creuser, et on trouva la source précisément comme l'avait annoncé le savant hydroscope. Mais les opposants ne se tinrent pas pour battus... ; au contraire, ils eurent la majorité au sein du conseil municipal qui déclara : « Que la source inventée par M. l'abbé Paramelle, n'étant pas une source, il n'y avait pas lieu de construire la fontaine projetée. »

Le maire, fort embarrassé de cette délibération singulière, écrivit à Saint-Céret, priant M. l'abbé Paramelle de vouloir bien l'aider, par une démonstration synthétique, à réfuter victorieusement les objections de la majorité. Mais le géologue n'en fit rien. Il se souvint des paroles de l'Evangile, et répondit simplement au maire : « Mon opinion est que c'est une source, et qu'il faut se hâter de construire la fontaine projetée. Ceux qui seront de mon avis iront y puiser l'eau dont ils auront besoin ; les autres pourront toujours *aller à l'abreuvoir*. »

La lettre fut lue en conseil municipal, et personne, dit-on, ne voulut aller à l'abreuvoir.

L'amateur d'andouillettes.

Un habitant de Saint-Omer avait rapporté d'Aire un kilogramme d'andouillettes, mets pour lequel cette ville est en renom. Avant de rentrer chez lui, il entre au cabaret, boit et s'endort. Quelques amis, profitant de son sommeil, font griller les andouillettes et s'en régalent. Notre homme s'éveille et s'aperçoit, à de bruyants éclats de rire, qu'il est dupe d'une plaisanterie. Le larcin est avoué : « Malheureux ! s'écrie notre individu d'une voix terrible, qu'avez-vous fait ? cette viande est empoisonnée ; un de mes amis me l'avait préparée pour détruire les rats de mon magasin. » A cette révélation inattendue, tous nos farceurs pâlissent ; et comme M..., par sa profession, est assujetti à avoir beaucoup de rats, on croit à son assertion. Le plaisir se change soudain en désespoir, en cris de rage et de mort : tout est en rumeur dans le cabaret. On demande du lait, du contrepoison à grands cris. L'homme aux andouillettes fait mine de pleurer aussi, de partager leur douleur. Mais voyant que l'affaire devenait sérieuse, que les épouses, les enfants en pleurs et les médecins arrivaient, M... leur dit, après les avoir gratifiés d'angoisses pendant plus d'un quart-d'heure et en riant de toutes ses forces : « Messieurs, vous avez dîné à mes dépens, et j'ai pris le café aux vôtres ; nous sommes quittes. »

(Propagat.)

Extrait d'un voyage de Turin à Marengo.

..... Nous avions tous remarqué dans le bureau de la diligence un homme d'une stature colossale, d'une ampleur démesurée, taillé sur le patron d'un hercule, et cependant d'une voix faible et grêle qui contrastait avec le volume de son corps. A ses côtés étaient deux dames très-petites de taille, mais très-larges par compensation, selon le système de M. Araïs. Nous nous disions *in petto* : Dieu nous préserve d'avoir ce beau trio ! Nos vœux étaient exaucés, un seul devait être du voyage : nous en fûmes assurés par les tristes et déchirants adieux que ces dames firent à notre Alcide. Tous les trois fondaient en larmes.

— Non cher Benjamin, je t'en prie, mon petit ami, sois prudent : qu'il ne t'arrive aucun malheur. — Adieu, mon bon papa, revenez bientôt ! — Bon voyage ! Pense à ton épouse ! — Pensez à votre fille ! Adieu !

— Adieu, mes petites mères ; adieu mes poulettes, je serai de retour dans quelques jours.

Un coup de fouet aux chevaux, nous voilà partis.

— Vous venez d'être les témoins, messieurs, d'une scène bien pénible ; que la séparation est affreuse ! excusez ma douleur : la douleur d'un époux adoré, la douleur d'un père tendrement aimé. Ah ! quelles femmes ! c'est tout cœur pour moi, mais je le mérite bien. Je vois, messieurs, que vous êtes Français, je suis votre compatriote. Je m'appelle monsieur Benjamin Nigaudindon, né natif de... La famille des Nigaudindon est très-connue dans mon pays, il n'y a qu'une voix sur mon compte ; mon père faisait dans les draps, il eut deux enfants, un garçon et z'une fille : c'est moi qui étais le garçon.

— Vraiment, monsieur Benjamin, vous étiez le garçon ! et vous l'êtes encore sans doute ? il y a tant de candeur et de franchise sur votre figure, qu'il me semble que je vous ai toujours connu.

Ainsi, lui répondit monsieur Frédéric, jeune homme à taille svelte et au ton ironique.

— Ah ! vous connaissez ma famille ? Pour moi, j'ai beau vous regarder, je ne vous reconnais ni de rêve ni de dents. Mais c'est égal, vous avez vu ces deux respectables et bien sensibles dames ; la plus âgée, c'est mon épouse, madame Nicaise Nigaudindon, et la plus jeune, c'est ma fille, mademoiselle Atala Nigaudindon. Quelle intéressante enfant ! A dix ans elle lisait couramment ses heures ; aujourd'hui, qu'elle en a dix-huit, elle commence à écrire sous la dictée ; et sa maîtresse me dit tous les jours qu'avant peu d'années j'aurai là un brillant sujet, capable de faire honneur à la famille des Nigaudindon.

— Je regrette bien, monsieur Nigaudindon, que nous n'ayons pas avec nous ces précieux trésors. On ne peut que gagner dans la société d'une famille aussi aimable et aussi instruite que la vôtre. Nous pouvons en juger par le peu que nous en avons vu et par le chef recommandable, monsieur Benjamin Nigaudindon, que nous avons l'honneur de posséder.

— Trop bon, monsieur, trop honnête, trop indulgent; c'est cependant ainsi qu'on a toujours parlé de nous. Vous savez apprécier nos bonnes qualités. J'avais une tante..... Ah! Dieu garde son âme! elle était si bonne! J'étais son neveu depuis qu'elle avait épousé le frère de mon père. Elle me disait souvent : « Tiens, vois-tu, mon petit Benjamin, tu es bon, tu te feras toujours respecter. Je te fais mon légataire universel, tu auras tous mes biens, passés, présents et à venir. Depuis cet héritage, jai cessé le commerce de mon père, et mes bons citoyens m'ont nommé capitaine, à l'unanimité plus un.

— La garde nationale de... doit se trouver bien honorée d'être commandée par monsieur Benjamin Nigaudindon.

— Mais aussi quelle garde nationale que la mienne ! quand c'est sous les armes, ça a un aspect terrible ; c'est z'un mur ambulant. Quelle discipline! Je sais par cœur la harangue que je lui ai adressée à ma dernière revue.

Ecoutez : « Mes chers camarades, c'est toujours avec « un nouveau plaisir que je me trouve à votre tête; « vous êtes admirables de discipline et d'énergie mili- « taires. Si jamais la patrie demandait le secours de nos « bras, nous volerions tous aux combats, et si quel- « qu'un chancelait, il pourrait se rallier à mon bonnet « z'a poil, il le trouverait toujours au chemin de l'hon- « neur et de la gloire. »

— Très-bien, monsieur le capitaine, c'est une heureuse application : à votre place, Henri IV n'aurait pas mieux dit.

— (Il continue). « O France ! ô ma patrie ! si l'Eu« rope, l'Asie, l'Afrique et l'Amérique se liguaient en« semble contre toi, tu n'as rien à craindre tant que tu
« seras défendue par de tels hommes, et qu'ils seront
« commandés par votre très-humble et dévoué capi« taine Benjamin Nigaudindon. » Comment trouvezvous cette chute ? C'est tout comme au bas d'une lettre : on saura par là que c'est moi qui ai fait la harangue.

— C'est merveilleux ; mais dans une seconde édition, mettez l'Océanie dans la savante énumération géographique des différentes parties du monde ; on verra que vous êtes à la hauteur de la science...

Cependant nous étions remontés en diligence, la conversation roulait de nouveau sur les faits militaires dont avait été témoins les lieux que nous traversions. Monsieur Frédéric, voulant nous faire passer du grave au doux et même au plaisant, adressa la parole à monsieur Nigaudindon, qui jusque-là avait gardé le silence.

— Eh bien ! monsieur Benjamin Nigaudindon, lui dit-il, j'espère qu'aujourd'hui vous avez eu des batailles et des victoires ; Marengo figurera sans doute dans votre prochaine harangue.

— Certainement, monsieur, il me fallait cela pour la revue que je passerai dans quelques mois.

— Il me semble vous voir comme autrefois Xercès sur l'Hellespont.

— Quel est ce pont-là, monsieur, s'il vous plaît ?

— C'est un pont fameux dans l'histoire ; il est situé entre le Mississipi et le Moustapa. Les pierres se fendirent à l'époque du grand froid de 1740, et il s'écroula pendant que les Dardanelles le traversaient.

— Les pauvres dames furent-elles toutes noyées ?

— Non, on alla chercher les Echelles du Levant, et on arriva assez à temps pour en pêcher quelques-unes.

— Comme les malheurs arrivent ! les voyages sont très-dangereux, il faut mieux rester au sein de sa famille.

— Surtout quand on a une famille aussi aimable que la vôtre.

— En effet, monsieur, nous passons nos soirées très-agréablement. Mademoiselle ma fille fait mes délices ; il faudrait l'entendre ? elle nous récite les noms des principales capitales de l'Europe, sans avoir trop besoin d'être soufflée par madame mon épouse.

— Oh ! la spirituelle mademoiselle Atala.

— Et au loto, monsieur, elle joue admirablement bien. Chose étonnante pour son âge ! elle marque à l'anglaise (18 ans). Mais, monsieur, il se fait tard, nous ferons bien de dormir : je dois faire demain beaucoup de courses dans Gênes, et si je n'avais pas dormi, mes idées ne seraient point assez nettes pour mes affaires.

— Eh bien, bonne nuit ! monsieur Benjamin Nigaudindon.

Chacun fait ses dispositions préliminaires, et le silence règne bientôt dans la voiture.

Enfin le dimanche, 7 août, à six heures du matin, nous étions dans Gênes. Nous fîmes nos adieux à monsieur Benjamin Nigaudindon, que nous quittions, hélas ! pour toujours : et chacun se dirigea vers l'hôtel qu'il avait choisi d'avance...

Une scène d'omnibus.

Figurez-vous, s'il est possible, un temps abominable, une horreur de temps ; des ruisseaux de la largeur de la rue, de l'eau sur les trottoirs, de l'eau tombant des toits, des gouttières, du ciel, de l'eau partout, un temps de diluvienne mémoire.

Imaginez-vous maintenant un monsieur, je ne dirai pas bien couvert (il était sans parapluie), mais enfin un monsieur quelconque, clapotant dans la rue Saint-Honoré, tenant entre ses bras croisés un énorme sac de papier gris, le tout mouillé comme au sortir d'une école de natation, et courant, et criant après un omnibus dont le conducteur fait semblant de ne pas entendre.

Les conducteurs d'omnibus (je parle de ceux de Paris) sont toujours farceurs en temps de pluie ; c'est leur quart d'heure de prospérité, ils sont insolents, c'est tout simple ; cependant ils sont justes, et comme il y avait une place vacante dans l'omnibus, on arrêta. Place à droite ! cria le conducteur. — Pardon, messieurs, pardon, mesdames, dit le monsieur au sac de papier gris, c'est qu'il fait un temps !... — Mais faites donc attention, dit une dame en robe de soie ventre de biche, vous abîmez ma robe. — Pardon, madame, c'est sans le faire exprès, c'est ce gueux de temps, voyez-vous. — Prenez donc garde, monsieur, s'exclama à son tour un gros monsieur de gauche, vous inondez ma redingote. — Pardon, monsieur, c'est le temps, voyez-vous. — Eh ! monsieur, quand on est trempé comme une soupe, ou ne monte pas dans une voiture publique. — Vous avez raison, monsieur, pardon, mais c'est précisément parce qu'il fait mauvais temps que... parce que, s'il avait fait beau, je ne vous aurais pas incommodé, ni la société : je ne prends jamais d'omnibus quand il fait beau ; conducteur, voulez-vous bien dire à ces messieurs et à ces dames de me faire un petit bout de place ?

— Allons, le côté droit, un peu de complaisance, il y a une place.

A cet ordre suprême du conducteur, un vide se fait sur la banquette à droite, et le nouveau venu s'y installe ruisselant comme une pièce de drap tordue à la vapeur.

— Si monsieur voulait au moins mettre son sac de papier sous la banquette, ce serait moins désagréable, reprend la dame à robe ventre de biche ; monsieur pourrait se serrer contre lui-même. — C'est trop juste, madame, à l'instant même ; bien des pardons. Scélérat de temps, va ! au 8 de mai !

A un mal inévitable il n'y a que la patience à opposer. Les co-voyageurs de notre homme s'étaient donc résignés à l'exercice de cette ennuyeuse vertu, et on cheminait sans mot dire, lorsque l'un d'eux, clignant l'œil et avisant la robe de soie : — Pardon, mais il me semble que vous avez au bas de votre robe quelque chose qui ne me paraît pas naturel ; mais je ne me trompe pas, Dieu me pardonne ! c'est un escargot ! — Un escargot ! oh ! horreur ! sur ma robe de soie, c'est affreux ! — *En chœur* : Un escargot ! Voyons. — Voyons un peu. — Voyons voir. — C'est ma foi vrai. — Et un superbe encore d'escargot. — Est-il gros ! — Est-il blanc ! — C'est une femelle ! — Du tout, c'est un mâle : voyez les cornes !

En chœur : Ah ! ah ! ah ! ah ! bon, bon ! — Pardon, monsieur, voyez donc, là, en bas, à votre droite, sur le bout de votre botte, est-ce que ça n'en serait pas un autre ? — C'est parbleu vrai. Mais d'où diable sortent-ils donc, ces escargots ?

Un monsieur d'âge. Ils sortent de leur coquille, monsieur ; l'histoire naturelle nous apprend que la faim fait sortir le loup du bois, et que la pluie fait sortir l'escargot de sa coquille.

— Oui, dans la campagne, mais pas dans les omnibus.

— Chut ! ne bougez pas : en voilà un autre qui file le long du parapluie de monsieur.

— Ah ! c'est par trop fort !

— Ça passe la plaisanterie !

— Il y a quelqu'un qui a des escargots.

— Oui, il y a quelqu'un qui a des escargots, ça ne peut pas être autrement.

— Il faut visiter tout le monde. Ce n'est pas moi, d'abord.

— Ni moi. — Ni moi. — Ni moi.

Quatorze *ni moi* résonnent. Un seul voyageur n'a rien dit, le dernier venu, l'homme-déluge, le mouillé, le trempé, qui, pendant tout ce tintamarre, n'a cessé de s'éponger avec son mouchoir, dont il exprime le trop-plein sous la banquette, en glissant sa main entre ses deux jambes. Ce mouvement, plusieurs fois répété, est enfin remarqué ; il éveille les soupçons et rappelle l'énorme sac de papier placé en cet endroit. La draperie de la banquette est aussitôt soulevée, et, à la stupéfaction générale, on aperçoit le gigantesque sac de papier percé en vingt endroits, et d'où s'échappent des myriades d'escargots, se sauvant dans toutes les directions avec armes et bagages. Deux cents de ces cornifères avaient brisé leurs chaînes, et regagnaient, le sac sur le dos, la terre de la liberté.

— Monsieur, c'est une infamie !

— Monsieur, c'est une atrocité !

— Ça n'a pas de nom !

— Il devrait y avoir des lois contre une pareille conduite.

— Eh ! messieurs et dames, pas tant de bruit, s'il vous plaît, vous les ahurissez, ces pauvres bêtes ; que diable ! ce sont des escargots, ça ne vous mangera pas, et c'est bon à manger. Moi, je les aime, les escargots ; je viens de la halle en acheter deux petits cents ; il n'y a pas tant de mal à ça ; vous devriez plutôt m'aider à les rattraper.

Ce disant, notre homme se met aussitôt en besogne. Le sac de papier est hors de service : son chapeau y suppléera ; et d'un et de deux, par la coquille, par le corps, par les cornes, il les saisit, les plonge au fond de leur nouvelle prison, se remet en chasse, les traque, les poursuit sous les pieds, sur les pieds, sur les mollets, autour des mollets, le long des cannes, des parapluies, des cabas, des robes, des pantalons ; ses bras, ses mains s'allongent, s'étendent à droite, à gauche ; le chapeau s'emplit, mais à chaque fois qu'il revient écrouer de nouveaux déserteurs, une nouvelle lutte s'engage sur les bords du chapeau, autour du chapeau formidablement garni de nombreux bataillons, qui mettent à fuir toute l'activité que leur permet leur nature coulante, glissante et fourvoyante. Les dames qui d'abord, dans leur colère et leur effroi, n'avaient songé qu'à serrer hermétiquement leurs robes autour de leurs jambes ; les hommes qui avaient glissé leurs pantalons

dans leurs bottes, ne songent plus à garder leur sérieux ; un fou rire s'empare de toute la voiturée : les
femmes se pâment, les hommes se renversent, le conducteur s'abandonne à la protection de sa courroie, jurant que de sa vie il n'avait vu une si grande mêlée de
bêtes à cornes : le cocher ne sait que dire de ce remue-
ménage, et pense un moment à fouetter ses chevaux
vers Charenton. Deux minutes encore, et tout ce monde
va devenir frénétique. La robe ventre de biche avait
surtout une congestion de la rate ; elle fait au conducteur un geste de la main pour indiquer qu'elle veut
descendre, se soulève de sa place et saisit la courroie
longitudinale pour mieux expliquer son intention ; le
conducteur, toujours ivre-fou, tire le cordon attaché
au bras du cocher, de manière à le renverser de son
siége ; celui-ci, dans sa plus grande colère, tire les rênes
avec fureur et fait reculer la voiture si brusquement,
que la robe ventre de biche, en ce moment toute droite
dans la voiture, est culbutée par le contre-coup, et
tombe à la renverse sur le chapeau d'escargots qu'elle
écrase, contenant et contenu.

De la scène qui suivit entre le chapeau écrasé et la
robe ventre de biche, nous n'en dirons pas un mot. Il
y a des choses qui ne se rendent pas. Toujours est-il
qu'ils ne se quittèrent qu'après avoir échangé leurs
noms et leur adresse, et après avoir pris tout l'omnibus
à témoin de leurs griefs respectifs.

Et voilà pourquoi comparaissaient devant M. le juge
de paix, M. L..., perruquier-coiffeur, réclamant sa coif-
fure et ses escargots détruits par le fait de mademoiselle D..., couturière, réclamant, de son côté, le dommage causé à sa robe de soie ventre de biche par le fait
des escargots et du chapeau de M. L...

Témoins ouïs de part et d'autre, M. le juge de paix a renvoyé les parties devant arbitres.

Est-ce la robe de soie qui a payé les escargots, ou bien sont-ce les escargots qui ont payé la robe de soie ? nous l'ignorons.

<hr>

L'Électeur breton.

Un excellent électeur breton, entendant parler assez souvent de réfugiés polonais, espagnols, italiens, et les voyant vivre la plupart sans rien faire, s'informa s'ils étaient portés sur le budget. Comme on lui répondit qu'effectivement ils y avaient part, il écrivit aussitôt à M. L..., son député, le billet suivant, que le *Publicateur des Côtes-du-Nord* a reproduit, en en respectant l'orthographe :

« Mossieu, comme gé toujours vauté pour vous sans vous rien demandé, soyez acé bon pour me faire havoir une plasse de réfugié polonaie.

« Votre électeur à mort, R... »

Le maire père.

Un bon cultivateur, maire de sa commune, se trouva dernièrement dans un grand embarras, dont il se tira fort adroitement. Sa femme était accouchée depuis trois jours, et l'adjoint de la commune venait de partir pour un village assez éloigné. Il fallait cependant dresser l'acte de naissance sur-le-champ.

Le *maire père*, après avoir mûrement réfléchi, s'en acquitta de la manière suivante :

« Ce aujourd'hui, etc., étant accompagné de tels et tels, mes témoins, je suis comparu devant moi, maire de la commune de..., à l'effet de me déclarer que ma femme vient d'accoucher d'un enfant vivant et bien constitué.

« Sur la demande de quel sexe est l'enfant et quels étaient ses père et mère, je me suis répondu qu'il est du sexe masculin, et fils de moi, *François Piot* et de *Madeleine Bidou,* mon épouse; en foi de quoi j'ai signé le présent, avec moi, maire, et lesdits témoins.

« Signé : François Piot, père.

Et François Piot, maire.

Le Roi voleur.

Un voleur qui était parvenu à s'introduire dans un des appartements du château royal de Versailles, était à placer une échelle contre le mur, pour s'emparer d'une superbe pendule, lorsqu'il fut dérangé par l'entrée du roi Louis XIV. Le voleur, ne perdant pas l'esprit, fit une profonde révérence et dit : — « J'étais au moment de descendre cette pendule, mais je crains que l'échelle ne glisse. » Sa Majesté, pensant qu'il avait reçu des ordres pour la réparer, offrit son assistance et plaça

son pied sur l'échelle, pendant que le filou faisait sa
tâche. Peu d'heures après, on ne parlait dans tout le
château que de la belle pendule qui avait été volée. Le
roi, venant à l'entendre, dit : « Chut, je suis un des
complices, j'ai tenu l'échelle pendant que mon associé
la décrochait. »

La bonne chanson.

Un voyageur qui, dans une auberge, s'était fait servir
à dîner, dit à son hôte qui venait lui en demander le
paiement : — Je n'ai pas d'argent, mais une belle voix ;
je vais vous chanter une belle chanson pour m'acquitter. — De l'argent, monsieur ! je ne me paie pas de
chansons, réplique l'aubergiste. — Si cependant je vous
en chante une qui vous fasse plaisir, ne la prendriez-
vous pas en paiement ? — Soit, mais il faut qu'elle me
plaise. Là-dessus le virtuose chante plusieurs chansons, une romance, un air de bravoure : rien ne sut
plaire à l'hôte ; c'était un parti pris. Enfin il tira sa
bourse en disant : je vais vous chanter quelque chose
qui vous plaira, j'en suis sûr :

> Allons, ne faut pas faire le sot,
> Ouvrons la bourse et payons l'écot.

—C'est ça, s'écria l'hôte, voilà qui me plaît ! Aussitôt
le voyageur rengaine et dit : La chanson vous a plu,
vous êtes payé.

Bêtise chinoise.

A l'époque où l'Angleterre faisait la guerre à la Chine et en occupait plusieurs villes, un officier anglais, qui avait eu la maladresse de répandre du vin chaud ou du punch sur son beau pantalon de casimir blanc, fit appeler le plus habile tailleur de la ville, afin de s'en faire faire un parfaitement semblable, car le gentleman tenait beaucoup à ce vêtement, chef-d'œuvre du premier tailleur de Londres, qui se collait à sa jambe comme sa propre peau. Aussi recommanda-t-il à l'artiste de bien l'examiner. — S'il n'est pas exactement conforme, ajouta-t-il, je ne l'accepte pas. — Je vais vous prendre mesure, répondit le tailleur, mais si je pouvais emporter votre pantalon, je pourrais mieux encore répondre de mon ouvrage. — L'Anglais y consent.

Huit jours se passent, une, deux semaines s'écoulent encore, et le nouveau pantalon n'arrive pas. Au bout du mois enfin, le tailleur se présente avec un visage rayonnant de jubilation, apportant son chef-d'œuvre. L'officier le reçoit en jurant : — Comment! lui dit-il, vous faut-il en Chine un mois pour confectionner un pantalon? — S'il ne s'était agi que de cela, répondit le tailleur, je vous aurais servi dans deux jours; mais la peinture (il entendait les taches) m'a donné bien de la peine pour l'imiter avec toute l'exactitude que vous exigiez. J'y suis parvenu cependant, au point qu'il ne sera pas possible de distinguer la copie de l'original. Voyez plutôt, je gage que vous-même y serez trompé

et que vous ne... — Goddem ! interrompit l'Anglais,
est-il permis d'être Chinois à ce point-là.

L'homme au grand livre.

Un paysan qui avait conduit à Leipsig une voiture
de bois, s'arrêta au faubourg. Un bourgeois, nommé
Singulier, marchande et achète le bois pour un certain
prix. Mais, comme il est très-pressé, il donne verbale-
ment son adresse au paysan, et lui recommande de le
suivre incessamment. Néanmoins, celui-ci ayant reçu
des arrhes, entre dans la maison la plus proche, boit
quelques verres d'eau-de-vie, et oublie tout-à-fait le
nom et la demeure du bourgeois. Que faire ? Il conduit
au hasard sa voiture dans la ville, espérant se rappeler
tout cela en chemin. Après avoir frappé à toutes les
portes de plusieurs rues, il en vit une d'où sortait une
foule de jeunes gens. Il aborde un de ces enfants, et le
prie en grâce de lui dire où demeure l'homme qui vient
d'acheter du bois ? — Mon cher ami, répliqua mali-
cieusement le petit lutin, j'étudie ici, et je devrais à la
vérité tout savoir ; mais, comme il n'y a encore que six
semaines que je fréquente l'école où l'on apprend tout,
je ne suis pas encore assez avancé pour répondre à de
pareilles questions. Mais il y a dans cette maison-ci un
homme qui a toujours un gros livre devant lui, et qui,
pour deux gros (six sous), vous satisfera infailliblement. Enchanté de cette nouvelle, le paysan se hâte
d'aller dans cette maison. Il entre dans l'auditoire du

professeur N..., qui effectivement avait un grand in-folio devant lui. Le paysan, son bonnet sous le bras, met deux gros sur la table, et prie ce monsieur d'ouvrir le livre, et de voir le nom de celui qui a fait emplette de sa voiture de bois. Plein d'étonnement, le professeur examine l'interrogateur, et prononce enfin ces paroles : « *Eh! c'est singulier!* » — Justement, s'écrie le paysan, c'est *Singulier* qu'il s'appelle. Tenez, voilà encore deux gros, parce que cette fois-ci vous l'avez su d'abord sans consulter votre livre.

Les voleurs sans le savoir.

Deux villageois des environs de Londres, devenus voleurs sans le savoir, ont été amenés à l'audience de police de l'ordinaire. C'était tout près de l'hôtel-de-ville que l'événement avait lieu.

John Brishtoch, plaignant, a dit : « Étant entré dans une taverne pour me rafraîchir un instant auprès du feu, j'ai laissé à la porte ma carriole attelée d'un cheval. Après avoir mangé un morceau sous le pouce, et bu un canon de bière forte, je retourne auprès de ma voiture. Pas plus de voiture que sur la main. Je cours tout effaré ; je vois au détour d'une rue mes deux particuliers, qui, sans faire semblant de rien, emmenaient ma carriole, dans laquelle ils étaient montés, et même mon cheval qu'ils fouettaient à grands tours de bras. Je cours après eux, les fais arrêter, et j'espère qu'on me rendra ma voiture et ma bête. »

Jacques Grincsoke, l'un des prévenus, dont le corps maigre et la figure décomposée annoncent un état habituel de maladie, présente ainsi sa défense : J'étais entré à la taverne pour restaurer mon pauvre estomac ; je n'avais pas fait plus d'excès qu'à l'ordinaire, et cependant je me suis, en sortant de là, senti subitement incommodé. Je m'arrête auprès de la carriole, et m'appuie contre une des roues. Un particulier en blouse, placé auprès de moi, me dit : « Camarade, vous n'êtes guère en état de retourner de vous-même au logis ; voulez-vous que je vous reconduise dans cette carriole ? Je le prends pour un charretier, propriétaire de la voiture. — Ça n'est pas de refus, lui dis-je ; je demeure à un mille d'ici, je vous donnerais bien six pences (12 sous) pour votre peine. — Ça va, répond ce brave homme. » Il me pousse dans la voiture et monte à côté de moi de cette manière-là. Supposez, M. le lord-maire, que vous soyez le cheval (on rit), mon homme me fait placer derrière vous à votre gauche, et lui, il se met à droite, pique des deux à grands coups de fouet, et nous voilà partis. J'allais tomber assoupi, lorsque je suis réveillé par de grands cris : *Au voleur !* C'est drôle, dis-je au charretier, voilà des gens qui réclament la carriole ; est-ce qu'elle ne serait pas à vous ? — Mais, qu'il me répond, est-ce que vous n'êtes pas vous-même le charretier ? — On nous arrête comme des voleurs, et vous conviendrez tout de même que ça n'est pas agréable. »

Toby Springlace fait une déclaration tout aussi naïve : « Jacques Grincsoke et moi, dit cet honnête paysan, nous nous sommes réciproquement traduits (induits) en erreur par une suite de quiproquos ; je croyais, foi d'homme, que la carriole lui appartenait ;

et, le voyant hors d'état de la conduire, je lui ai offert
amiablement de le mener chez lui ; il m'a proposé six
pences pour ma peine, j'ai accepté, à charge de revanche, au premier cabaret, et en arrivant chez lui!
Voilà ce que c'est que d'être obligeant pour le monde!»
Le lord-maire n'ayant aucun motif de douter de la
véracité de cette défense, a mis les prévenus en liberté.
Ils se sont retirés au milieu des éclats de rire et huées
des spectateurs. John Brihstock a repris sa carriole, en
jurant bien de ne plus l'abandonner à la porte des ca-
barets.

Distraction d'un voleur.

Un gentleman traversait un bois qui cotoyait une
route. Séduit par la beauté des paysages, la fraîcheur
des gazons, il ne résiste point au désir de s'y reposer
un moment ; mais, étendu sur l'herbe, au lieu de contempler les bocages, la verdure, et d'écouter le doux
chant des oiseaux, le gentleman, qui probablement
n'avait point la tête romantique, ferme les yeux et
s'endort profondément.

A son réveil, il voit devant lui un monsieur dont la
tournure n'était nullement fashionable, et qui tient un
pistolet dont il lui présente le canon. Ce réveil ne dut
point être fort agréable au gentleman ; néanmoins, peu
effrayé de cette rencontre, et se soumettant de bonne
grâce à son sort : — Que voulez-vous! demande-t-il
au voleur. — Votre bourse. Le gentleman tire sa bourse

et la donne à ce monsieur si poli. Mais le voyant rester là : — Que voulez-vous encore ? lui dit-il. — Votre montre. Le gentleman tire sa montre et la met dans la main du voleur, qui la prend en faisant un profond salut, mais ne s'éloigne pas encore. — Que désire encore monsieur ? — Votre mouchoir. — Comment donc, mais avec beaucoup de plaisir. Aussitôt il tire son mouchoir de sa poche, le donne au voleur qui le met dans la sienne, et s'éloigne enfin.

Le gentleman se lève alors, et tout en maudissant l'envie de dormir à laquelle il a cédé, il se dispose à quitter le bois. Mais il n'a pas fait dix pas, que le voleur reparaît devant lui et l'arrête avec son pistolet à la main et toujours avec beaucoup de plaisir. — Aurais-je encore quelque chose qui vous fût agréable, lui dit le gentleman ? — Oui, milord, j'ai réfléchi que votre habit était beaucoup moins usé que le mien ; je serais d'avis que nous en changeassions. — Cela me paraît aussi fort juste, et je ferai tout ce qui vous sera agréable.

Aussitôt le gentleman ôte son habit, le voleur en fait autant ; chacun revêt l'habit de l'autre, et cet échange terminé, le voleur disparaît, et le pauvre volé se remet en route.

Arrivé sur la grande route, le gentleman regarde son nouveau costume, et pense qu'on pourrait bien le prendre maintenant pour un voleur. Comment fera-t-il pour se procurer un autre costume ? Tout en faisant ces réflexions, il met machinalement ses mains dans ses poches... Qu'y trouve-t-il ? Sa bourse, sa montre, son mouchoir, et de plus un rouleau de cinquante guinées.

En changeant d'habit, le voleur avait oublié de

fouiller dans le sien, et, par le fait, ce fut lui qui se trouva être volé. Où la distraction va-t-elle se nicher?

L'archevêque de Cantorbéry et le joueur d'échecs.

L'archevêque de Cantorbéry étant un jour à se promener dans un bois attenant à une de ses maisons de campagne, aperçut un homme seul, qui paraissait profondément occupé, et qui parlait avec action, comme s'il eût été avec quelqu'un. Curieux de savoir ce que faisait cet inconnu, il envoya quelques-uns de ses gens pour l'observer. Ceux-ci, de retour, redoublèrent sa curiosité, en disant que cet homme parlait et répondait, quoiqu'il fût seul; qu'il s'était plaint de leur curiosité à l'épier, et n'avait pas répondu à leurs questions.

L'archevêque, résolu de le voir lui-même, ordonna à ses gens de s'écarter, et s'approcha seul de cet étranger. Il lui fit un compliment auquel l'autre répondit honnêtement. La conversation s'engagea, quoiqu'elle fût souvent interrompue par l'inconnu, qui paraissait fortement occupé d'autres objets. — Que faites-vous ici, lui demande enfin le prélat? — Je joue, répondit l'étranger. — Vous jouez! et avec qui? vous paraissez seul. — J'en conviens, Monseigneur; vous ne voyez pas celui dont je fais la partie: c'est Dieu lui-même. — Vous jouez avec Dieu! la partie, en effet, n'est pas ordinaire, reprit le prélat en souriant. Il ne douta pas qu'il n'eût affaire à un fou, et résolut de s'en amuser, parce qu'il lui paraissait paisible. Il continue ses questions : — Et à quel jeu jouez-vous? — Aux échecs. — Intéressez-vous la partie? — Oui, sans doute, Monseigneur. — Vous ne devez pas gagner souvent; car enfin votre adversaire a de grands avantages sur vous. — Il n'en prend aucun, il veut bien n'employer que la science ordinaire de l'homme; et la partie est toujours égale. — Il résulte nécessairement perte ou gain : comment remplissez - vous vos engagements? — Avec beaucoup d'exactitude, nous jouons tous deux franchement, et le perdant paie toujours: — Où en êtes-vous de votre partie? — Elle finit, Monseigneur, et c'est Dieu qui a gagné. — Et combien perdez-vous? — Cinquante guinées. — La perte est considérable : comment payez-vous cela? Dieu prend-il votre argent? — Non, les pauvres sont ses trésoriers, mais il m'envoie toujours quelque homme qui reçoit mes dettes, et en fait la distribution aux malheureux. Vous êtes venu, Monseigneur ; c'est Dieu lui-même qui vous a conduit ici, et je vais m'acquitter. A ces mots, le joueur tire une bourse, compte cinquante guinées, les remet au prélat et se retire en disant qu'il ne veut plus jouer ce jour-là.

Le prélat, étonné, ne savait que penser de cette aventure. Il regardait l'argent, se rappelait les discours du joueur, et se reprochait de l'avoir jugé fou. Il retourna chez lui, et s'empressa de remettre aux pauvres le dépôt qui lui avait été confié. Quelques jours après, étant revenu à sa maison de campagne, il eut envie de voir encore le joueur extraordinaire. Il se rendit au bois, et ne voulut être accompagné de personne. Il y trouva l'objet de sa curiosité et même de sa vénération. Il lui demanda comment la chance avait été depuis leur pre-

mière entrevue. « Tantôt bien, tantôt mal, répondit le
joueur ; j'ai gagné, j'ai perdu. — Et aujourd'hui, jouez-
vous encore ? — Oui, Monseigneur, nous avons fait
plusieurs parties. — Et de quel côté est l'avantage ? —
Je gagne. Je fais en ce moment Dieu échec et mat, pour
la dixième fois. — Et combien gagnez-vous ? — Cinq
cents guinées. — C'est un beau gain ; mais serez-vous
payé ? — Tout-à-l'heure, Monseigneur. — Et comment
Dieu s'acquitte-t-il envers vous ? — Comme je fais
lorsque je perds : de même qu'il m'envoie quelqu'un
pour recevoir ce qu'il me gagne, il m'envoie aussi quelqu'un pour me payer. Son choix est tombé aujourd'hui
sur vous. Oh ! Dieu est d'une exactitude singulière. »

Le prélat fut encore plus étonné que la première fois ;
il vit alors ce qu'il devait penser de ce joueur, et que
celui qu'il avait d'abord pris pour un fou, ensuite pour
un saint, n'était qu'un filou. Il était seul, l'autre était
armé : les cinq cents guinées furent payées, et l'archevêque ne se vanta pas de son aventure.

(Emancipation.)

Le Chou et le Chaudron.

Un gascon disait avoir parcouru les quatre parties
du monde, et que, parmi les curiosités qu'il avait ob-
servées, il en était une dont aucun auteur, ajoutait-il,
ne faisait mention. Cette merveille, selon lui, était un
chou si grand, si élevé, que sous chacune de ses feuilles,
cinquante cavaliers armés pouvaient se ranger en ba-

taille et faire l'exercice militaire, sans se nuire l'un à l'autre. Quelqu'un qui l'écoutait ne s'amusa point à réfuter cette rêverie ; mais il lui dit d'un grand sang-froid, qu'il avait aussi voyagé, et qu'il avait été jusqu'au Japon, où il avait été surpris de voir plus de trois cents ouvriers qui travaillaient à fabriquer un chaudron : cent cinquante hommes étaient occupés dedans à le polir. — A quoi pouvait servir cet énorme vase ? dit le voyageur. — C'était sans doute, lui répondit-on aussitôt, pour faire cuire le chou dont vous venez de nous parler.

Un homme remort.

On lisait naguère dans un journal belge :

« Ces jours derniers, un habitant de la commune de N… vint à mourir ; deux des amis du défunt se rendirent auprès du bourgmestre, et le prièrent de vouloir prendre acte de leur déclaration de décès du nommé J. Bertrand ; ce qui fut fait.

« Environ une heure après, les mêmes individus se présentèrent au bourgmestre afin de lui annoncer que le nommé Bertrand, dont ils étaient venus faire enregistrer l'acte de décès, n'était point mort, mais qu'une léthargie d'une longue durée avait donné lieu de le croire.

« Le bourgmestre tira ses lunettes, ouvrit son registre et inscrivit dans la colonne consacrée aux observations : *Mort par erreur.*

« Mais ce n'est pas tout. A peine de retour, les amis
du défunt le trouvèrent cette fois bien mort. Nouvelle
corvée, car ces messieurs ne voulaient point encourir
les risques d'une fausse déclaration. Après quelques
explications, le bourgmestre tira de nouveau ses lunettes, regarda par dessus et par dessous les deux individus qu'il avait en face, pour s'assurer qu'il n'était
point l'objet d'une mystification ; et enfin, après avoir
longuement réfléchi, il trancha la difficulté en inscri-
vant en dessous de *mort par erreur*, le mot *remort.* »

Le magistrat dupé.

Un juge de paix, dans le canton de Manchester, las
d'aller à pied, se mit en tête de faire l'acquisition
d'une monture qui lui servirait à transporter son mas-
sif individu d'un bourg à un autre, lorsqu'il irait
rendre la justice dans le canton. Le hasard le servit à
souhait : car s'étant trouvé à Londres, un jour qu'on
exposait en vente des chevaux de réforme, il acheta,
pour deux guinées, une jument qui avait blanchi sous
le harnais de la Péninsule, et semblait n'aspirer qu'a-
près le repos. L'animal paraissait exténué ; mais on
parvint à persuader à notre honnête magistrat, qu'au
moyen d'une bonne nourriture et d'un pensage régu-
lier, ce cheval serait bientôt un des plus fringants
coursiers des trois royaumes. Il se dispose à enfour-
cher la pauvre bête ; deux des spectateurs, voyant son
peu d'agilité, le prennent chacun par une jambe ; un

troisième le soulève par derrière, et le voila juché sur
l'animal. Chemin faisant, le porteur buttait ; sa sou-
plesse était telle, qu'il faisait de fréquentes génu-
flexions ; le juge prenait de l'humeur, et lui enfonçait
inutilement l'éperon dans le flanc pour le faire avancer. Cependant ils arrivent, *l'un portant l'autre*, à la
résidence du juge de paix, qui déjà se promet de s'en
défaire à la première occasion. On était au printemps,
le grison fut mis au vert, ce qui devait immanquable-
ment le remettre en vigueur. Tout allait au mieux, le
cheval hennissait de joie quand il voyait son maître
qui le visitait deux fois par jour, et celui-ci était si
content, qu'il ne pensait plus à s'en défaire. Un jour
que le patron devait aller prendre part à un gala qui
se faisait chez un fermier des environs, il envoya chercher son cheval ; mais, ô surprise ! il avait disparu.
Grande rumeur dans la maison : On court de tous côtés ; rien. Les paysans mis en réquisition battent la
campagne sans rien découvrir.

Enfin, quelques jours après ce fatale événement, le
juge de paix se propose de faire lui-même une perquisition générale dans le pays ; il part pédestrement, et
enfile le premier chemin qui se présente. A peine avait-
il fait une lieu, qu'à la sortie d'un petit bois qu'il vient
de traverser, il aperçoit un homme monté sur un beau
cheval noir qu'il faisait caracoler. La vue d'un si bel
animal fixe l'attention du juge de paix ; il accoste l'inconnu, et ne peut s'empêcher de lui en faire son compliment. — Vraiment, dit celui-ci, monsieur me paraît
un homme respectable, et, s'il avait une monture
comme celle-ci, il s'épargnerait bien des sueurs et des
fatigues (le juge suait sang et eau). Je vous conseille de
profiter de l'occasion : c'est la plus belle bête que vous

puissiez jamais trouver ; mon cheval vaut quarante guinées, je vous le laisse pour trente. Le juge enthousiasmé en offre vingt ; le marché se conclut, il compte la somme, et le voilà encore une fois monté sur sa bête. Fier de l'acquisition, il reprend le chemin de son domicile, et revoit le clocher de son village sans avoir donné un coup d'éperon. Point de caprice ; quelle bouche ! quel feu ! disait-il. C'est une merveille ! La gouvernante l'appercevant de loin qui arrivait, *dandinant* sur sa monture, met toute la maison sur pied pour voir arriver le patron. Le coursier allonge le pas, prend de lui-même le tournant de la porte, ne fait qu'un sot jusqu'à l'écurie, et se présente fièrement, son cavalier sur le dos, devant le râtelier où il semble vouloir régaler son maître.

Grande surprise de la part des admirateurs, qui ne peuvent concevoir comment le nouveau venu sait si bien connaître les êtres du logis. Le valet s'empresse de lui ôter la bride, le fait boire, le lave..... Mais, ô merveille ! en lui relevant la queue, il lui en reste la moitié dans la main, et l'éponge qu'il lui avait passée sur le corps se trouve teinte de noir. Le juge et le valet ouvrent de grands yeux ébahis, et reconnaissent le cheval volé quelques jours auparavent ; le voleur l'avait si bien peint, rhabillé et rajeuni, qu'il était parvenu à le vendre comme un cheval de prix.

Cette anecdote prouve que l'âge et l'expérience ne sont pas toujours suffisants pour nous mettre à couvert des artifices des fripons et des filous.

Curieux calcul.

En 1830, la Chambre des Députés, composée de *quatre cent deux* membres, était comme toujours, divisée en deux partis. Le plus nombreux, qui se déclara pour la révolution de Juillet, se composait de *deux cent vingt-un* membres ; l'autre, d'opinion moins prononcée, était de *cent quatre-vingt-un*. La passion politique s'en mêlant, un anonyme s'avisa de désigner la première catégorie sous le nom de *la Queue de Robespierre*, et la seconde sous celui-ci : *Les honnêtes Gens*. Jusqu'à présent on ne voit là qu'une de ces injures dont les révolutions sont prodigues ; mais voilà la singularité tout-à-fait incompréhensible. On a donné aux vingt-cinq lettres de l'alphabet leur numéro d'ordre, c'est-à-dire A 1, B 2, C 3, D 4, etc., jusqu'à Z 25. Ensuite en écrivant verticalement à gauche les mots *la Queue de Robespierre*, avec le numéro d'ordre à chaque lettre, et de l'autre côté : *Les honnêtes Gens*, avec le même numéro d'ordre à chaque lettre, on a additionné les nombres de chaque colonne. Qu'a-t-on trouvé pour résultat ? Le nombre 221 sous la colonne à gauche, et celui de 181 sous la colonne à droite. Le tableau suivant offre la démonstration palpable de cette singularité.

1	2	3	4	5	6	7	8	9	10	11	12	13	14	15	16	17
A	B	C	D	E	F	G	H	I	J	K	L	M	N	O	P	Q

18	19	20	21	22	23	24	25
R	S	T	U	V	X	Y	Z

L	12	L	12
A	1	E	5
		S	19
Q	17		
U	21	H	8
E	5	O	15
U	21	N	14
E	5	N	14
		Ê	5
D	4	T	20
E	5	E	5
		S	19
R	18		
O	15	G	7
B	2	E	5
E	5	N	14
S	19	S	19
P	16		—
I	9		181
E	5		
R	18		
R	18		
E	5		
	—		
	221		

Résumé. . . . . { 221 / 181

Total. 402

Recherche sur le nombre 14,

PAR RAPPORT A HENRI IV.

Ce prince fut assassiné le 14 mai 1610, dans la rue de la Féronnerie. Voici la recherche curieuse, dit Sainte-Foix, qui fut faite sur le nombre 14, par rapport à Henri IV : il naquit 14 siècles, 14 décades et 14 ans après Jésus-Christ ; il vint au monde le 14 décembre ; gagna la bataille d'Ivry le 14 mars ; mourut le 14 mai ; vécut 4 fois 14 ans, 4 fois 14 jours, 14 semaines ; il y a 14 lettres en son nom : *Henri de Bourbon*. Le premier roi de France du nom de Henri fut sacré le 14 mai 1027. Marguerite de France, première femme de Henri IV, était née le 14 mai 1582. Henri II avait ordonné l'élargissement de la rue de la Féronnerie, où fut asasssiné Henri IV. Les lettres-patentes sont du 14 mai 1554, 4 fois 14 ans avant l'assasinat de Henri IV.

Adresse d'un contrebandier.

Vers 1788, il y avait à Briançon un homme renommé par son adresse à faire arriver jusqu'à lui la contreba.de. Il était bijoutier, et se nommait Caïre. Sa boutique était remplie de montres et de bijoux de Genève, qui se montraient insolemment aux vitrages. Vingt fois les agents de la douane avaient cru être sur sa trace, vingt fois ils l'avaient perdue. Ils le guettaient au moment où il sortait de la ville, puis ils gardaient les issues ; ils veillaient nuit et jour, sûrs de l'arrêter au passage, et un beau matin, si l'un d'eux venait en ville, il s'arrêtait pétrifié, en voyant Caïre fumant tranquillement sur le seuil de sa porte. — C'était ainsi qu'il leur échappait toujours. Un soir, entre autres, il revenait à Briançon chargé d'une boite pleine de bijoux ; il ne pouvait espérer d'entrer sans être vu. Que fait-il ? A dix heures du soir il porte une botte de paille près d'une ferme, entre le Chabas et la Ribière, à portée de fusil de Briançon, et il y met le feu. La fumée tourbillonne, la flamme monte et brille, le tocsin de la ville sonne à coups précipités, le tambour bat la générale, les habitants, la garnison sortent de la ville. Caïre profite du tumulte pour y entrer et court s'enfermer chez lui, pour mieux rire de la terreur qu'une botte de paille vient de jeter dans Briançon.

Caïre se trouvait un soir chez le célèbre Donsac, qui tenait alors un café au bas de la ville. Le capitaine des douaniers vint et joua une partie avec lui. La conversation tomba naturellement sur la profession avouée du bijoutier. — Mon cher Caïre, dit le capitaine, qui venait de gagner deux parties, vous êtes un excellent garçon, et je suis vraiment désolé que vous fassiez un métier aussi dangereux. — Dangereux, capitaine !... il ne m'est encore arrivé rien de fâcheux. — Non, mais cela ne tardera pas. Ecoutez : dans Briançon, je suis votre ami ; mais hors la ville, je suis votre ennemi. C'est mon devoir ; croyez bien qu'il m'est pénible de le remplir envers vous. — Pourquoi donc, capitaine ? mais jusqu'ici vous avez été d'une courtoisie sans exemple. — Soit, dit le capitaine, un peu piqué ; mais dans votre intérêt je vous préviens que j'ai donné les ordres les plus sévères. — Faites, faites, capitaine, ne vous gênez pas. — Oh! je vous jure que je vous prendrai. — Allons donc. — J'y mettrai mon honneur, reprit le capitaine, que l'air moqueur et le sans-froid de Caïre animaient en ce moment, et je vous jure qu'avant un mois vous serez pris. — Faisons mieux, dit Caïre, toujours calme, parions dix louis, que nous déposerons dans les mains de Donsac, parions que d'ici à un mois, jour pour jour, je vous ferai entrer de la contrebande, et que c'est vous qui me l'apporterez. — Moi... vous êtes fou, Caïre. — Voulez-vous parier? — Mais c'est une plaisanterie. — Pariez-vous? — Eh bien! oui morbleu, nous verrons. Mais vous perdrez et vous paierez. — Je vous l'ai dit. Je vais chercher l'argent que nous remettrons à Donsac; allez chercher le vôtre. Ce qui fut dit fut fait : l'argent déposé, les conditions du pari écrites et signées par les deux parties Le temps s'écoula, et Caïre ne rencontra pas le capitaine. Mais deux jours avant le terme fixé pour l'expiration du mois, il se rendit chez Donsac, et la première personne qu'il vit ce fut le capitaine des douaniers... — Hé bien! dit le capitaine d'un ton railleur, et notre pari? — Pardieu, reprit Caïre en se frappant le front, je l'avais oublié. — Ah! ah! fit le capitaine en se frottant les mains, après-demain je prends mes dix louis. — Au diable! dit Caïre, comment ai-je pû oublier cela?... mais tout n'est pas perdu, j'ai encore deux nuits. — Oui, mais pour que je vous apporte de la contrebande, cela sera assez difficile. — Baste! vous avez raison, aussi ferai-je bien de m'avouer vaincu. N'en parlons plus. J'ai perdu; tant mieux pour vous; et pour vous prouver que je n'ai pas de rancune, voulez-vous venir demain à la chasse avec moi? — Volontiers, mon cher, dit le capitaine, tout

Joyeux d'avoir gagné son pari, je n'ai rien à vous refuser. Le lendemain ils chassaient ensemble. Caïre,
vers le milieu du jour, tua un lièvre superbe ; ce fut
toute la chasse. Le soir vint, le capitaine était de mauvaise humeur de n'avoir rien tué. Les deux chasseurs,
mourant de faim, s'arrêtèrent à Saint-Chaffret, et entrèrent chez un braconnier, dont la femme s'empressa de
préparer un frugal repas : une omelette et du pain noir
parurent seuls sur la table du festin. — Le capitaine
promenait un regard distrait autour de la salle enfu-
mée.... Oh ! bonheur ! il aperçoit un lièvre magnifique,
gisant attaché à un clou ; il fait un bond, s'élance vers
le lièvre, dont la tête, brisée par une balle, est encore
saignante.

— Veux-tu me vendre ton lièvre, dit-il au paysan ?—
Oh ! je ne peux pas, mon capitaine, j'ai promis de le
porter demain à Briançon. — Allons donc, tu en tueras
un autre ; il ne sera pas dit que je ne rapporterai
rien de la chasse ; je t'en donne deux écus. — Deux
écus ! femme, dit le braconnier, interrogeant la ménagère d'un regard timide et convoiteur. — Dam !
donne-le, dit la bonne femme, sans doute ravie de
cette offre. Deux écus sont bons à prendre... tu iras
en chercher un autre demain matin. Le capitaine, enchanté, donna les deux écus, et fit mettre le lièvre dans
sa gibecière. Le souper fini, ils revinrent à Briançon
et passèrent devant le café Donsac. — Allons, Caïre, dit
le capitaine, un verre de bière avant de nous séparer. Caïre y consentit, ils entrèrent au café. — Oh ! oh !
messieurs, dit Donsac, la chasse a été bonne. — Excellente ; le capitaine a tué un superbe lièvre. De la bière,
Donsac. — Voilà, messieurs. — Ah ! Donsac, reprit encore Caïre, apportez-nous les vingt louis. — Mais ce

n'est que demain l'échéance, dit le capitaine en riant. — Qu'importe? puisque nous sommes ici, que celui qui a gagné prenne ce qui lui appartient. D'ici à demain on n'a plus le temps de rien faire. Maintenant, continua-t-il, lorsque l'or fut sur la table, qui a perdu, capitaine? — Pardieu! voilà une singulière question. Vous! — En êtes-vous sûr? — Comment! mais depuis un mois je ne pense pas que je vous ai apporté de la contrebande. — Dam! si pourtant c'était vous qui eussiez perdu. — Moi! — Capitaine, prenez votre gibecière. — La voici. — Ouvrez-là, et prenez le lièvre. — Que diable voulez-vous que je fasse de mon lièvre?. — Prenez toujours; prenez aussi votre couteau, et ouvrez-lui le ventre.

Le pauvre capitaine devint pâle; il ouvrit la bête. Hélas! le lièvre, dont il ne lui resta que la peau, était entièrement rempli de montres de Genève. — Eh bien! avez-vous perdu? — Ah! maudit braconnier, tu me le paíras. — Baste! il est loin maintenant. D'ailleurs vous auriez tort de lui en vouloir. C'est moi qui ai tout préparé, tout calculé, tout fait. Si nous n'avions rien tué, j'aurais acheté une chasse pour que vous m'imitiez. Si au contraire vous aviez tué un lièvre, j'aurais, pendant le souper, fait l'échange. Eh bien! que dites-vous? — Je dis que vous êtes l'âme damnée de Satan.

Une heure de cabriolet.

C'était dans les premiers jours de septembre 1824. Je venais de prendre un cabriolet au Palais-Royal, et nous traversions la place du Carrousel. Il y existait je ne sais quoi de triste qui n'échappa point au cocher qui me conduisait, homme d'environ soixante-cinq ans, d'une physionomie ouverte, qui n'avait rien de la rudesse du métier. — « Nous sommes à la veille d'un grand malheur, monsieur, me dit-il; le roi souffre beaucoup, et la France est menacée de le perdre au moment où elle aurait le plus besoin de lui! — Tout espoir n'est pas évanoui, lui répondis-je; mais si Dieu veut que le roi de France s'appelle Charles X, les vertus de la famille adouciront nos regrets: nous devons être sûrs que les deux frères se sont toujours entendus pour le bonheur du pays. — Oui, monsieur, comme vous dites, tous les Bourbons se ressemblent; ce sont des braves gens; ce n'est pas d'aujourd'hui que je le pense, et j'ai moi-même une preuve de leur bonté; je leur dois l'aisance dont je jouis; feu le duc de Berri m'honorait de sa protection. — Vous lui étiez connu? — Oui, par hasard... Imaginez-vous qu'un jour je charge, aux environs de la rue de Richelieu, un monsieur assez vif, habit bleu bien simple, un bout de ruban rouge, comme moi j'aurais pu en avoir, et gros, ma foi, comme vous ; un gaillard qui n'avait pas l'air d'engendrer la mélancolie. — Faubourg du Roule, me dit-il en se plaçant; et nous voilà en route.

— Y a-t-il longtemps que tu fais ce métier-là ? me demanda-t-il au bout de quelques minutes. Et moi qui n'aime pourtant pas qu'on me tutoie, je ne songeai pas à me fâcher, tant il y avait quelque chose d'agréable dans sa parole ; au contraire, car je lui répondis sans le faire attendre; — Depuis la rentrée du roi, monsieur. — Et que faisais-tu auparavant ? — J'étais capitaine de cavalerie! — Capitaine de cavalerie ?... En répétant ces mots-là, il y avait sur sa figure de la surprise, mais aussi comme une sorte de regret de ne l'avoir su plus tôt ; j'en fus bien aise, et je donnai pour la forme un petit coup de fouet à mon cheval. Il se fit un moment de silence, pendant lequel je regardais mon compagnon de voyage du coin de l'œil. Je vis bien qu'il était embarrassé de savoir sur quel ton il reprendrait la conversation : mais les gens d'esprit ont toujours une manière de se tirer d'affaire. Aussi celui-là reprit avec un accent qui ressemblait pourtant à celui qu'il avait déjà employé : — Nous avons servi l'empereur ? — Et le roi aussi, monsieur ; c'est par le roi que j'ai commencé : il a été mon premier colonel. — Le roi ! — Je me suis engagé, en 1788, dans les carabiniers de Monsieur, alors en garnison à Lunéville. J'étais dans l'escadron du marquis de Savary, et mon premier capitaine a été le comte de Latour. — Bien ! vous n'avez pas oublié les noms de vos anciens chefs. — C'étaient de si dignes serviteurs du roi ! Tant qu'il a été possible de se tenir en France, ils sont restés comme nous ; mais quand la gangrène a gagné le régiment, ils nous ont fait leurs adieux. Sans mon pauvre père je les aurais suivis ; mais il n'avait que moi, et j'aurais craint de causer sa mort. La révolution ou le chagrin l'aurait tué. Je suis resté au corps, pensant à ceux qui n'y étaient plus, et cherchant toutes les occasions de recevoir de leurs nouvelles.

Je n'ai pas quitté l'armée tout le temps de la terreur, et j'ai plus d'une fois versé des larmes sur mon pauvre pays. Mais en ma qualité de soldat, j'ai fait mon devoir, et, soit dit entre nous, j'ai eu le bonheur de sauver deux anciens lieutenants de notre premier escadron qui avaient été faits prisonniers sur le Rhin. Mes services

m'ont valu un avancement honorable. J'ai obtenu
presque tous mes grades sur le champ de bataille. J'ai
reçu la croix à Friedland, où j'ai été grièvement blessé.
Depuis le retour du roi, j'ai obtenu ma retraite. Ma
pension et ma croix auraient peut-être suffi à mes besoins; mais l'activité, le mouvement sont nécessaires à
ma vie. Mon goût pour les chevaux a décidé mon choix:
j'ai acheté deux cabriolets; j'en mène un, mon vieux
brigadier mène l'autre, et j'arrive au bout de l'année
sans avoir beaucoup augmenté mon revenu. — Il vous
en faudrait? — Le double pour être à mon aise; avec
quatre numéros je serais l'homme du monde le plus
heureux. — Vous avez des enfants? — J'en ai trois.
L'aîné est mort lieutenant-colonel de hussards à Kras-
noë. Son frère est capitaine dans la garde, le roi l'a
fait dernièrement chevalier de la Légion-d'Honneur;
c'est moi qui l'ai reçu. J'ai aussi une fille, et c'est en
quelque sorte pour la mieux établir que je travaille. —
J'ai quelquefois besoin de cabriolets; donnez-moi votre
adresse. — Volontiers. monsieur : Vincent, rue de Vau-
girard, nº 22. J'avais à peine achevé ces paroles, que
mon interlocuteur m'ordonna d'arrêter. Il descendit,
paya ma course, et s'en alla, sans se donner la peine
d'écrire mon adresse. Aussi je crus que sa demande
était de la politesse perdue.

Le surlendemain, c'était un dimanche (ce jour-là je
me repose), nous déjeûnions en famille; on sonne.
Mon vieux va ouvrir. Je vois entrer un vieillard dont
les traits respectables rappellent sur-le-champ à ma
mémoire un ancien officier des carabiniers de Monsieur.
— Je ne me trompe pas, lui dis-je en le saluant, c'est
M. le marquis de Sanzac? — Lui-même. D'où savez-
vous mon nom? — Mon ancien capitaine a-t-il oublié

son maréchal-des-logis-chef... Vincent..., qui voulait partir avec lui pour Strasbourg ? — Vincent !... en effet !... Comment, c'est toi, mon brave ! — Je vous épargne les compliments. Mais voilà qu'au lieu de penser au motif qui l'avait amené, M. le marquis et moi nous passons la revue du régiment. Les souvenirs accouraient en foule. Tous n'étaient pas également honorables ; mais M. de Sanzac ne put retenir un petit mouvement d'orgueil bien naturel, en apprenant que de tout l'escadron, sa compagnie était la seule qui eût prospéré. La compagnie Sanzac avait fourni à l'armée trois lieutenants-généraux, un maréchal-de-camp, sept colonels, deux majors et treize capitaines : son ancien commandant en était fier. L'objet de sa mission lui revint enfin à l'esprit . — Vincent, me dit-il, tu as conduit hier un monsieur, de la rue Richelieu au faubourg du Roule ? — Oui, mon capitaine. — Sais-tu qui ce peut-être ? — Un brave homme, autant que j'ai eu le temps de m'en apercevoir ; il a des manières rudes et des paroles obligeantes. — C'est M. le duc de Berri. — Le duc de Berri ! Le duc de Berri ! répétâmes-nous tous en chœur. — Vous avez conduit le duc de Berri ! me dit mon vieux brigadier, qui semblait m'envier ce bonheur. — Oui, mon ami, reprit M. de Sanzac, c'est à cet excellent prince que tu as raconté toutes tes affaires de famille ; et c'est lui qui m'envoie t'apporter l'appoint du prix de ta course. Voilà vingt-cinq louis qu'il te prie d'accepter ; il m'a chargé de t'assurer qu'il penserait à toi. — Il m'en donne une preuve bien touchante, et que je n'oublierai de ma vie, répondis-je à mon ancien capitaine, qui prit aussitôt congé de ma famille.

A quelques jours de là, ma fille reçut en mon absence une lettre de la préfecture de police ; c'était une invitation de me présenter au premier bureau de la troisième division. Nous nous épuisâmes en conjectures pour déviner le motif de cette invitation. Nous n'avions eu d'altercation avec personne ; mon brigadier n'avait fait aucun dégât ; sa prudence m'était connue, moi-même j'étais parfaitement en règle, et pourtant il nous vint à tous deux l'idée que j'étais mandé à la préfecture pour y être réprimandé.

Il y avait beaucoup de monde dans l'antichambre du chef ; mais à peine eus-je remis ma lettre au garçon de bureau, que je fus introduit sur-le-champ, — M. Vincent, me dit le chef, vous avez de belles protections. — Moi, monsieur ! — Vous-même. — Asseyez-vous donc. Il paraît que vous êtes bien à la cour ? — Je n'y connais personne. — Vous voulez rire. Mettez donc votre chapeau. Nous avons reçu l'ordre positif de vous donner deux numéros nouveaux. — A moi ? — Les voici. Je devinai tout de suite, comme vous pensez, quel était ce protecteur secret. Mgr. le duc de Berri s'était souvenu du souhait que j'avais formé, et mon premier colonel, le roi lui-même, avait daigné contribuer à la fortune de son ancien carabinier. M. le chef s'aperçut bien que j'en savais plus que je n'en voulais dire ; mais quoique dans ce pays on soit accoutumé à entrer dans la confidence de tout le monde, il n'eut pas l'indiscrétion de me demander mon secret ; il me fit expédier ma permission, et poussa la politesse à m'accompagner jusqu'à la porte d'entrée de son bureau. C'est la seule fois que cela lui est arrivé.

Vous devez, monsieur, vous faire une idée de l'impatience avec laquelle j'étais attendu, et du plaisir qu'on éprouva à me revoir. Mon fils se trouva à la maison : il n'avait point partagé l'inquiétude de sa sœur ; mais il prit sa part de l'allégresse générale et des bénédictions dont toute la famille comblait son généreux protecteur. Par un mouvement spontané, nous élevâmes tous nos mains vers le ciel, et après une minute ou deux de recueillement, nous pleurions de joie comme des enfants. Je n'avais qu'un regret, c'est que le duc ne fût pas lui-même témoin invisible de cette scène : il eût joui du bonheur qu'il répandait. Je le quittai tout ému de l'anecdote qu'il venait de me raconter, et dont je garantis le récit fidèle. Que de bienfaits ignorés dont cette auguste famille est la source, me disais-je intérieurement, en remerciant le hasard, qui me permettait d'ajouter un beau trait de plus à l'histoire de toutes les nobles actions qui ont rempli la vie si courte de l'infortuné duc de Berri ! ! !

Ruse d'un aliéné.

Un municipal de Middleton fut chargé de conduire un aliéné à l'hospice de Lancastre, et avait sa commission dûment signée dans son porte-feuilles. Comme l'aliéné appartenait à une famille aisée et respectable, on loua une voiture particulière pour lui, dans laquelle il ne fit aucune difficulté de monter, parce qu'on lui avait fait accroire qu'il ne s'agissait que de le distraire par une promenade. Dans le courant de la journée cependant, le malade conçut quelque soupçon, mais il n'en fit pas semblant, et continua de paraître enchanté de sa promenade. Lorsqu'il arriva avec son compagnon à Lancastre, il était trop tard pour se présenter à l'hospice ; le municipal fit donc arrêter à un hôtel où ils passèrent la nuit.

Le malade s'éveilla de grand matin, et s'étant assuré que son compagnon dormait encore profondément, il se leva tout doucement, fouilla les poches de son habit, prit le porte-feuilles, et y trouva la commission. Ses soupçons étaient donc fondés. Que faire ? Là-dessus il a pris son parti à l'instant même. Avec cet esprit de ruse qui se rencontre fort souvent chez les aliénés, il va tout droit à l'hospice, s'adresse à l'un des surveillants déjà sur pieds, et l'avertit qu'il vient d'amener des environs de Middleton un fou qu'il se propose de livrer dans la journée à l'hospice. C'est un gaillard bien retors, dit-il ; il a toutes sortes de chimères et de ruses en tête ; je ne serais même pas étonné qu'il prétendit que c'est moi qui suis l'aliéné, et que c'est lui qui a mission de me faire renfermer ici. Soyez sur vos gardes, et ne faites pas attention à toutes les bêtises qu'il vous débitera, j'en suis sûr. Que voulez-vous ? c'est un fou fieffé. Le surveillant lui promit de profiter de l'avis qu'il venait de lui donner. Là-dessus le véritable fou s'en revint à l'hôtel.

Le municipal était encore couché. — Que vous dormez donc longtemps ! cria l'aliéné en rentrant ; j'ai faim, levez-vous et déjeûnons. J'ai déjà fait une course en ville : elle n'est pas mal du tout.

— Vous voudrez bien m'accompagner après déjeûner ; car moi aussi je désire voir Lancastre, et vous n'êtes sans doute pas encore fatigué ?

L'aliéné y consentit. Ils sortirent donc ensemble, et le municipal se dirigea vers l'hospice, pour y déposer le malheureux qui lui était confié.

— Voyez donc le bel édifice que voilà !

— Il a vraiment belle apparence, répliqua l'autre, et j'aimerais le voir intérieurement.

— Moi aussi.

— Entrons-y donc.

Le municipal tire la sonnette, et le surveillant, qui attendait son homme, était là tout prêt, avec quelques gardiens pour le recevoir. Le délégué de Middleton cherche son porte-feuilles pour en retirer sa commission; mais l'aliéné l'a déjà prévenu, et il remit cette pièce au surveillant, en lui disant : « Voici l'homme dont je « vous ai parlé tantôt. Tenez-le sous bonne garde, cou- « pez-lui les cheveux, et s'il se fâche et devient furieux, « vous n'en viendrez à bout qu'avec la camisole. »

Le pauvre fonctionnaire fut donc saisi, malgré ses protestations contre ce quiproquo. Il eut beau crier qu'on faisait erreur, que c'était son compagnon qui était l'aliéné. — « Connu, connu, » lui répondait-on ; et plus il se débattait, plus on était convaincu de sa folie. Lorsqu'enfin, de désespoir et de dépit d'être la victime d'un fou rusé, il fit rage, alors on lui mit la camisole de force et on lui rasa la tête. Le véritable fou rentra à l'hôtel tout joyeux, et après s'être bien restauré, il se fit ramener chez lui, où l'on fut bien étonné de le revoir. — Qu'avez-vous donc fait de votre compagnon ? lui demanda-t-on. — J'ai fait renfermer ce drôle à la maison des fous de Lancastre. » En effet, le fonctionnaire était près de perdre la raison, tant il était affecté d'avoir été joué de la sorte par un fou. Cependant, sur un ordre des magistrats de Middleton, il ne tarda pas à être mis en liberté. De retour, il dut garder la chambre jusqu'à ce que la croissance des cheveux lui permit de se montrer en public.

Une bonne rencontre.

Un jour le roi Charles X, en costume négligé, avec la casquette grise qu'il portait dans ses courses matinales et campagnardes, marchait par la route qui conduit de Saint-Cloud à Villeneuve-l'Étang. Il allait chez Madame la Dauphine. Ces visites étaient une habitude paternelle chez lui, et il y manquait bien rarement.

Il y avait entre ces deux nobles et belles âmes tant de rapports et de points similaires de contact, que des relations et une pieuse intimité leur étaient nécessaires.

Comme il avait dépassé la maison du garde-à-cheval Vallerant, à la porte jaune, une femme de vingt-cinq ans, endimanchée, parée de ses plus beaux habillements de village, passait effarée au devant de lui ; on voyait à sa démarche, à sa physionomie bouleversée, qu'elle avait une grande peine et un grand embarras.

Le roi la prit en pitié sur sa seule apparence.

Il lui demanda en passant où elle allait ainsi parée, toute seule, dès le matin, et un jour qui n'était ni fête ni dimanche.

— Où je vais, répondit-elle, où je vais, mon bon seigneur, est-ce que je le sais, moi ; vous voyez une femme au désespoir.

— Que vous est-il donc arrivé ! dit le roi vivement intéressé.

— Oh ! mon Dieu ! monsieur, ce qui m'est arrivé, c'est à faire perdre la raison ; puisque vous avez l'air si bon et que vous paraissez vous intéresser à moi, je vais vous le dire. Imaginez-vous que mon cousin, François Lebouteux, m'avait promis d'être le parrain de mon enfant, qui à cette heure attend encore le baptême depuis un mois et demi qu'il est au monde. Mais voilà que le cousin me manque de parole ; il devait enfin venir aujourd'hui même de Paris, il nous marque, dans une lettre qui nous parvient à l'instant, que ses affaires l'empêchent de s'y rendre. N'est-ce pas une horreur, mon bon monsieur ? Comment voulez-vous que fasse mon enfant ? Est-ce qu'il peut se passer de baptême et de parrain ? J'allais donc de ce pas lui en chercher un, le premier qui sera de bonne volonté ; vous, si voulez, mon bon monsieur ; vous avez l'air d'un si brave homme, que je ne serais pas fâché de vous avoir pour compère.

Le roi se mit à sourire à cette proposition.

— Excusez-moi, mon bon monsieur, dit la femme un peu confuse de la hardiesse de sa demande, je ne voudrais pas vous donner de l'embarras, mais c'est que vous me rendriez un bien grand service, à moi et à mon mari, qui est honnête homme, connu dans tout le village. Et puis, tenez, ça porte toujours bonheur de faire un chrétien ; c'est une âme de plus qui s'intéresse à vous, qui prie pour vous.

— Alors, dit le roi à moitié ému et à moitié riant de l'étrangeté de cette offre, et de la singulière excentricité de la scène, j'accepte, je serai parrain ; entre honnêtes gens il faut se rendre service. Seulement vous me donnerez une heure pour aller m'habiller, comme on doit l'être pour une semblable cérémonie, là, chez moi, à deux pas d'ici.

— Oh ! monsieur que vous êtes bon, que nous vous aurons de la reconnaissance ; mais c'est inutile d'aller faire de la toilette, vous êtes assez beau ainsi pour de pauvres paysans comme nous. Tiens, on n'a jamais eu de parrains semblables dans le village de Garches ; toutes les voisines vont être jalouses. Oh ! que je suis heureuse ! Le cousin François peut bien rester à Paris tant qu'il voudra maintenant, nous avons ce qu'il nous faut.

Et si le roi eût laissé faire cette femme, elle l'aurait embrassé, tant elle avait de joie expansive au cœur.

— C'est que les parents et la commère attendent, continua-t-elle. Ah ! pour la commère, vous aurez quelque chose de gentil, je vous l'assure ; une jeunesse de dix-huit ans, une jolie fille qui vous fera honneur quand vous l'aurez sous le bras.

Et ainsi parlant du bambin, du village, des parents, du compère, ils s'en allèrent jusqu'à une petite maisonnette de Garches. Toute la parenté s'y était réunie ; la femme conta son aventure, sa bonne rencontre ; on fit compliment au parrain improvisé. Quelques-uns de la compagnie trouvèrent que son visage ne leur était pas inconnu. Enfin on s'achemine vers l'église, le roi donnant le bras à sa gentille commère, et chacun disait : « Faut-il que la femme à Jean-Paul soit heureuse d'avoir un parrain comme ça pour son enfant ! »

Lorsque le curé vint aux fonts baptismaux, il fut d'abord étonné de la tenue négligée, quoique distinguée, du parrain qui se présentait. Ce n'est guère l'usage, dit-il à son bedeau, de voir un bourgeois se présenter en casquette pour faire un baptême ; après tout, cela nous importe peu, et il commença la sainte cérémonie.

Le baptême terminé, et les évangiles selon saint Jean

étant dits sur la tête de l'enfant, on passa dans l'antique sacristie toute étroite et humide de l'église.

— Quel est le nom du parrain ? dit le curé.

Le roi n'y avait pas songé ; il se sentit un léger trouble. Comment faire pour garder l'incognito, satisfaire à la demande du curé et ne pas mentir ? Que dire ? Si c'est Bourbon-Charles, on va me reconnaître... Et cependant le curé attendait...

— Votre nom, s'il vous plaît ?

— Le Roi... c'est cela... M. le Roi...

— Votre prénom ?

— Charles...

L'acte dressé, la plume alla d'une main à l'autre, sans qu'aucune pût s'en servir autrement que pour apposer sur le registre une croix illettrée. Elle arriva au roi.

En ce moment un homme, qui jusque-là avait paru absorbé dans un doute et une recherche, s'avança vers le père de l'enfant qu'on baptisait, et lui glissa une parole à l'oreille...

— C'est le roi ! vive le roi ! s'écrièrent tous les assistants.

— Le roi ! fit le vieux curé, laissant tomber ses mains sur la table et sa tête en arrière... Sire, pardonnez, excusez-moi. Quel honneur pour mon église, pour moi, pour tous ces braves gens ! Ah ! si nous l'avions su... nous vous aurions au moins reçu à la porte avec le dais et la croix, comme cela se fait à Notre-Dame quand Votre Majesté va assister à quelque cérémonie religieuse.

Le roi ! disaient à l'unisson tous les assistants ; et c'était un concert d'étonnements, de questions, d'interrogations mutuelles. Comment le roi est-il venu servir de parrain à la femme de Jean-Paul ! Où donc est-elle allée le chercher ? Quel courage ? Quel bonheur pour elle et son enfant ! Celui-là ne sera pas malheureux ! Quand on a pour parrain le roi de France, on doit devenir quelque chose, au moins sergent ou employé... Mais qui eût dit que ce vieux monsieur à la casquette grise, c'était le roi ! C'est singulier comme un roi ça ressemble à un autre homme... Tout de même je m'en doutais un peu, disait un vieux paysan ; je l'ai vu ainsi quelque fois costumé sur la route de Villeneuve-l'Étang, où il s'en va voir madame la dauphine.

— Sire, dit respectueusement le curé, en reprenant sa plume et l'approchant d'une main tremblante de l'écritoire, il faut donc que j'écrive sur l'acte de baptême, M. le Roi...?

— De France.... reprit vivement Charles X. Vous voyez que je vous disais la vérité ; et pour le nom de l'enfant, vous le savez... Charles...

Une carotte.

Un jour de joie, l'argent manquait au tambour d'une légion ; mais le désir était pressant ; comment le satisfaire ? Il lui vint une idée : Si j'allais voir le colonel ! c'est ça ; je m'en vais lui dire une craque ; il n'en saura rien. Il part. — Eh bien ! César, que me veux-tu ? — Oh ! mon colonel, vous êtes bien honnête : c'est que c'te nuit j'ai rêvé que vous étiez malade. Vous étiez

à l'article de la mort ; si bien que ça m'a ému sensible-
ment, et quand je m'suis réveillé, que je pleurais à
chaudes larmes. — Pauvre garçon, rassure-toi ; tu
vois que je me porte bien. — Oh ! je le vois, mon colonel, c'est une erreur de mon sommeil. C'est que, voyez-
vous, mon colonel, vous êtes le père de votre légion,
et je vous vénère et vous chéris comme un père. —
Eh bien ! merci, mon ami ; c'est très-bien, je suis content de toi : tu n'as rien à me demander ? — Pardon :
c'est que je n'osais pas. — Eh bien ! parle. — Mon colonel, c'est que je vas me marier. — En vérité ! je t'en
fais mon compliment, c'est très-bien ; et ta femme
est elle jolie ? — Mon colonel, jolie comme notre dra-
peau. — Allons, marie-toi, conduis-toi bien... — Mon
colonel, vous pouvez l'être sans crainte ; mais vous
savez, quand on se marie, on a un tas de petites dépenses, sa toilette et puis le repas, car enfin il faut
bien un peu... — Assez, assez, je comprend ; tiens,
voilà 40 francs.

Notre farceur part enchanté, et court trouver ses
compagnons, afin de consommer la dot. On entre au
cabaret, et c'est à la cave qu'on envoie chercher la
fiancée. On boit, on rit du colonel, et le soir à la retraite, on battra des *fla* pour des *ra*. Quinze jours après,
pareille bombance tenta notre homme, et toujours
comme devant, gros de ruse et léger d'argent : — Colonel, je viens me recommander à vous, car vous êtes
mon vrai père, et je suis si malheureux... — Qu'as-tu
donc, mon César ? — Ma femme est morte, colonel ? —
Vraiment, mon pauvre ami ! — Elle est morte hier ;
une si bonne femme ! qui m'aimait tant ! Elle vous aimait bien aussi, mon colonel, car elle se souvenait
toujours des 40 francs. — Ne parle donc point de cela ;

quel âge avait-elle ? — Dix-huit ans, colonel ; fraîche comme un bouton de rose ; et une éducation... il n'y avait pas un jeu de cartes qu'elle ne connût, et elle récitait par cœur une dizaine de romans comme vous récitez votre théorie. — C'est bien malheureux ! — Le plus malheureux, c'est que je n'ai pas seulement de quoi la faire enterrer. — C'est terrible ; ma foi, mon cher, voilà 50 francs, fais-lui rendre les derniers devoirs. — Ah ! mon colonel, je vous remercie bien, je vous réponds qu'elle sera enterrée proprement. Sorti de chez le colonel, il retrouve ses compagnons : on le proclame encore le *carottier en chef*, et les 50 francs de l'enterrement s'en vont retrouver le cadeau des noces. Vous dire jusqu'où cela aurait été, je l'ignore. Mais un jour César, ivre à demi, et voulant se compléter, s'achemine vers son colonel pour une troisième carotte, et lui dit en entrant : Colonel, ma femme, vient d'accoucher, et dans sa position... — Oh ! dit le père de la légion en se souvenant qu'il avait une botte à la jambe droite, impudent drôle, damné farceur !... Ta femme accouche donc sous terre ? Va tirer tes carottes ailleurs. Ce disant, il mit le tambour à la porte.

Habileté dans l'art de la filouterie.

Un jeune homme avait été voleur en Angleterre pendant plusieurs années ; ayant échappé à la vigilance de la justice, et fatigué d'une vie si périlleuse, il prit la résolution de devenir honnête homme et se retira, à cet effet, chez un riche fermier, qui le reçut pour domestique. Il n'y fut pas longtemps sans s'attirer l'estime de son maître, dont il reçut des récompenses proportionnées à ses bons offices. Un jour, étant seul avec lui, il lui conta différents vols qu'il avait faits. Son maître n'en voulut rien croire ; il lui dit qu'il espérait lui donner sous peu des preuves de son habileté dans l'art de la filouterie, ce qu'il effectua quelques jours après. Un garçon boucher étant venu chez ce fermier pour y acheter un mouton, il chargea l'animal sur ses épaules, après lui avoir attaché les pieds. Ce que voyant, ce domestique dit à son maître que, s'il voulait le lui permettre, il irait enlever le mouton à ce garçon, sans qu'il s'en aperçut. Le maître, croyant la chose impossible, lui en donna la permission. Aussitôt ce jeune homme court chercher une paire de souliers, et devance le garçon boucher. Arrivé sur le grand chemin, il y jette un de ses souliers, et va placer l'autre à 300 pas de là. Le boucher arrive au premier endroit, voit ce soulier, et regarde autour de lui pour trouver l'autre ; ne le voyant pas, il le laisse ; mais il est bien surpris de le retrouver plus loin. Fâché de n'avoir pas ramassé le premier, il se détermine à retourner sur ses pas ; mais comment le faire, chargé d'un poids sous lequel il succombe ? Rien de si simple que de s'en débarasser, et d'aller chercher l'autre soulier : pendant ce temps le jeune homme, qui était aux aguets, enlève le mouton et le reporte chez son maître , sans lui dire de quelle manière il s'y était pris. Le garçon boucher, de retour à l'endroit où il avait laissé son mouton, se lamente sur la perte qu'il vient de faire, et, prévoyant que son maître le chasserait s'il ne lui en appportait pas un autre, il retourne chez le même fermier, lui fait part de son malheur, et le supplie de lui vendre un de ses moutons qu'il payera sur ses gages. Le fermier ne se fait pas prier, et lui vend le même mouton. A peine ce garçon est-il sorti, que le filou dit à son maître qu'il gagerait de le lui enlever encore. Le fermier, trouvant la chose plus difficile, lui promet une récompense s'il vient à bout de son dessein. Le jeune homme, assuré de son fait, court se cacher dans le bois qu'il allait traverser, et y attend son homme au passage. Quand il le vit près de lui, il se mit à crier : Bay.... bay.... bay.... et imita si bien le cri du mouton, que le boucher s'imaginant que le premier mouton s'était sauvé dans le bois, ne réfléchissant pas qu'il avait les quatre pattes liées, n'a rien de plus pressé que de courir après ; mais, ne pouvant entrer dans les broussailles avec son mouton sur ses épaules, il le met, avec la plus grande confiance, dans un fossé, et court à l'endroit d'où partaient les cris du mouton. Le jeune filou, le voyant enfoncé dans le bois, en sort, et se saisit pour la seconde fois du mouton. Le boucher, las de chercher, revient à l'endroit où il avait laissé son mouton, et ne le trouvant plus, il s'aperçoit enfin qu'il a été dupe de son imprudence, et retourne chez son maître, à qui il conte sa double aventure, et chez qui, d'après l'ordre du fermier, le mouton venait d'être apporté par l'honnête fripon qui avait ainsi gagné sa gageure aux dépens du garçon boucher.

Fantaisie disciplinaire.

Un garde national, cité devant le conseil de disci-
pline, lui adressa ses excuses en la forme suivante :
Mes manquements, MM., ne sont pas très-comme   1
Aujourd'hui je demande indulgence pour   2
Ma mère était malade en la ville de   3
Pour partir à l'instant j'ai fait le diable à   4
Vous m'avez, il est vrai, commandé pour le   5
Mais près d'un malade il faut être pré   6
Pour appliquer à temps l'onguent et la lan   7
Dieu, merci ! j'ai vaincu la fièvre et la pit   8
J'ai fait à la malade un estomac tout   9
Vous pardonnerez bien mon zèle, cadé   10
Car, pour un fils, vos cœurs ne seront pas de br   11
Je serai de retour à Poitiers pour le   12
Alors je monterai ma garde par   douzaines.

Voici la réponse adressée par le conseil de disci-
pline de Poitiers, à l'épitre du soldat citoyen :
Vous fûtes, on le sait, autrefois pour chaque   1
Un modèle de zèle, et c'est vraiment hi   2
Qu'il n'en soit vraiment ainsi ; votre maman de   3
N'est qu'un prétexte ici, dont sans vous mettre en   4
Vous auriez dû parler en termes plus suc   5
En effet, vous vit-on jamais aux exer   6
Aux gardes ? Non sans doute, ainsi votre pla   7
Ne peut mettre au néant la citation du   8
Hôtel des Haricots, vous irez donc le   9
La cour vous y condamne : et vous irez, san   10
Méditer à loisir si nous sommes de br   11
Et vous y resterez, monsieur, jusques au   12

Une malice.

Un militaire se rendant à Versailles, monta dans une petite voiture étroite, et fut suivi d'un officier dont l'ampleur énorme l'incommoda bientôt. Il résolut de s'en débarrasser. Au bout de quelques minutes, des convulsions affreuses prennent au militaire. — « Mais, monsieur, qu'avez-vous donc ? » — « Ce n'est rien, monsieur, » répondit-il au lieutenant en se contenant, « ce n'est rien. » Un moment après, les contorsions recommencent et l'autre renouvelle sa question. — « Ce n'est rien, vous dis-je ; ne craignez rien, le mal n'est pas encore à un degré.... » — « Comment ? qu'est-ce donc ! expliquez-vous ! quel mal ? » — J'ai eu, monsieur, il y a quelques jours, le malheur d'être mordu par un chien enragé, on m'a conseillé d'aller à la mer, et je vais à Versailles chercher de l'argent pour faire ce voyage. » Il n'avait pas fini de parler que son prudent compagnon était déjà au bas de la voiture. — « Bon voyage, monsieur ; il fait beau, j'aime beaucoup marcher à pied. » Le militaire continua sa route fort à son aise, en s'applaudissant de sa malice.

Excentricité judiciaire.

Dernièrement, le nommé Mortreux, de Saint-Gratien (Somme), était traduit devant le tribunal correctionnel d'Amiens, sous la prévention d'un vol de *trèfle*. Les témoins venaient de déclarer qu'ils avaient vu emporter le trèfle. — S'ils disent cela, répondit-il d'un air mi-narquois, mi-piteux, c'est qu'ils ont du *pique* contre moi. — Mais ce n'est pas du *pique* que j'ai contre vous, reprit le substitut, c'est du *trèfle.*

A quoi le défenseur de Mortreux répliqua : — Dès que le ministère public s'exprime ainsi, la défense devient impossible. Je déclare que le *cœur* me manque. — Eh bien ! dit le substitut à voix basse, restez sur le *carreau.*

L'huissier audiencier voulut aussi lancer son trait. — Vous semblez prendre ceci pour un *jeu ;* vous verrez tout-à-l'heure *de quoi il retourne.*

Comme on voit, la *partie* paraissait asez engagée ; mais, pour en sortir avec honneur, Mortreux s'est vainement efforcé de *brouiller les cartes.* Le tribunal l'a condamné à huit jours de prison. « Je savais bien, at-il répété en s'éloignant, que je ne pouvais pas gagner ; il y avait trop de *piques* contre moi. »

Faux sorciers démasqués.

Charles II, duc de Lorraine, voyageant incognito dans ses États, arriva un soir dans une ferme, où il se décida à passer la nuit. Il fut tout surpris de voir qu'après qu'il eût soupé, on préparait un second repas plus délicat que le sien, et servi avec un soin et une propreté admirables. Il demanda au fermier s'il attendait quelque compagnie. — Non, monsieur, répondit le paysan, mais c'est aujourd'hui jeudi, et toutes les semaines, à pareil jour, les démons se rassemblent dans la forêt voisine avec les sorciers des environs, pour y faire leur sabbat. Après qu'ils ont donné le branle du démon, ils se divisent en quatre bandes, la première vient souper ici, les autres se rendent dans des fermes peu éloignées. — Paient-ils ce qu'ils prennent ? demanda Charles. — Bien loin de payer, répondit le fermier, ils emportent encore ce qui leur convient ; et s'ils ne se trouvent pas bien reçus, ou que quelque chose leur manque, nous en voyons de rudes. Mais que voulez-vous qu'on fasse contre des sorciers et des démons ?

Le prince étonné voulut approfondir ce mystère. Il appela un de ses écuyers, lui dit quelques mots à l'oreille ; et celui-ci partit au grand galop pour la ville de Toul, qui n'était qu'à trois lieues de là.

Vers deux heures du matin, le sabbat étant probablement terminé, une trentaine de démons et de sorciers entrèrent dans la ferme. Les uns étaient noirs et ressemblaient à des ours ; les autres avaient des cornes et des griffes ; les sorciers et les sorcières étaient vêtus bizarrement.

A peine étaient-ils à table, que l'écuyer de Charles II rentra suivi d'une troupe de gens d'armes. Le prince parut, avec cette escorte, dans la salle où les démons et les sorciers se disposaient à bien souper. « Des diables ne mangent pas, leur dit-il, ainsi vous voudrez bien permettre que mes gens d'armes se mettent à table à votre place. »

Les sorciers voulurent répliquer ; les démons, plus mutins, commencèrent à proférer de grandes menaces. « Vous n'êtes pas des démons, leur cria Charles, les habitants de l'enfer agissent plus qu'ils ne parlent ; et, si vous en sortiez, nous serions déjà tous fascinés par vos prestiges. »

Après ces mots, voyant que la bande infernale ne s'évanouissait pas, il ordonna à ses gens d'armes de faire main-basse sur les sorciers et leurs patrons. On arrêta pareillement, dans la même nuit, les autres membres du sabbat, qui soupaient chez les voisins ; et le matin Charles II se vît maître de plus de 120 personnes, tant sorciers que sorcières, que diables et diablesses. On dépouilla toutes ces bonnes gens du costume magique, et on trouva, sous l'accoutrement qui les rendait si terribles, des paysans et des paysannes de quelques villages environnants, qui se rassemblaient de nuit dans la forêt pour y faire des orgies abominables, et piller ensuite les riches fermiers.

Le duc de Lorraine, qui avait généreusement payé son souper avant de quitter la ferme, fit punir les prétendus sorciers et démons comme des coquins et des misérables. Le voisinage fut délivré pour le moment de ces craintes ; mais la foi aux sorciers ne s'affaiblit pas pour cela dans la Lorraine ; car tant qu'il végète dans l'ignorance, l'homme demeure superstitieux.

⸻

Un Ventriloque.

Un jeune fashionable, à la mise élégante et aux belles manières, s'arrête en cabrio et devant une boutique de bijouterie, rue de Bussy, au coin de la rue Bourbon-Château. Il entre et demande à la bijoutière quelques parures de bon goût. La dame s'empresse aussitôt de mettre sous les yeux du jeune homme ce qu'elle a de plus beau et de plus cher. Après avoir fait un choix de divers objets pour la valeur de 2,367 francs, le fashiónable fit ajouter une modeste pendule qu'il destinait à sa tante, qui était, disait-il, aussi économe que riche; puis il donna son adresse, priant que l'on apportât ces diverses emplettes avec la note acquittée.

En effet, une heure après, le fils de la bijoutière et une dame qui l'accompagnait arrivèrent au domicile indiqué. Le jeune homme les reçut dans une très-belle salle qui servait d'antichambre, puis, prenant les bijoux sous prétexte de les montrer à sa tante, il entra dans une pièce voisine, dont il laissa la porte entr'ouverte.

Alors il commença à haute voix une discussion avec sa tante sur le choix et le prix des objets. Le marchand, qui ne perdit pas un mot, était fort tranquille; aussi ne conçut-il pas le moindre soupçon, lorsque le jeune homme, sur l'instance de sa tante, sortit de l'appartement pour montrer ses cadeaux à sa cousine et lui demander son goût.

Cependant le temps passe, personne ne revient, personne ne parle, personne ne remue. Inquiet et impatient, le jeune bijoutier risque un œil dans l'appartement de la tante; mais hélas! il ne vit ni tante ni neveu; il eut beau chercher, il eut beau s'informer; le concierge ne connaissait qu'un jeune homme élégant qui, le matin même, avait loué un appartement pour lequel il avait payé dix francs de denier-à-dieu.

Le navet.

, Un pauvre journalier ayant soigneusement cultivé des navets dans son jardin, en eut un dont l'excessive grosseur faisait l'étonnement de tout le monde. — Allons le porter au château, dit-il, et faisons-en hommage à M. le comte ; car il aime à voir les champs et les jardins bien cultivés.

En conséquence, il porta le navet au château. Le comte de B... lui accorda tous les éloges que méritait sa conduite laborieuse, le remercia de son attention et lui donna deux louis d'or.

Un paysan du même village, qui était assez riche et très-avare, entendit parler de cela, et se dit : Je ne ferais pas mal d'aller offrir sur-le-champ à M. le comte le plus beau de mes moutons. Puisqu'il donna deux louis d'or pour un navet, il me donnera bien davantage pour un beau mouton ! Ainsi dit, ainsi fait. Il attacha une corde au cou de ce mouton, le mena au château, et pria le maître de vouloir bien l'accepter. Celui-ci pénétra aussitôt le motif de vil intérêt qui avait porté cet avare paysan à lui offrir ce cadeau. Piqué de cette feinte générosité, il refuse d'accepter le présent.

Mais le paysan le supplia instamment de ne pas refuser cet hommage. Le comte de B... lui dit enfin : Eh bien ! puisque vous m'y forcez, j'accepte votre cadeau ; mais comme je ne veux pas être moins généreux envers vous que vous envers moi, je vous donnerai en retour quelque chose qui m'a coûté le triple de la valeur de votre mouton. En achevant ces mots, il offrit à l'avare interdit et consterné... le gros navet dont celui-ci avait entendu parler.

Bibliomanie.

Un célèbre médecin de R.... eut l'art de se former, à très-bon marché, une belle biliothèque de livres bien choisis, dont la vente, après son décès, a été une des meilleures parties de son héritage. Il s'était lié avec quelques libraires, dont il fréquentait les magasins, parcourant, avec un air d'indifférence, les ouvrages qu'il y voyait. Il y venait souvent à l'heure du dîner, bien assuré qu'il n'y trouverait qu'un commis qui ne se méfierait pas de lui, le connaissant pour l'ami du libraire. Il demandait souvent à voir un livre qui était dans un rayon élevé, et tandis que le commis allait chercher un marche-pied, il mettait lestement dans sa poche un ou deux volumes d'un ouvrage en douze ou quinze, et laissait celui qu'il avait demandé à examiner. Quelque temps après, il marchandait l'ouvrage dont il avait déjà un ou deux volumes, et le trouvant dépareillé, sans que personne de la maison pût concevoir comment cela avait pu se faire, il finissait par avoir l'air de se contenter de ce qui en restait, pourvu qu'on lui donnât à bon marché, ce qui arrivait ordinairement, le libraire ne pouvant espérer de tirer parti d'un ouvrage incomplet. Cette manœuvre se renouvela souvent à Paris et à Lyon, chez les differents libraires, qui étaient loin de le soupçonner. Cependant cette ruse fut découverte par l'un d'eux, qui, étant allé voir M. R.... dans une belle maison de campagne où il s'était retiré sur la fin de ses jours, et visitant sa bibliothèque, y trouva très-complets et de même reliure des ouvrages qu'il lui avait vendus à vils prix, et comme dépareillés.

Le bruit s'en répandit bientôt parmi tous ceux qui avaient été également trompés. Le docteur l'avouait alors et en plaisantait, disant qu'il avait été si souvent dupe des libraires, qu'ils ne devaient pas se plaindre de la petite vengeance qu'il avait exercée à son tour contre eux.

La conduite de ce médecin est encore bien imitée par beaucoup de bibliomanes, et même par des individus chargés des ventes d'ouvrages qu'ils savent décompléter et se faire adjuger à bon marché.

Le Cochon qui parle

Un célèbre prestidigitateur rencontre une grosse paysanne chassant devant elle son cochon. — Combien votre cochon, bonne femme ? — Mon beau monsieur, cent francs, tout au plus juste. — C'est trop des deux tiers, j'en donne dix écus. — Je ne puis en rabattre un sou. — Chanson que tout cela ; je parie que votre cochon est plus raisonnable que vous et qu'il me dira qu'il ne vaut pas cent francs, si je lui demande. — Tiens, est-il bon enfant, ce monsieur, de vouloir que mon cochon parle. Quoique je ne soyons qu'une paysanne, je savons bien qui gnia que les perroquets, les pies et les merles qui baragouinent. — On voit que vous n'avez jamais été à *Sagrogorgon*. — Qu'est-ce que c'est que ce village-là ? — C'est un endroit où toutes les bêtes parlent, et le grand-père de ce cochon en est sorti. Tu vas voir. Dis-moi, l'ami cochon, ta maîtresse n'a pas de cons-cience ; tu ne vaux pas cent francs, n'est-ce pas ? —

Non, sans doute, répond une voix rauque et caverneuse, qui semblait partir de la bouche de l'animal, je suis ladre, et ma maîtresse est une coquine qui veut vous voler votre argent; depuis trois mois qu'elle cherche à me vendre, elle n'a pu trouver encore un marchand. A ces mots, tout le monde s'attroupe, prend la femme pour une sorcière, et le cochon pour le diable.

Plaisante méprise.

Les Français voyagent dans les pays étrangers avec une bonne foi singulière ; ils parlent leur langue indistinctement à toutes sortes de personnes, et sous prétexte qu'elle a été effectivement adoptée des autres nations européennes, surtout chez les savants, ils se persuadent que tout le monde doit les entendre. Cette assurance qu'ils sont parfaitement compris, produit quelquefois des méprises plaisantes : en voici un exemple :

Un jeune Parisien, allant à Amsterdam, fut frappé de la beauté d'une des maisons de campagne qui bordent le canal; il s'adressa à un Hollandais qui se trouvait à côté de lui dans la barque, et lui dit : « Monsieur, oserai-je vous demander à qui appartient cette maison? » Le Hollandais lui repondit dans sa langue : *Ik kan niet verstaan,* c'est-à-dire : *je ne vous comprends pas.* Le jeune Parisien ne se doutant pas même qu'il n'avait pas été compris, prend la réponse du Hollandais pour le nom du propriétaire: Ah! ah! dit-il, elle appartient à M. Kaniferstan ? Eh bien ! je vous assure que ce monsieur-là doit être très-agréablement logé ; la maison est charmante et le jardin paraît délicieux ; un de mes amis en a une à peu près semblable sur la rivière, du côté de Choisy ; mais il me semble que je donnerais la préférence à celle-ci ; » et il ajoute quelques propos dans le même genre, auxquels le Hollandais n'entend et ne réplique rien. Arrivé à Amsterdam, il voit sur le quai une dame d'une grande beauté, à laquelle un cavalier donnait le bras : il demande à un passant qu'elle était cette charmante personne. Celui-ci répond de même : *Ik kan niet verstaan.* « Comment monsieur, reprend le voyageur, c'est là la femme de M. Kaniferstan dont nous avons vu la maison sur le bord du canal ? Mais vraiment le sort de ce monsieur-là est digne d'envie. Comment ! posséder à la fois une si belle maison et une si aimable compagne ? » A quelque pas de là les trompettes de la ville sonnaient une fanfare à la porte d'un homme qui avait gagné le gros lot à la loterie de Hollande : notre Parisien veut s'informer du nom de cet heureux mortel : on lui répond : *Ik kan niet verstaan.* « Oh ! pour le coup, dit-il, c'est trop de fortune à la fois : M. Kaniferstan, propriétaire d'une si belle maison, mari d'une si jolie femme, gagne encore le gros lot à la loterie ? Il faut convenir qu'il y a des hommes bien heureux dans ce monde. » Il rencontre enfin un enterrement, et demande quel est le particulier qu'on porte à la sépulture : *Ik kan niet verstaan,* lui répondit celui à qui il fit cette question. « Ah ! mon Dieu, s'écrie-t-il, c'est ce pauvre M. Kaniferstan, qui avait une si belle maison, une si jolie femme, et qui avait gagné le gros lot à la loterie ? Il doit être mort avec bien du regret ; mais je pensais bien que sa félicité était trop complète pour pouvoir être de longue durée. » Et il continua d'aller chercher son auberge en faisant des reflexions sur la fragilité des choses humaines.

Histoire plaisante.

Charnacé, mort en 1699, avait été page du roi et officier dans ses gardes-du-corps. Sur la fin de ses jours, il se retira chez lui, où il fit souvent des fredaines. Il en fit une entr'autres dont on ne peut que rire.

Il avait une très-longue avenue devant sa maison en Anjou. Devant cette avenue, belle et parfaite, était planté une maison de paysan et son petit jardin qui s'y était trouvé lorsqu'elle fut bâtie ; jamais Charnacé et son père n'avaient pu engager ce paysan à la leur vendre, quelqu'avantage qu'ils lui en eussent offert.

Charnacé ne sachant plus qu'y faire, imagina un tour de passe-passe. Le paysan à qui cette chaumière appartenait, était tailleur de son métier, et il était chez lui tout seul, sans femme ni enfants. Charnacé l'envoie chercher, lui dit qu'il est mandé à la cour pour un emploi de conséquence, qu'il est pressé de s'y rendre, mais qu'il lui faut une livrée. Ils font un marché au comptant ; mais Charnacé stipule qu'il ne veut point se fier à ses délais, et que moyennant quelque chose de plus, il ne veut pas qu'il sorte de chez lui que sa livrée ne soit faite, et qu'il le couchera, le nourrira et le paiera avant de le renvoyer. Le tailleur s'y accorde et se met à travailler. Pendant qu'il y est occupé, Charnacé fait prendre avec la dernière exactitude le plan et la dimension de sa maison et de son jardin, des pièces intérieures, jusqu'à la position des ustensiles et du petit meuble ; fait démonter la maison et emporter tout ce qui y était, remonte la maison telle qu'elle était au juste, dedans et dehors, à quatre portées de mousquet à côté de son avenue ; replace tous les meubles et ustensiles dans la même position où on les avait trouvés, et rétablit le petit jardin de même : en même temps fait aplanir et nettoyer l'endroit de l'avenue où elle était, en sorte qu'il n'y parût pas. Tout cela fut exécuté encore plutôt que la livrée faite ; et cependant le tailleur demeura gardé à vue, de peur de quelque indiscrétion.

Enfin, la besogne achevée de part et d'autre, Charnacé amuse son homme jusqu'à la nuit bien noire, le paie et le renvoie content. Le voilà qui enfile l'avenue, bientôt il la trouve longue ; après il va aux arbres et ne les trouve plus ; il s'aperçoit qu'il a passé le bout et revient à l'instant chercher les arbres ; il les suit à l'estime, puis croise et ne trouve point sa maison. Il ne comprend point cette aventure. La nuit se passe dans cet exercice, le jour arrive et devient bientôt assez clair pour aviser sa maison, il ne voit rien et se frotte les yeux ; il cherche d'autres objets pour découvrir si c'est la faute de sa vue : enfin il croit que le diable s'en mêle et qu'il a emporté sa maison. A force d'aller, de venir et de porter sa vue de tous côtés, il aperçoit à une grande distance de l'avenue, une maison qui ressemble à la sienne ; il ne peut croire que cela soit ; mais la curiosité le fait aller où elle est et où il n'a jamais vu de maison. Plus il approche, plus il reconnaît que c'est la sienne.

Pour mieux s'assurer de ce qui lui tourne la tête, il

présente sa clef ; il ouvre, il entre, il retrouve tout ce qu'il y avait laissé, et précisément dans la même place ; il est prêt à en pâmer et est convaincu que c'est un tour de sorcier. La journée ne fut pas bien avant que la risée du château et du village l'instruit de la vérité du sortilège et le met en furie. Il veut plaider, il veut demander justice, et partout on s'en moque ; le roi, qui le sut, en rit aussi, et Charnacé eut son avenue libre.

Les trois Filous.

Un jour, un paysan menait une chèvre à lafoire ; il était monté sur un âne, et la chèvre suivait ayant une clochette au cou. Trois filous le virent passer. — Je gage, dit le premier, que je vole la chèvre de cet homme sans qu'il s'avise jamais de me la redemander. —Et moi, dit le second, je lui enlèverai l'âne sur lequel il est monté. — Voilà qui est bien difficile ! dit le dernier. Moi je veux lui ôter tous ses habits, et qu'il en soit bien aise.

Le premier voleur, suivant le paysan à pas comptés, délie adroitement la clochette du cou de la chèvre, l'attache à la queue de l'âne, et se retire avec sa proie. L'homme monté sur son âne entendant toujours le son de la clochette, croyait être suivi par sa chèvre. Au bout de quelque temps, il tourne la tête : il est bien étonné de ne plus trouver cet animal, qu'il allait vendre au marché ; il en demande des nouvelles à tous les passants. Le second filou s'avance et lui dit : Je viens d'apercevoir, du coin de cette ruelle, un homme qui fuyait entraînant une chèvre.

Le paysan descend de son âne avec précipitation, prie le filou de vouloir bien le lui garder, et se met à courir de toutes ses forces après le prétendu voleur. Après avoir parcouru bien du terrain, il revient accablé de fatigue ; et pour comble de malheur, il ne trouve ni son âne ni celui qu'il avait prié de le garder.

Nos deux filous gagnaient au pied, chacun très-content de sa proie.

Le troisième attendait son homme au bord d'un puits, près duquel il devait nécessairement passer. Le filou pousse des cris douloureux, et se plaint si amèrement, que l'homme qui avait perdu son âne et sa chèvre est tenté d'accoster quelqu'un qui lui paraissait aussi affligé que lui. — Qu'avez-vous à vous désesperer ? lui dit-il ; vous n'êtes sûrement pas si malheureux que moi : j'ai perdu mon âne et ma chèvre. — Voilà une belle perte, reprit le filou : avez-vous, comme-moi, laissé tomber dans ce puits une bourse pleine d'or ? — Que n'allez-vous la chercher ? dit le paysan, il n'est pas profond. — Hélas ! je ne suis pas adroit, reprit le filou, et je me noierais infailliblement ; mais si quelqu'un voulait me rendre ce service, je lui donnerais volontiers dix pièces d'or.

Le paysan, qui voyait là une occasion de réparer la perte de sa chèvre et de son âne, accepta le marché ; aussitôt il ôta ses habits, et descendit dans le puits avec tant de légéreté, que le filou vit bien qu'il n'aurait que le temps d'enlever sa proie.

Le paysan arriva au fond du puits, n'y trouva point de bourse ; et quand il fut remonté, il ne put douter de son malheur : les habits, l'âne et la chèvre avaient pris des chemins différents, et leur malheureux maître regagna avec bien de la peine sa cabane.

***

Ruse avortée.

Un propriétaire du Jura voulut se moquer un peu de la science de l'abbé Paramelle, de cet hydroscope dont les succès sont essentiellement dus à ses connaissances géologiques. Il possédait dans son jardin une source abondante. Il la cacha soigneusement aux yeux. — Aurai-je le bonheur de trouver de l'eau sur cette propriété? Telle est la question qui fut adressée à l'abbé Paramelle. — Non, répondit-il résolument. — Mais enfin, M. l'abbé, voyez, cherchez bien, il est impossible qu'il n'y ait pas ici quelque source. — Non, vous dis-je, il n'y aura pas de source ici.

Le financier rit sous cape; son hôte n'a pas l'air de s'en apercevoir, et se dirige jusqu'à un champ éloigné de quelques centaines de pas. C'était l'unique richesse d'un pauvre paysan. — Seriez-vous bien aise, lui dit l'abbé, de posséder une source dans votre champ? — Eh! monsieur, répond l'autre, je n'ai pas le moyen de souscrire. — Vous l'aurez gratis; apportez une pioche. La pioche vient, la terre est fouillée, et une belle source jaillit à tous les yeux.

Le riche propriétaire se prépare enfin à jouir du fruit de son stratagème et de la confusion de l'abbé. Il retourne sur ses pas, accompagné de la foule; il veut lui montrer la riche fontaine qu'il avait dissimulée: qui fut surpris? La source a disparu: l'hydroscope l'avait

arrêtée dans sa course au milieu du champ du cultivateur. Notre homme *jura, mais un peu tard, qu'on ne
l'y prendrait plus.*

La Carte.

Deux Anglais étant descendus dans un des principaux
hôtels de Cologne, marchandaient d'avance chaque bagatelle, même le prix du couvert à table d'hôte. Un ami
de l'aubergiste, indigné de ce procédé, aujourd'hui si
fort en usage chez les voyageurs anglais, lui dit de lui
laisser faire le rôle de premier garçon d'auberge ; à quoi
celui-ci consentit. Après le repas, les Anglais, qui
avaient mangé pour quatre, mais qui n'avaient bu que
deux carafes d'eau, demandent leur compte; on le leur
présente. En le parcourant, les Anglais voyant que les
deux carafes d'eau y sont portées à raison de trente
sous l'une, jettent les hauts cris: Comment ! faut-il
payer l'eau de ce pays-ci ? » Sans contredit, répond
le prétendu garçon d'auberge, c'est de *l'eau de Cologne.*

Singulière gaucherie d'un domestique.

Une dame de Bayeux avait pris à son service un
grand garçon dont une personne avait garanti la probité, mais non l'intelligence. — La probité, voilà l'essentiel, dit cette dame, pour le reste, je le formerai.
Bientôt elle sort en voiture pour faire des visites. —
Germain, s'écrie-t-elle, à propos ! mes cartes, je les ai
oubliées. Allez me les chercher, et vous les mettrez dans
votre poche. Germain remonte, exécute l'ordre, re-

descend et prend place derrière la voiture. On fait des
visites ; dans chaque maison où les maîtres sont absents,
cette dame fait déposer une ou deux cartes. A une dernière station, elle dit à son domestique : Germain, ici,
remettez trois cartes. — Impossible, madame. — Et
pourquoi ? — Madame, c'est qu'il ne m'en reste plus
que deux, l'as de trèfle et le sept de pique. Mon gaillard
était allé prendre un petit paquet de cartes à jouer, et
les avait distribuées partout. Il fallut recommencer
toutes les visites.

Essai de la vie fashionable.

Un jeune provincial, essayant tout nouvellement de
la vie fashionable à Paris, se rendait au bois de Bou-
logne, monté sur un assez beau cheval de louage ; il
n'était pas encore à la barrière de l'Étoile, lorsque deux
hommes, *tout de noir habillés*, se présentent à lui ; l'un
saisit la bride du cheval, tandis que l'autre s'exprime
ainsi :

« Monsieur, je suis désolé de troubler ainsi vos plaisirs, mais il faut absolument que vous mettiez pied à
terre. — Pourquoi cela ? — Pour obéir à la justice,
monsieur ; ce cheval n'est pas à vous. — Non, mais je
l'ai loué. — Précisément ; mais le loueur n'avait pas le
droit d'en disposer, car ce cheval était saisi, ainsi que
tout le matériel de l'établissement, et il va être vendu
tout-à-l'heure par autorité de justice. »

Le fashionable de fraîche date se rend à ces raisons,
il met pied à terre et revient piteusement sur ses pas.

Arrivé au rond-point des Champs-Elysées, il rencontre son loueur.

« Mon cher monsieur, lui dit-il, je suis fâché de ce qui vous arrive, mais vous auriez dû me prévenir. — Vous prévenir de quoi ? — Vous auriez dû me dire que votre cheval était saisi. — Saisi, que voulez-vous dire ? et qu'avez-vous fait de mon alezan ? — Parbleu ! je l'ai, bien à regret, remis aux mains de l'huissier poursuivant. »

On s'explique enfin, et il résulte de l'explication que le cheval est devenu la proie de deux audacieux filous.

Une méprise.

En novembre 1841, on célébrait dans la cathédrale d'Evreux une cérémonie qui avait attiré un grand nombre de fidèles et de curieux. Une dame, ayant trouvé par terre une casquette que, dans la foule, un enfant avait perdue, la ramassa, et voyant dans l'église un habit brodé et de grosses épaulettes, elle croit que c'est le suisse, et s'adresse à lui : « Mon ami, lui dit-elle, ayez la complaisance de déposer cette casquette à la sacristie ; si le propriétaire se présente, vous la lui remettrez, sinon vous la donnerez à quelque mendiant. — Morbleu ! madame, je ne suis pas le suisse ! s'écrie l'habit brodé. La dame, croyant voir un défaut d'obligeance dans ce refus, insiste auprès du monsieur à grosses épaulettes. — Allons, mon ami, lui dit-elle d'un ton insinuant, un peu de complaisance, vous rendrez service à un malheureux. — Encore une fois, madame, je ne suis pas le suisse !...

Cette bonne dame s'était adressée à M. le lieutenant-général Galbois.

Ruse plaisante.

Dans une petite ville aux environs de Châteauroux, certain boucher avait introduit deux porcs en ne payant les droits que pour un seul. Tout-à-coup on l'avertit que la fraude est découverte, et que les employés accourent pour opérer une visite domiciliaire. Notre homme, sans se déconcerter, prend l'un des deux animaux qu'il venait d'égorger, le place dans un berceau vide, ferme les rideaux ; et quand les employés arrivent, ils le trouvent berçant et chantant le refrain des nourrices. A l'invitation de les accompagner dans leur perquisition, il répond en berçant de plus belle et en gémissant sur la maladie de son enfant, qu'il ne peut quitter. Un des employés s'offre alors à le remplacer ; le boucher accepte, mais, en s'éloignant :

— Prenez bien garde, monsieur, dit-il, bercez doucement, s'il vous plaît... là, sans secousses... c'est bien ; surtout n'entrouvrez pas les petits rideaux. S'il venait à vous apercevoir, il crierait, et le médecin m'a tant recommandé... — Ne craignez rien, répond l'employé, ça me connaît, allez toujours.... Dodo, l'enfant do...., il s'endormira tantôt....

Comme on le pense, la visite fut infructueuse, et les employés se retirèrent, convaincus qu'on les avait trompés par un faux avis.

Les deux Cordonniers.

Un gascon logeait depuis quelque temps à Paris, dans un hôtel garni, mais ses moyens ne lui permettant pas de rester plus longtemps dans cette ville, il résolut de partir pour son pays ; comme il était presque nu-pieds, et qu'il n'avait pas suffisamment d'argent pour se faire chausser, il s'avisa d'un singulier stratagème pour se procurer une paire de bottes. Il alla chez un cordonnier, se fit prendre mesure et recommanda expressément qu'on lui apportât les bottes dans trois jours, à son hôtel, à l'heure qu'il indiqua, en disant que, passé cette heure, on ne le trouverait point, attendu qu'il partait pour la province ; on promit de le satisfaire à l'heure indiquée. Il sortit de la boutique, et fut dans une autre rue ; il entra de nouveau chez un cordonnier, où il se fit prendre mesure d'une seconde paire de bottes, ayant attention de les commander pareilles à la première paire. Il les demanda pour le même jour ; mais il eut soin de donner une autre heure, pour éviter la présence des deux cordonniers ; le premier lui porta ses bottes à l'heure convenue, il les essaya au gascon, qui se plaignit qu'une des deux le blessait. Le cordonnier lui dit que c'était peu de chose, qu'en la mettant un instant sur la forme brisée, elle deviendrait aussi aisée à chausser que l'autre. Notre gascon voyant que le cordonnier se disposait pour cet effet à remporter les bottes chez lui, ce qui ne faisait pas son compte, dit que son départ étant remis au lendemain, il n'avait seulement qu'à emporter celle qui gênait, pour la lui rapporter de grand matin, ce que fit le cordonnier. Une heure après, le second cordonnier arriva, qui essaya pareillement les

bottes au gascon ; mais notre rusé compère, feignant
que la botte opposée à celle qu'il avait gardée le
blessait, la fit remporter, en recommandant également
qu'on la lui rapportât le lendemain de bon matin. Notre
cadédis se trouvant, par ce moyen, chaussé à fort bon
marché, fit son paquet, paya son hôte, et se mit en
route. Le lendemain matin, nos deux cordonniers se
rencontrèrent dans l'hôtel ayant chacun une botte à la
main ; ils demandèrent le gascon, mais on leur dit qu'il
était parti de la veille ; ils furent des plus étonnés, et
virent qu'ils étaient trompés. En sortant de l'hôtel, ils
entrèrent dans un cabaret pour se consoler du tour
qu'on venait de leur faire, et en buvant bouteille, l'idée
leur vint de jouer à pair ou non les bottes ; ce fut le
premier qui gagna : il n'y eut par conséquent qu'un
cordonnier de dupé.

***

Le voleur volé.

Le comte R. de Saint-V. revenait à Paris en chaise
de poste, de son château de Saint-V. ; par goût, il n'a-
vait pas pris le chemin de fer. Il avait avec lui, dans
sa voiture, sa femme, son fils, bel enfant de cinq ans ;
un domestique et une femme de chambre étaient sur le
siège.

A une côte près de Senlis, le comte met pied à terre.
Il marche en côtoyant le bois. La voiture le devance.
Elle devait l'attendre en haut de la montée.

Le comte de Saint-V. est pris du désir d'entrer dans
le bois... Il se glisse dans un fourré. A peine y est-il

entré, qu'un voleur se présente à lui, lui montre le bout d'un pistolet, lui ordonne de se taire, et lui demande sa bourse, sa montre, son épingle, sa bague et un rouleau de cent napoléons.

Le comte, ainsi dépouillé, s'apprête à s'éloigner, lorsque le voleur lui ordonne de quitter l'ample redingote qu'il portait, et lui donne en échange sa propre veste. L'éloquence du pistolet ne permet pas de refuser. Le voleur endosse le vêtement du comte et disparaît.

Celui-ci se résigne à passer la veste et court après la voiture, qui s'éloignait toujours.

Cependant la comtesse, inquiète de ne pas voir revenir son mari, met la tête à la portière. Elle voit un homme en veste courant après la voiture. Elle ne se doute pas que c'est le comte; elle s'étonne de ne pas l'apercevoir.

Madame de Saint-V. fait arrêter la voiture, sur quoi l'homme en veste l'a bientôt atteinte. Mais quelle surprise! c'est le comte... D'où vient cet accoutrement?

Le comte, tout essoufflé, ne peut répondre tout d'abord. Enfin il raconte en deux mots son aventure, et, comme il est en sueur, oubliant qu'il a changé de vêtement, il met machinalement la main dans sa poche pour prendre son mouchoir.

O surprise! Dans sa poche il sent un objet singulier, il le tire : c'est sa montre, sa propre montre. Il replonge sa main dans la bienheureuse poche. Voilà son épingle et sa bague, voilà sa bourse et voilà le rouleau de cent napoléons.

Ce n'est pas tout : dans l'autre poche, il trouve une tabatière en or et un porte-monnaie qu'on ne lui avait pas volés.

Le voleur maladroit, en changeant d'habit avec le comte, avait oublié qu'il avait mis tout son butin dans la poche de sa veste. Et voilà pourquoi le comte se trouvait si singulièrement remis en possession de ce que l'autre lui avait volé.

Un nom gravé dans la tabatière a permis au comte de faire remettre le porte-monnaie et la tabatière à leur légitime propriétaire.

La tabatière était un cadeau d'un souverain à un artiste.

***

Le dîner de l'abbé Cosson.

M. Delille, en avril 1786, étant à dîner chez Marmontel, son confrère de l'Académie française, raconta ce qu'on va lire, au sujet des usages qui s'observaient à table dans la bonne compagnie. On parlait de la multitude de petites choses qu'un honnête homme est obligé de savoir dans le monde pour ne pas courir le risque d'y être bafoué. « Elles sont innombrables, dit M. Delille, et ce qu'il y a de fâcheux, c'est que tout l'esprit du monde ne suffirait pas pour faire deviner ces importantes vétilles. Dernièrement, ajouta-t-il, l'abbé Cosson, professeur de belles-lettres au collége Mazarin, me parla d'un dîner où il s'était trouvé quelques jours auparavant, avec des gens de cour, des cordons-bleus, des maréchaux de France, chez l'abbé Radonvilliers, à Versailles. — Je parie, lui dis-je, que vous y avez fait cent incongruités? — Comment donc? reprit l'abbé Cosson fort inquiet; il me semble que j'ai fait la même chose que tout le monde. — Quelle présomption! Je gage que vous n'avez rien fait comme personne. Mais, voyons! je me bornerai au dîner ; et, d'abord, que fîtes-vous de votre serviette en vous mettant à table? — De ma serviette? Je fis comme tout le monde : je la déployai, je l'étendis sur moi, et je l'attachai par un coin à ma boutonnière. — Eh bien! mon cher, vous êtes le seul qui ayez fait cela ; on n'étale point la serviette, on la laisse sur ses genoux. — Et comment fîtes-vous pour manger votre soupe? — Comme tout le monde, je pense : je pris ma cuiller d'une main et ma fourchette de l'autre..... — Votre fourchette, bon Dieu ! Personne ne prend sa fourchette pour manger sa soupe. Mais poursuivons : après votre soupe, que mangeâtes-vous ? — Un œuf frais. — Et que fîtes-vous de la coquille? — Comme tout le monde : je la laissai au laquais qui me servait. — Sans la casser? — Sans la casser. — Eh bien ! mon cher, on ne mange jamais un œuf sans briser la coquille. Et après votre œuf? — Je demandai du bouilli. — Du bouilli! personne ne se sert de cette expression ; on demande du bœuf, et point de bouilli. Et après cet aliment ? — Je priai l'abbé de Radonvilliers de m'envoyer d'une très-belle volaille. — Malheureux! de la volaille! on demande du poulet, du chapon, de la poularde ; on ne parle de la volaille qu'à la basse-cour. Mais vous ne dites rien de votre manière de demander à boire? — J'ai, comme tout le monde, demandé du Champagne, du Bordeaux, aux personnes qui en avaient devant elles. — Sachez donc qu'on dit du vin de Champagne, du vin de Bordeaux. Mais dites-moi quelque chose de la manière dont vous mangeâtes votre pain? — Certainement à la manière de tout le monde : je le coupai propre-

ment avec mon couteau. — Eh ! on rompt son pain,
on ne le coupe pas. Avançons : le café, comment le
prîtes-vous ? — Eh ! pour le coup, comme tout le
monde : il était brûlant, je le versai par petites parties
de ma tasse dans ma soucoupe. — Eh bien ! vous fîtes
comme ne fit sûrement personne ; tout le monde boit
son café dans sa tasse, et jamais dans sa soucoupe.
Vous voyez donc, mon cher Cosson, que vous n'avez
pas dit un mot, pas fait un mouvement qui ne fût
contre l'usage. » L'abbé Cosson était confondu. Pendant six semaines il s'informait à toutes les personnes
qu'il rencontrait de quelques-uns des usages sur lesquels je l'avais critiqué.

Henri IV et le paysan.

Henri IV prenait plaisir à se débarrasser en quelque
sorte de la royauté, pour n'être plus qu'un homme au
milieu des hommes. Il prenait plaisir à entendre , sans
être connu, les discours mêmes des gens de la dernière
classe, pour y saisir, s'il était possible, des vérités dont
il faisait ensuite son profit. Cette louable curiosité lui
valut quelquefois des aventures assez singulières ; en
voici une des plus plaisantes. Il était à la chasse dans
le Vendômois et s'était égaré de sa suite, lorsqu'il rencontra un paysan assez tranquillement assis au pied
d'un chêne : — Eh ! que fais-tu là, lui dit Henri IV ?
— Ma finte, monsieur, répondit le paysan, je sommes-
là pour voir passer le roi. — Eh bien ! reprit Henri, si
tu veux, monte sur la croupe de mon cheval, je te

conduirai dans un endroit où tu le verras tout à ton aise. Le paysan ne se fait pas beaucoup prier : il monte, et, chemin faisant, il s'informe comment il reconnaîtra le roi. — Tu n'auras qu'à remarquer, lui dit Henri, celui qui aura son chapeau sur la tête pendant que tous les autres se tiendront tête nue.

Bientôt ils rejoignirent la chasse. Tout le monde parut fort étonné de voir le compagnon que s'était donné Henri IV, et l'on attendait dans le silence qu'il voulût bien s'expliquer. Tout le monde cependant se découvrit à l'approche du roi. Henri se tourne alors vers le paysan, et lui demande qui est le monarque. — Ma finte, répond le rustre, sans se déconcerter, il faut que ce soit vous ou moi, car il n'y a que nous deux qui ayons notre chapeau sur la tête !

Singulière punition.

Dans un village du Bas-Rhin, par une nuit froide et neigeuse, un cabaretier, dont nous ne donnerons que le prénom (Michel), venait de sortir de la chambre, dans l'intention de fermer les volets, lorsqu'il aperçut le seul chaland qui se trouvait encore chez lui s'approcher de la planche où était déposé le beurre, en prendre un demi-kilogramme et le cacher furtivement dans sa casquette.

— Reste encore un instant, Jacques, lui dit Michel en entrant, tandis qu'il secouait la neige de ses souliers ; par le froid qu'il fait, un verre d'eau-de-vie ne te fera pas de mal.

Mais cela ne faisait pas le compte du voleur, il aurait préféré s'en aller au plus vite ; et déjà il avait la main sur le loquet, lorsqu'il songea qu'un refus pourrait exciter des soupçons. Le cabaretier le força de s'asseoir tout près du poêle, dans une position telle qu'il se trouvait de tous côtés barricadé par les tables et les chaises, puis il prit la seule place qui aurait pu lui donner une issue.

— Nous allons nous faire un bon feu, Jacques, dit-il, en bourrant le fourneau de bûches ; chauffe-toi bien, mon garçon, je ne voudrais pas que tu te refroidisses.

Le voleur, sentant déjà le beurre se tasser sur ses cheveux, se lève brusquement, disant qu'il était obligé de rentrer.

— Pas avant d'avoir vidé quelques verres de ce vieux kirschenwasser, lui répondit Michel, en lui faisant reprendre sa place de force. J'ai d'ailleurs une aventure à te raconter.

— Mais il fait ici une chaleur d'enfer, répliqua Jacques, en faisant un mouvement pour se lever, mouvement qui fut aussitôt empêché par le solide poignet de l'hôte.

— Qu'as-tu donc à te presser, voisin ?

— J'ai encore le fourrage à donner à mes vaches, du bois à fendre, et puis ma femme se plaignait lorsque je l'ai quitté ; je crains qu'elle ne soit malade.

— Bah ! je l'ai rencontrée ce soir ; elle m'a dit qu'elle se portait à merveille, et tes vaches ne mourront pas de faim pour ce petit retard. Vraiment ! je ne te comprends pas ce soir. Jamais je ne t'ai vu refuser un verre d'eau-de-vie et être si exact. Tu fais une mine si drôle ! On dirait que tu as peur, ajouta le fin compère, en jetant sur le voleur un air de méfiance, tandis qu'il lui versait une telle quantité de la liqueur spiritueuse que ses cheveux s'en seraient dressés sur la tête, sans la singulière pommade qui les aplatissait.

— Voici du pain, Jacques, tu peux y mettre toi-même du beurre, il est tout frais. J'en ai là quelques kilos… Dans quoi le fais-tu fondre d'ordinaire, demanda le mystificateur de l'air le plus innocent du monde.

Jacques commençait à sentir la mèche, mais la perplexité de sa position lui clouait la bouche. Goutte par goutte la matière traîtresse commençait à lui couler de dessous la casquette le long du visage, et déjà son mouchoir en était tout imbibé.

— Il fait un froid glacial cette nuit, observa encore le malicieux cabaretier, et tu parais avoir si chaud ! Pourquoi n'ôtes-tu pas ta casquette ?… Viens, que je l'accroche à ce clou.

— Non, non, s'écria enfin le pauvre diable, revenu subitement à la parole et retenant sa casquette des deux mains. Laisse-moi partir, il faut que je m'en aille, je ne me sens pas à mon aise. Cette pression de l'objet récéleur amena une cataracte de beurre fondu qui ruissela le long de la figure du voleur, s'engouffra dans ses vêtements et alla se précipiter jusque dans ses bottes ; il nageait littéralement dans le graisseux liquide.

— Ma foi ! si tu veux partir à toute force, je ne te retiens plus. Bonne nuit, Jacques, dors bien ! dit Michel, en lui ouvrant la porte ; et lorsqu'il fut dehors, il ajouta : — La farce que je t'ai jouée vaut bien un verre d'eau-de-vie et le beurre que tu m'as volé ; nous sommes quittes, voisin !…

Les bottes prêtées.

— Tiens! c'est Girard... Bonjour, Girard... Mais, morbleu! quéque t'as donc? tu fais un nez totalement malheureux... T'as-t-y du chagrin, vieux? — Et un fier! — Bah! bah! conte-moi ça... Si j'y peux quéque chose, je suis là... Suis-je t'y pas ton ami? ton ancien camarade de chambre? quoi qui t'chagrine la tête! — C'est pas à la tête, mon brave Chiquet, c'est aux pieds qu'est ma douleur... — Tes pieds sont-ils à la tête d'un nombre de durillons et autres œils de perdrix qui t'embêtent? — S'agit pas de ç'a, Chiquet, c'est ma chaussure... — Tes souliers te gênent? ils m'ont pourtant l'air honnêtement larges... — C'est précisément ça qui me rend le nez malheureux que tu me vois. — Ah ça, qué satanée charade que tu me pousse là? Est-ce que tu fourres ton nez dans tes souliers? — Eh non! mais apprends donc que je suis-t-invité à un baptême à c'matin, et que je suis dépourvu d'être chaussé conformément à la circonstance. — T'as pas de bottes? — Non, mon pauvre Chiquet..., ma dernière paire était âgée de cinq ans et sept mois; je l'ai fendue pour en faire des dessous de pieds... J'nai plus que ces misérables souliers, ornés de ventilateurs et de soupapes, où même mon pied est exposé à tous les vents et à toutes les eaux... Décemment j'peux pas me présenter à un baptême dans la position d'un va-nu-pieds; ça porterait malheur au mioche, et ça me ferait rougir comme un homard cuit, de honte. — J'ai un moyen pour remédier à la chose. — Vrai! parle vite. — Rien de plus simple : va acheter des bottes. — Oh! fameux! quand on n'a pas de noyaux et qu'on est privé de crédit. — Ah ! diable ! j'avais pas réfléchi à ça... Autre moyen ! — Lequel ? — Ne va pas au baptême..., de cette façon, tu n'as plus besoin de bottes. — Ah ! ben oui, manquer la cérémonie ! jamais... ça porterait aussi malheur au moutard... Et puis, il y aura une *bosse* à quoi je tiens à y répondre à l'appel, vu que le liquide à quinze, les bonbons, les pieds de cochons et toutes les voluptés de la table y seront prodigués... J'y tiens ! faut que j'y aille, ou la mort. — J'ai un troisième moyen ! — Voyons ! — Tu peux-t-y m'inviter ? — Ah ! dame, je ne sais pas. — Si tu m'invites, je t'y fais aller. — Ah ! bah ! au fait, je t'invite : sur le nombre ça ne paraîtra pas. — Bon, nous voici devant mon garni ; monte avec moi, je vais te prêter mes bottes neuves... — Est-il possible ? — Elles me sont un peu justes, ça me les agrandira ; moi, je vais mettre les vieilles, elles seront superbes avec un coup de cirage que j'leux y ferai donner sur le boulevard du Temple. — Ah ! mon cher Chiquet, je te dois plus que la vie.

Girard introduit ses deux pieds dans les bottes neuves de Chiquet, puis les deux amis prennent le chemin de la maison du baptême. Girard était fier de sa brillante chaussure, et il faisait retentir les talons sur les pavés. — Dis donc, Girard, disait Chiquet, ne tappe pas si fort... tu m'abîmes mes talons neufs. — N'a pas peur. — Dis donc, Girard, ajoutait Chiquet un moment après, ne marche donc pas sur le côté, tu vas m'éculer *mes* bottes neuves. — Ah ! fichtre ! tu m'as prêté tes bottes, c'est pas pour les porter dans ma poche... Par ainsi, laisse-moi marcher tranquille. — Oui, mais tu pourrais bien ne pas tremper dans le ruisseau, voilà ma botte droite perdue. — Ah ! morbleu, tu m'ennuies ;

t'as pas besoin de crier en pleine rue, *mes* bottes! *mes* bottes! pour que le monde sache que tu m'as prêté *tes* bottes, et que je marche dans la chaussure d'un autre. — Oui, je dirai *mes* bottes! parce qu'enfin elles sont à moi : on prête, mais on ne donne pas, et quand tu me rendras *mes* bottes, elles ne seront plus mettables... — Que t'es vexant avec tes bottes... Tiens, j'en ai assez... Je n'en veux plus... Reprends-les et que ça finisse... J'aime mieux manquer *la bosse*... Allons, retournons chez toi. C'est vrai ça, ça coupe l'appétit de se voir humilier par un ami en plein public !

Comme les deux amis s'en retournaient chez Chiquet, tout en se querellant, ils rencontrèrent un camarade, le nommé Mouton. Girard, tout indigné de la conduite de Chiquet, lui raconta ce qui venait de se passer, et comme quoi il aimait mieux renoncer à l'invitation que de s'y rendre dans les bottes de Chiquet. Mouton était le plus complaisant des hommes, il offrit à Girard de lui prêter des bottes, avec promesse de le laisser marcher où et comme il voudrait. Girard sauta au cou de son ami, et, au bout d'un quart-d'heure, il sortait de chez l'honnête Mouton, dans deux bottes moins neuves que celles de Chiquet, mais aussi prêtées de meilleur cœur.

Mouton lui donnait le bras et riait avec lui, heureux, content comme un brave garçon qui vient d'obliger un ami. Et Girard lui frappait avec émotion sur l'épaule en lui disant : « A la bonne heure ! toi, t'es-t-un vrai ami ! c'est pas toi qui m'humilierais. — Moi ! s'écriait l'excellent Mouton, ah ! ben, j'suis jamais plus joyeux que quand je prête... Oh ! marche, marche à la tête... Je te dirais rien... Tu peux passer dans le ruisseau... Tu as *mes* bottes, mais c'est égal... Allons !

voyons ! passe donc dans le ruisseau avec *mes* bottes. — Pour l'amour du bon Dieu ! ne crie donc pas si haut *tes* bottes ! — Non, c'est pour te montrer que je suis pas comme Chiquet, moi ! Ah, mon Dieu ! tu peux aller partout... tu peux danser sur des culs de bouteilles si ça t'amuse.... Quand je prête *mes* bottes, elles ne sont plus à moi... Ce sont bien *mes* propres bottes que tu as aux pieds, mais tant que tu seras dedans, tu peux les regarder comme pas à moi... — Ah çà, mais, parbleu s'écria Girard, horriblement vexé de cette complaisance excessive, t'as-t-y besoin de crier *mes* bottes ! — Je crie, mon brave Girard, pour que tout le monde sache bien que je ne suis pas comme Chiquet, que si je prête *mes* bottes.... Le bon Mouton n'acheva pas, car sa phrase fut coupée en deux par un violent coup de pied que Girard venait de lui appliquer à la hauteur du fond de sa culotte. Il ne put s'expliquer une aussi profonde ingratitude : lui appliquer sa propre botte... Oh ! qu'une pareille action était noire et honteuse ! L'indignation lui fit prendre toute la rue à témoin que son ami, à qui il venait de prêter ses bottes, lui avait fait une offense non mortelle, mais très-sensible. Girard, au comble de l'humiliation, renouvela, en présence même de la foule, l'outrage fait à la culotte de Mouton, si bien que la foule le conduisit chez le commissaire. Les invités du baptême l'attendirent en vain.

***

Le peintre flamand.

Un peintre flamand ne savait pas peindre les bonshommes. Un riche personnage lui commande un tableau où il voulait du monde. Le peintre se met à la besogne. Il lance des rayons de soleil au beau milieu de la toile. Au-dessous il bâtit une superbe façade d'église pleine de sculptures dorées et nuancées par les reflets du soleil. A droite il dresse des maisons à pignons sculptés ; à gauche il perce une longue rue. C'était un fort beau tableau.

Le personnage vient chercher sa toile. — C'est un magnifique paysage, dit-il, mais malheureusement vous n'y avez pas mis de personnages. — Comment ? — Voyez vous-même : l'église est fermée, la rue est déserte, les maisons solitaires. — C'est que tout le monde est à la messe, répond naïvement le peintre. L'acquéreur alors emporte son tableau sans répliquer.

Singulier instinct d'un chien.

Un officier, passant un jour à Paris sur un des ponts qui traversent la Seine, vit ses bottes, qui étaient très-noires et bien polies, toutes couvertes de boue par un chien barbet qui vient se jeter sur lui. Cet officier, voyant un décrotteur établi sur le pont, alla faire cirer ses bottes. Mais cette circonstance s'étant renouvelée plusieurs fois, sa curiosité fut vivement excitée. Il surveilla le chien, et le vit se rouler dans la fange sur les bords de la rivière, puis attendre qu'il passât quelqu'un dont les bottes fussent bien nettes et bien luisantes, et ensuite il le vit aller, tout dégoûtant, se frotter contre l'individu qui passait. Cette officier s'étant assuré que le drécrotteur était le maître du chien, soupçonna que ce manége avait été appris à cet animal, et, après un peu d'hésitation, le décrotteur avoua qu'il avait formé son chien à cet exercice, afin d'avoir un plus grand nombre de chalands. L'officier, frappé de la sagacité de ce chien, l'acheta à un très-haut prix, et l'emmena en Angleterre. Pendant quelque temps il le fit tenir attaché à Londres ; mais enfin il lui ôta ses liens. Le chien resta avec lui un jour ou deux, et puis il disparut. Quinze jours après, cet animal était auprès de son premier maître, et continuait sur le pont son ancien manége.

Présence d'esprit.

Le docteur Monroé était le médecin en chef de Bedlam, grand hôpital des fous de Londres, où il se rendait exactement tous les jours, et qu'il ne quittait jamais sans avoir goûté les mets des malheureux qui y sont renfermés. Ceux-ci étaient à la vérité plus appropriés aux besoins sanitaires qu'au goût de ceux pour qui ils étaient préparés : aussi s'élevait-il de jour en jour des plaintes plus vives sur l'insipidité de la soupe. « Le médecin doit savoir mieux que vous, leur répondait le cuisinier, qu'elle est la nourriture qui convient à votre état : votre soupe est faite d'après son ordonnance. » Les fous sachant alors à qui ils devaient s'en prendre, résolurent de se venger du docteur qui leur faisait manger la soupe à l'eau, au lieu de potage au bouillon. Dès ce moment ils guettèrent toutes ses démarches, et un matin qu'il était entré dans la cuisine, lorsque le cuisinier et ses aides ne s'y trouvaient pas, quelques-uns des conjurés l'y suivirent, et lui déclarèrent nettement leur projet, qui n'était rien moins que de le jeter dans une grande marmite où il leur faisait cuire de si mauvaises soupes, afin qu'une fois au moins ils pussent manger de la soupe grasse. En disant cela, ils se disposent à exécuter leur projet; c'en était fait du docteur, ils allaient le faire bouillir, si sa présence d'esprit ne fût venue à son secours.—Parbleu, mes amis, leur dit-il, vous avez là une bonne idée, et il n'y a pas de doute, cela vous fera une excellente soupe ; mais vous la gâteriez si vous me jetiez tout habillé dans le chaudron : attendez donc que je me déshabille. L'observation du docteur leur parut juste, et ils y consentirent. On pense bien que le docteur ne se dépêcha guère ; mais, quelque lenteur qu'il y eut, il ne venait pas de secours du dehors. Il ne restait plus qu'un dernier vêtement à ôter, et il allait faire le saut fatal, lorsqu'il leur dit : Quant à ma chemise, vous ne me l'ôterez que quand vous m'aurez tué, la pudeur ne me permettant pas de me présenter devant vous. Je dois aussi vous instruire comment vous devez vous y prendre : d'abord vous me couperez la gorge, afin que le sang sorte de mon corps ; alors vous m'ouvrirez le ventre, vous en sortirez les intestins, vous me laverez bien en dedans et en dehors, afin d'avoir une soupe propre ; maintenant, allez chercher un bon couteau, un baquet d'eau et tout ce qui vous est nécessaire. En disant cela il leur ouvre la porte, et les fous courent, en jetant des cris de joie, chercher ce qu'il leur faut. Notre docteur ferme la porte sur eux, pousse le verrou, et il est sauvé. Depuis cette scène il n'osa plus se hasarder seul dans la cuisine.

Arnoul Cocault.

Un trait fort plaisant s'est passé dans l'étude d'un tabellion de la Ferté-Milon. Voici comment :

A l'époque où le prince de Condé, Henri II, père du grand Condé, était seigneur de la terre et du château de Muret, petit village situé dans le Soissonnais, à une lieue d'Oulchy-le-Château, il y avait dans ce village deux particuliers, deux frères nommés Philippe et Nicolas de La Haye, que le prince protégeait d'une manière toute particulière. Il résolut de leur affermer de préférence la recette de Muret, et afin d'éviter les importunités des jaloux qui n'auraient pas manqué de venir solliciter ce marché, il voulut conclure l'affaire secrètement et sur-le-champ. Il partit donc seul et incognito de Muret, pour se rendre à la Ferté-Milon, chez un notaire nommé Arnoul Cocault, qui jouissait d'une grande réputation dans le notariat : on le nommait dans son pays, M. Arnoul, pour le distinguer de son frère, qui exerçait la même profession que lui.

Après quelque temps de marche, le prince arriva à la Ferté-Milon, comme midi sonnait. Il se présenta chez le notaire ; mais Arnoul dinait, et sa femme attendait à la porte de la salle à manger, qu'il eût terminé son repas. C'était une grosse Picarde, de la trempe de ces bonnes ménagères de la campagne, qui restent peu de temps à table, et qui ignorent entièrement le cérémonial d'usage. Le prince lui demanda M. Arnoul. — « *Il daine*, répartit la bonne femme en son patois ; asseyez-vous sur le banc ; quand Arnoul *daine*, on ne lui parle point. » Le prince insista ; la ménagère persista, et lui répondit en se fâchant : « *Mais il faut bien qu'Ar-*

noul daine. » Henri II céda et attendit à la porte, assis sur le banc de bois, que M. Arnoul eût dîné.

Après une demi-heure d'attente, le repas étant enfin terminé, on introduisit le prince dans l'étude du tabellion. Arnoul, qui croyait sans doute parler à un intendant de maison, ne lui demanda pas ses qualités. Quand le bail fut dressé, et lorsqu'il fut question de le mettre au net, le notaire pria M. le prince de dire ses noms et qualités. — Ce ne sera pas long, répliqua ce seigneur : Mettez *Henri de Bourbon, prince de Condé, premier prince du sang, seigneur de Muret.* A ces mots, le tabellion fut comme foudroyé ; il se jeta aux pieds de Henri II et lui fit, en tremblant, ses excuses sur la manière dont sa femme et lui l'avaient reçu. Le prince le releva et lui dit : « Ne craignez rien, brave homme, il n'y a pas de mal ; *eh ! il fallait bien qu'Arnoul daine !* » Cette aventure divertit beaucoup le prince de Condé. Il la racontait partout, et elle fut tant de fois répétée dans le pays, qu'on dit encore d'une personne de laquelle on a besoin, et qu'on ne veut pas déranger de la table : *Arnoul daine.* Le bail passé en cette occasion, le 11 avril 1611, fut conservé pendant longtemps à la Ferté-Milon : on y voyait au bas la signature du prince de Condé.

Déconvenue d'une marchande d'œufs.

« Brave femme, combien vos œufs ? disait, sur le marché de Verdun, un monsieur à face rubiconde, à mine joyeuse, parlant à une paysanne qui croyait flairer un maître d'hôtel de grosse maison. — Mon bon monsieur, c'est treize sous tout au juste, pas un liard de moins : voyez la marchandise. — Pas trop cher, réplique le monsieur, je prendrai tout ce que vous en avez ; mais auparavant, petite mère, je veux m'assurer qu'ils sont frais, et je vais en casser quelques-uns que je vous paierai dans tous les cas. — Tope, reprit la marchande, c'est fait ; prenez, tâtez, cassez, mirez. » Et voilà notre homme en besogne d'expérimenter. Il casse un premier œuf, il en sort une pièce de vingt sous ; il en casse un second, voilà une pièce de deux francs ; il en casse un troisième ; ô prodige ! il en sort un Louis-Philippe luisant comme on peut être lorsqu'on sort d'un jaune d'œuf. « Pour le coup, s'écria la marchande, c'est une affaire décidée, mes œufs sont à moi, je ne les vends pas ; je les garde : monsieur, allez vousen, laissez-moi tranquille, vous n'y toucherez plus. » Et voilà la poulette accroupie sur sa *charpagne*, gloussant et couvant son trésor qu'elle défend à bec et ongles. J'aurais conseillé à l'amateur d'œufs frais de déguerpir au plus vite, s'il ne voulait être becqueté vigoureusement par la commère ; c'est ce qu'il fit.

L'acheteur, une fois parti, grande rumeur, grand émoi ; les œufs sont transportés dans la boutique voisine ; on prépare des sacs ; on casse, on casse, on casse : un, deux, trois, quatre, cinq, l'albumine inonde le comptoir, mais de l'argent, de l'or, point... M. Weiss, prestidigitateur, et prestidigitateur habile, qui donnait alors quelques représentations à Verdun, était venu s'égayer un instant sur le marché. Il avait offert à l'ignorance et à la crédulité cupide de notre paysanne un plat de son métier, que l'avide marchande avait payé d'une douzaine d'œufs. La pauvrette ne croit probablement plus à la puissance philosophale de l'alchimie ;

mais il a été bien difficile de lui persuader que le prétendu maître d'hôtel n'était pas un sorcier.

(Industriel de Verdun.)

Mauvais fils désappointés.

Un riche négociant des environs de Munich, qui avait acquis dans le commerce une fortune considérable, avait trois filles qu'il pourvut d'une belle dot, et qui n'eurent pas de peine à trouver des maris. Trois frères, appartenant à une riche famille de Hambourg, se présentèrent et furent agréés. Comme le beau-père s'était réservé un capital assez rond, les trois gendres n'épargnèrent ni prévenances ni caresses pour obtenir de lui qu'il leur fît la cession de ce qu'il possédait. « Nous ferons valoir votre fortune, nous la décuplerons, lui disaient-ils, et vous n'aurez aucun souci de la vie, car notre maison sera la vôtre, vous vivrez avec vos enfants. » Le vieillard se laissa circonvenir, il donna les biens qui lui restaient ; mais bientôt l'indifférence et la froideur succédèrent aux tendresses et aux soins dont on lui avait promis de l'entourer. Le vieillard se désolait de cet abandon, quand un jour une de ses filles, la plus jeune, vint le voir et pleurer avec lui sur l'avidité de ses gendres et sur leur ingratitude. « Mon père, lui dit-elle, il vous reste un moyen de terminer vos jours auprès de nous et de retrouver la jouissance de tout le bien-être que nous vous devons : c'est de persuader à nos maris qu'il vous reste encore de la fortune ; mais comment faire pour arriver à ce but ? »

Ce fut un trait de lumière pour le pauvre vieillard. Il va trouver aussitôt un banquier de ses amis, et lui fait part d'un stratagème qu'il vient de concevoir.

Le lendemain, il invite à dîner ses gendres ; ceux-ci acceptent avec étonnement, car ils croyaient leur beau-père dénué de ressources. Cet étonnement redouble quand ils voient un service d'argenterie et un dîner servi de la façon la plus confortable. On se met à table ; bientôt un domestique arrive et remet une lettre au vieillard. « Ah ! s'écria-t-il après l'avoir lue, il ne sera pas dit que je laisserai protester la signature d'un négociant aussi estimé. A combien s'élèvent les traites ? — A 10,000 florins. » Il se lève, passe dans son cabinet, ouvre avec fracas un coffre-fort, et revient chargé de sacs et de billets. « Tenez, lui dit-il, portez cela à votre maître, et dites-lui que je paie pour l'honneur de sa signature ; il me remboursera quand il pourra. » Les trois jeunes gens restent confondus. Dès le lendemain, les invitations, les petits soins recommencent. « Venez, venez avec nous et chez nous, » disent les trois gendres. Le beau-père accepte, mais il fait ses conditions : il veut un corps de logis séparé, une voiture à lui, etc., etc. Les jeunes gens, alléchés par l'appât d'une fortune à conquérir, cèdent de bonne grâce. Le fameux coffre-fort d'où étaient sortis les 10,000 florins est transporté à grand'peine, tant il était lourd. Enfin dernièrement le vieillard tomba malade ; tous les soins imaginables, les consultations des plus célèbres médecins, rien ne fut épargné. L'aîné des gendres glissa le mot de testament. « Mon testament est fait, dit le vieillard, je l'ai déposé, avec tout ce que je possède, dans ce coffre-fort qui ferme à quatre clefs. Chacun de vous en aura une ; je remets la quatrième à mon ami G..., que j'institue mon exécuteur testamentaire. Mais ce coffre ne devra être ouvert que cinq jours après mes obsèques, qui devront être célébrées en grande pompe; tous les pauvres de la ville y assisteront, et chacun d'eux recevra un vêtement neuf et un florin.

Le vieillard fit encore quelques autres prescriptions. Les gendres, persuadés que le coffre-fort renfermait des valeurs considérables, souscrivirent à tout et exécutèrent la volonté du vieillard, qui rendit bientôt son âme à Dieu. Enfin, le cinquième jour arrive. M. G... et les trois gendres frémissant d'impatience, se réunissent. On ouvre le coffre, et on y trouve..... quoi? des sacs remplis de cailloux et de plomb.

Cette aventure fut pendant un temps le sujet des conversations de toute l'Allemagne.

- - - - -

Les propriétés du vin.

Un sultan de Constantinople, parlant un jour, devant les grands officiers de sa cour, de la vertu des diverses liqueurs enivrantes, demanda à l'un d'eux qu'elles étaient les principales propriétés du vin, dont la plupart de ses sujets étaient tellement avides. « Seigneur, lui dit l'adroit musulman, il rend la vue aux aveugles, le courage aux lâches et la fortune aux malheureux. » — « Nous allons, dit en souriant le prince, nous allons voir jusqu'à quel point votre assertion est juste. Qu'on m'amène sur-le-champ un mendiant, un poltron et un aveugle.

« Videz ces trois jarres, » leur dit-il.

Les trois personnages, qui ne demandaient pas

mieux, eurent bientôt obéi aux caprices du maître, et, dès les premières rasades, ils entrèrent en joyeuse humeur. Quelques autres encore achevèrent tellement d'échauffer leur tête, qu'ils la perdirent bientôt complètement.

L'aveugle, qui avait apparemment le don de la poésie, remplit une coupe, et l'approchant de ses yeux éteints, comme pour juger de l'excellence de la liqueur par sa clarté, récita avec enthousiasme quelques méchants vers à sa louange ; le poltron, homme de goût sans doute, parut choqué de la platitude de cet impromptu, et, en insultant à la cécité de son camarade, il s'arma d'une bouteille et le menaça de lui en frapper la tête. Le pauvre applaudit au rodomont et l'excita à porter des coups en lui criant, transporté de colère : « Tue-moi cet homme, écrase ce stupide animal ; je me charge du prix de son sang ! » — « Vous voyez donc, dit l'ingénieux seigneur, que le pauvre est devenu riche, le poltron courageux, et que la vue a été rendue à l'aveugle ! »

Napoléon et le Bourgmestre.

Bonaparte, quoique naturellement d'un caractère assez sombre, avait quelquefois de courts instants de gaieté ; l'anecdote suivante en témoignera. Lorsqu'en avril 1810, Napoléon et Marie-Louise visitèrent le canal souterrain de Saint-Quentin, et les villes de Cambrai, Valenciennes, Anvers et Bruxelles, les autorités du temps avaient reçu l'ordre d'élever partout des arcs de triomphe, et de stimuler l'allégresse publique par tous les moyens connus. Le bourgmestre d'un gros bourg de Hollande, non loin d'Anvers, croyant devoir ajouter à son arc de triomphe une inscription rimée, fit écrire ce distique sur le fronton :

> Il n'a pas fait une sottise
> En épousant Marie-Louise.

Bonaparte n'eut pas plus tôt aperçu cet effort d'imagination politique et poétique, qu'il fit demander le bourgmestre. « Monsieur le maire, dit-il en le voyant, on cultive les muses françaises chez vous, à ce qu'il me paraît? — Sire, je fais quelques vers... — Ah! c'est donc vous..... « Prenez-vous du tabac, monsieur ? » ajouta l'empereur, en lui présentant sa tabatière enrichie de diamants. — « Sire, en vérité, je suis confus.....
— « Gardez, gardez la boîte, et

> Quand vous y prendrez une prise
> Rappelez-vous Marie-Louise.

Nul doute que ce brave poète, en admirant sa boîte, ne se soit dit à part lui-même : « Ce que c'est que d'avoir du talent ! »

La critique.

Un orateur communiqua un jour un discours, qu'il se proposait de prononcer en public, à un ami, pour savoir ce qu'il en pensait. Le lendemain, celui-ci le lui rendit en lui disant : « Je l'ai lu trois fois, la première fois il me parut excellent, la seconde médiocre, la troisième mauvais. » — « En ce cas-là, il est bon, répliqua l'orateur, car je ne le prononcerai qu'une fois. »

Un combat singulier.

Un banquiste cheminait tranquillement sur la route de Montbrison à Villefranche, avec ses deux compagnons de voyage, un ours et un singe. A la hauteur de la Ville-Genève, il rencontra un boucher qui allait à Tarare en compagnie d'un gros boule-dogue. Chacun parla de ses exploits, c'est-à-dire des exploits de son ours ou de son chien. L'amour-propre s'en mêla. Le boucher proposa au banquiste d'essayer seulement une rencontre entre l'ours et son chien. L'autre accepta. Voilà donc les deux pauvres bêtes aux prises et se déchirant à belles dents pour la plus grande gloire de leurs maîtres. Le chien déploya dans ce combat beaucoup d'acharnement et de courage. Le singe, qui trônait en juge du camp sur les épaules du banquiste, voyant la lutte se prolonger et son camarade l'ours en piteux état, s'élança bravement sur le dos de l'animal pour le défendre contre son adversaire le boule-dogue. Mais son maître le rappela, et les combattants furent séparés.

— C'est grand dommage ! s'écria le boucher, que vous ayez rappelé votre singe, mon chien vous l'aurait avalé d'une bouchée,

Le banquiste, piqué d'honneur pour son singe, répondit : « Nous allons à Tarare ; voulez-vous que nous les y fassions battre? — Avec votre singe? reprit le boucher en riant. Je vous parie vingt francs contre vingt sous que votre Jacques Bonhomme est mort avant dix minutes. »

Le pari fut accepté, mais sous la condition que le singe serait muni d'un bâton d'un pied de long.

Arrivés aux portes de Tarare, nos deux hommes s'arrêtèrent dans une auberge, et bientôt un cercle d'amateurs se forma autour d'eux.

Le chien boule-dogue se présenta le premier dans l'arène avec son maître, puis le meneur d'ours s'avança gravement avec son singe, qu'il descendit de dessus ses épaules pour le placer sur un escabeau, au milieu des spectateurs attentifs et silencieux. Il faut savoir que le singe était d'une petite espèce, et que le boule dogue était six fois gros comme lui, ce qui ajoutait à la curiosité des hommes et à l'anxiété des femmes, qui se récriaient fort sur la cruauté de ce combat.

« Maintenant, dit le boucher au banquiste, il faut que vous vous engagiez devant la société à ne point me faire payer votre singe quand mon chien l'aura mis en capilotade. — Songez plutôt à votre chien ; pour moi, je vous tiens quitte à l'avance ainsi que Jacques-Bonhomme, mon singe, qui ne craint rien. » Et en disant cela, le meneur d'ours tira de sa poche un petit bâton d'un pied de long et d'un bois noueux, qu'il remit aux mains de son singe en lui disant :

« Tiens, Bonhomme, à toi ce gros chien là-bas! » Le boucher lâcha son chien sur le singe en lui criant: « Avale-moi ça! »

Les tigres du cirque ne s'élançaient pas avec plus de

fureur sur leur pâture humaine que ne fit le dogue sur le singe. Le pauvre Jacques-Bonhomme, culbuté du premier choc, roula dans la poussière; le dogue allait le saisir, quand il fit une pirouette en l'air, à l'instant même où on le croyait dévoré; puis sautant sur le chien, il se cramponna sur son dos de manière à ne pouvoir pas être mordu; il le prit au cou avec ses dents, lui empoigna fortement l'oreille de la main gauche, en lui faisant tordre la tête qu'il assujétissait dans cette position très-humiliante pour le dogue et pour le boucher, tandis que de la droite il frappait à coups redoublés sur le museau du malheureux chien, qui jetait des cris de détresse.

Bref, Jacques-Bonhomme, le petit singe, y allait de si bon cœur et tapait si dru de son bâton noueux sur le muffle du boule-dogue, que si, le boucher n'eût demandé grâce, l'animal expirait sous le bâton. Il était si mal, que son maître fut obligé de l'emporter, après avoir payé le pari et essuyé les sarcasmes et les huées de la foule.

Le trompeur atrappé.

Un jeune musulman, voulant faire le pèlerinage de la Mecque, réalisa sa fortune et la confia avant son départ à un co-religionnaire, homme d'une grande honnêteté. Mais à son retour le pèlerin fut bien surpris d'entendre le soi-disant honnête homme non-seulement nier le dépôt, mais déclarer qu'il n'avait jamais vu le déposant chez lui. En vain le pieux pèlerin, qui avait saisi les tribunaux de sa plainte pour rentrer dans la possession de son trésor, protesta-t-il par serment de la véracité de son assertion, implorant la pitié de ses juges, il fut débouté de sa demande, et la bonne renommée de l'hypocrite prévalut.

Le jeune homme rentrait chez lui, brisé de douleur et sanglottant, lorsqu'il rencontra sur son chemin une vieille femme qui marchait avec des béquilles. Emue de pitié, elle lui demanda la cause de ses larmes, et l'ayant apprise, elle lui dit :

— Bon espoir, jeune homme, avec l'aide du Tout-Puissant je te ferai rendre ton bien. Procure-toi un coffre solide, cerclé de fer, bien fermé ; remplis-le de sable ; tâche de trouver quatre hommes discrets, et viens me rejoindre.

Le musulman suivit au point le conseil de la vieille femme ; il revint accompagné de quatre amis et suivi de portefaix chargés d'un coffre très-lourd.

— Suivez-moi, dit alors la vieille.

Arrivée à la maison du fripon, elle fit faire halte aux portefaix, recommanda au jeune musulman de monter avec eux chargés du coffre, lorsqu'elle les appellerait, et suivie des quatre amis, elle entra chez l'honnête escroc.

— Voici, dit-elle, quatre espagnols qui veulent faire le voyage de Jérusalem ; ils craignent que leurs richesses immenses, consistant en dix coffres pleins d'or et d'argent, ne leur causent des embarras en route ; ils préfèrent les déposer en main sûre. Ta réputation de loyauté est venue à mes oreilles, voilà pourquoi je te les amène. Exauce leurs vœux et conserve leur trésor jusqu'à leur retour.

Le richard ayant consenti à la demande, elle fit monter le lourd coffre; mais en même temps entra aussi le trop confiant pèlerin. À sa vue le fripon s'effraie: il craint de perdre la confiance des étrangers, s'ils sont témoins des reproches de mauvaise foi dont cette subite apparition le menace; adieu le dépôt de richesses qu'il regarde déjà comme siennes; il prend alors un parti, s'avance vers l'arrivant et lui tend la main.

— Sois le bien-venu! dit-il, j'avais déjà douté de ton retour, et je me trouvais fort embarrassé de ton dépôt. Je bénis le ciel de pouvoir te le rendre: le voici, prends ce qui t'appartient.

Le jeune homme s'empressa d'empocher son or et disparut au plus vite. La vieille femme pria l'escroc de mettre le coffre en lieu sûr, pendant qu'elle irait chercher les neuf autres; mais, comme vous le pensez bien, le tour était joué, elle ne reparut plus.

Le pèlerin avait maintenant des témoins à produire. L'affaire reparut devant les tribunaux, et les juges, indignés d'avoir été induits en erreur par un hypocrite le condamnèrent à une forte amende, et le firent jeter en prison.

Le barbier, le bucheron et l'âne.

Du temps d'Haroun-al-Raschid le sage, il y avait à Bagdad un fameux barbier nommé Ali-Scheffa. Il s'était acquis une grande réputation par la sûreté et la légèreté de sa main, ce qui l'avait enflé de vanité au point que pour être rasé par lui, il fallait être au moins bey ou aga; les pratiques vulgaires étaient abandonnées à ses garçons. Il advint qu'un jour un pauvre bûcheron, qui ne connaissait pas l'humeur hautaine du barbier, s'arrêta devant sa porte et offrit de lui vendre la charge de bois que portait son âne. Scheffa, qui n'achetait ses provisions qu'en grand, ainsi qu'il convenait à un homme de son importance, trouva la proposition fort impertinente, et résolut de jouer un tour au pauvre diable pour lui apprendre à mieux s'adresser une autre fois. Il convint du prix, et le marché conclu, il ajouta : — Il est bien entendu qu'à ce prix, tout le bois que porte ton âne est à moi. — Sans doute, répliqua le bûcheron ; et ayant déchargé sa bourrique, il tend la main pour recevoir son paiement. — Ote donc aussi le bât, lui dit le malin barbier ; il m'appartient, puisque tu m'as vendu tout le bois que portait la bête. Le bûcheron, tout stupéfait, allait protester ; mais le barbier fait enlever le bât par ses garçons, paie le bûcheron et le pousse hors de la maison. Celui-ci court chez le cadi pour demander justice ; mais il avait contre lui le texte précis de la loi, et il fut débouté. En vain le bûcheron porte sa plainte d'instance en instance, partout le même résultat. Enfin il se résout à faire une dernière tentative auprès du calife même. Un vendredi donc que celui-ci se rendait à la mosquée, il se jette à ses pieds et lui expose son affaire. Le calife déclare qu'il ne peut rien faire pour lui, attendu que la loi n'admet pas d'interprétation et qu'elle doit être exécutée à la lettre. Après avoir prononcé cette sentence, il fait approcher le bûcheron et lui parle quelque temps tout bas. Sur quoi celui-ci se retire tout joyeux, après s'être trois fois profondément incliné devant le souverain maître des croyants.

Peu de jours après cet événement, le bûcheron s'arrête de nouveau devant la porte du présomptueux bar-

bier, et, étant entré chez lui, il lui dit : — J'ai tant entendu faire l'éloge de votre adresse, qu'il m'a pris la
fantaisie de me faire raser par vous ; que me prendrez-
vous pour me couper les cheveux et faire la barbe à
moi et à mon camarade qui est là dehors? Le barbier,
pour le rebuter, lui demande un prix exagéré; mais le
bûcheron, sans marchander, le prend au mot. Après
qu'il lui eut très-proprement rasé la tête et arrangé la
barbe, le barbier lui dit d'appeler son camarade ; mais
quel fut son désappointement quand il vit rentrer le
bûcheron amenant son baudet. Il se répandit en injures et refusa net d'exécuter le marché. C'était là que le
bûcheron l'attendait. Il courut aussitôt chez son illustre protecteur, qui sur-le-champ fit appeler le barbier
avec ses ciseaux et ses rasoirs. Dès qu'il fut entré, le
calife lui demande d'un ton sévère et en lui montrant
les apprêts de la bastonnade, s'il est prêt à remplir son
engagement vis-à-vis du bûcheron? A cette vue le barbier perd toute contenance, et après s'être incliné jusqu'à terre, il se met à la besogne, non sans une grande
dépense de savon, et au milieu des brocards de toute
la cour assemblée. Quand l'opération fut achevée, le
calife permit au barbier de se retirer, et congédia le
bûcheron après lui avoir fait remettre une somme
d'argent. La nouvelle de cette aventure fut bientôt répandue dans tout Bagdad, et chacun de bénir la sagesse
d'Haroun-al-Raschid qui, sans user de rigueur, avait
su si bien humilier l'arrogance du barbier.

Partage d'une bibliothèque,

Un ancien curé de Bavai possédait une riche bibliothèque. Étant venu à mourir, trois branches de collatéraux se distribuèrent ses meubles, parmi lesquels se trouvaient des rayons chargés de livres qui garnissaient tout le fond d'un appartement. Un des co-héritiers proposa de toiser la bibliothèque en surface, et de la diviser en trois superficiellement. L'opération se fit immédiatement ; une ligne de craie, tracée perpendiculairement sur les livres, vint tracer à chacun les limites de sa portion. On n'eut point égard si un ouvrage en plusieurs volumes était coupé par la ligne de craie ; on s'occupa encore moins de la valeur des livres ; une fois même la ligne tomba au milieu du dos d'un large volume, qui fut partagé entre deux co-héritiers. C'est suivant cette méthode expéditive qu'eut lieu, selon la tradition répandue dans le pays, la distribution de la belle bibliothèque du curé de Bavai, dont les héritiers ont ainsi économisé les frais de catalogue.

Les lois de l'étiquette.

Philippe II, roi d'Espagne, encore convalescent, était assis devant une cheminée dans laquelle on avait fait un trop grand feu. Quoique la chaleur l'incommodât, il ne voulut pas appeler un de ses valets de chambre, parce que l'étiquette s'y opposait. Il attendit donc que quelqu'un entrât. Le premier qui se présenta était un grand seigneur. Le roi n'en pouvant plus, lui ordonna d'éteindre le feu, mais ce seigneur s'en excusa, disant qu'il n'avait pas l'honneur d'être appelé à de si importantes fonctions, et que l'étiquette exigeait qu'on attendit le duc d'Ussède. Pendant ce temps-là, la chaleur augmentait; néanmoins le roi convint que la remarque était juste et fit chercher partout le grand feutier. Le duc d'Ussède arrive enfin, et tire le roi d'un embarras si pénible; mais il était trop tard; Philippe s'était tellement échauffé le sang, qu'il en eut un redoublement de fièvre qui causa sa mort dès le lendemain.

Le débiteur rangé.

Un débiteur se rencontrant un jour face à face avec son créancier, que jusque-là il avait adroitement évité, celui-ci n'eut garde de laisser échapper l'occasion de lui rappeler sa dette. — Hé bien, Monsieur, lui dit-il sèchement, quand paierez-vous enfin ce que vous me devez ? — Je vais vous le dire, répondit le débiteur, si vous avez auparavant la complaisance de répondre à une petite question que j'ai à vous faire. Vous vous nommez Toureau. Je ne sais pas au juste si votre nom s'écrit par un D ou par un T ? (Les alsaciens, dans la prononciation, confondent souvent ces deux lettres, de même que le B et le P), — Mais vous devez bien savoir que mon nom ne s'écrit pas par un D, mais par un T. — En ce cas, et j'en ai grand regret, vous serez obligé d'attendre encore quelque temps, car je ne paie mes dettes que par ordre alphabétique.

Le fils d'un laboureur de campagne, après avoir passé plusieurs années dans un collége, revint chez son père, qui, voulant savoir quels progrès il avait faits dans ses études, l'interrogea sans en pouvoir rien tirer. Un jour qu'ils étaient à table, on leur servit trois œufs. Alors le fils dit à son père : Je vais vous faire voir que je n'ai pas perdu mon temps. Vous ne voyez ici que trois œufs ; hé bien, je vais vous prouver qu'il y en a cinq. Où sont trois, se trouvent deux : ici sont trois œufs, donc il s'en trouve deux ; or, deux et trois font cinq : donc il y a cinq œufs. — J'accorde tout, dit le père ; en conséquence de ces cinq œufs, j'en mangerai deux, j'en donnerai un à votre mère, et les deux autres seront pour vous.

Un jour d'été qu'il faisait fort chaud, Turenne, en petite veste blanche et en bonnet, se tenait à la fenêtre de son antichambre. Un de ses gens, trompé par l'habillement, le prend pour l'aide de cuisine ; il s'approche doucement, et, d'une main qui n'était pas légère, lui applique un grand coup sur les fesses. Le maréchal se retourne à l'instant. Le valet reconnaît son maître et se jette à genoux, en disant : Ah! Monseigneur, j'ai cru que c'était Georges. — Quand c'eût été Georges, lui répondit Turenne, il ne fallait pas frapper si fort.

Un voleur passait un jour auprès d'un puits ; il vit là un enfant qui pleurait à chaudes larmes ; touché de quelque sentiment de compassion, il l'interroge sur le sujet de ses pleurs. — J'étais venu, répond l'enfant, en mêlant ses paroles avec les sanglots, j'étais venu puiser de l'eau avec une cruche d'argent, la corde s'est rompue, et ma cruche est tombée dans le puits. A ces mots les pleurs redoublent ; tout annonce en lui les effets les plus funestes du désespoir. Dès que ces termes, *cruche d'argent*, frappent les oreilles du voleur : Ta cruche, dit-il à l'enfant, n'est pas perdue ; attends, il me sera facile de la rattraper. En disant ces paroles, il se déshabille, il descend dans le puits, il va chercher dans l'eau le vase précieux, non pas pour l'enfant, mais pour soi-même. Tandis qu'il fouille, que fait notre fripon, jeune encore à la vérité, mais capable néanmoins de donner des leçons à un Cartouche ? Il prend les habits du voleur et s'en va.

Pendant quelque temps le voleur cherche avec la dernière exactitude; il agite extrêmement l'eau, il épuise ses forces, mais en vain. Quand il est las de fouiller, il remonte, grince des dents, il a honte de ce qu'il a été dupé par un enfant; mais quand il reconnaît que ses habits ont été de plus enlevés par cet enfant, il entre dans une si grande fureur qu'elle ne saurait être exprimée par les paroles.

***

Un filou vola dans une église une tabatière d'or à une dame qui, ne la trouvant plus, fit beaucoup de bruit et s'écria : Ah ! Dieu, serait-elle volée? Comme le filou avait l'air d'un grand seigneur, personne n'osait le soupçonner. — Que je suis malheureuse, dit alors la dame dont les recherches étaient infructueuses, perdre une si belle tabatière ! Et ma montre, ne serait-elle pas prise aussi ? Ah ! non, reprit-elle, je l'ai laissée par bonheur sur ma cheminée. — Ne vous affligez pas, Madame, lui dit le filou d'un air important, votre tabatière se retrouvera, j'en réponds, j'ai quelque autorité sur la police. Je vais donner ordre à tous les orfèvres d'arrêter le voleur ; si je suis assez heureux pour en avoir des nouvelles, enseignez-moi, je vous en prie, votre demeure, et apprenez-moi votre nom. La dame le remercia et lui apprit ce qu'il souhaitait. Le filou sort aussitôt de l'église, et s'en va droit au logis de la dame.

— Je viens, dit-il, de la part de madame une telle, prendre sa montre qu'elle a oubliée sur sa cheminée. Une des femmes de chambre de la dame, qui n'avait jamais vu ce personnage, n'était point d'avis qu'on lui remît la montre. Le filou, qui comprit qu'on le soupçonnait, lui dit : Je vois bien que vous ne connaissez pas le baron de Person ; mais il suffit de vous faire voir que vous pouvez vous fier à moi ; reconnaissez-vous cette tabatière ? Madame me l'a remise, prévoyant que sans ce gage vous ne pourriez pas vous résoudre à confier sa montre à un homme inconnu. Il n'en fallut pas davantage pour lever les soupçons. On lui remit la montre, et la dame n'en eut jamais de nouvelles, non plus que de sa tabatière.

Un gentilhomme ayant un jour compagnie à dîner, dit à son valet qui apportait un plat : Que nous apportez-vous ? — Monsieur, répondit-il, c'est un poulet fricassé. Quand la compagnie fut sortie, il dit à ce valet qu'il était plus honnête de parler au pluriel, et dire des poulets et non un poulet. Le domestique retint la leçon : car un autre jour qu'il servait le bouilli, son maître lui ayant demandé ce qu'il apportait : Ce sont, répondit-il, des bœufs et des moutons.

Un avare qui avait amassé une somme considérable, s'avisa de l'enterrer dans son jardin, au bas d'un mur sur lequel il fit placer un Christ avec cette inscription : *Mortuus et sepultus* : Il est mort et enseveli. Un de ses voisins s'en étant aperçu, alla pendant la nuit enlever l'argent, le Christ et l'inscription, et y mit à la place : *Non est hìc, eccè locus ubì posuerunt eum* : Il n'est plus ici, voilà le lieu où il l'avait mis.

Un homme s'était endormi la nuit auprès de quelques joueurs. Ceux-ci, voulant rire, éteignirent la chandelle, et firent semblant de continuer leur jeu. Ils affectaient même d'élever la voix, afin que l'autre s'éveillât ; ce qu'il fit en commençant de se frotter les yeux, comme un homme qui n'y voit goutte. Cela dura quelque espace de temps, car il ne pouvait se résoudre à croire qu'il fût devenu aveugle ; mais à la fin, n'en doutant plus, il se mit à crier comme un damné : Ah ! c'en est fait, mes amis, j'ai perdu la vue. On feignait de croire qu'il voulait badiner ; mais comme il continuait ses cris, on s'empressa de rallumer la chandelle pour ne pas le laisser plus longtemps dans la peine.

Santeuil voulant rentrer un soir après onze heures, le portier refusa d'ouvrir, parce qu'on le lui avait dé-

fendu. Notre poète glissa un demi-louis sous la porte,
et les verroux tombèrent aussitôt. A peine fut-il entré,
qu'il feignit d'avoir laissé un livre sur une borne où il
s'était assis. Le portier sort pour l'aller chercher aussitôt ; Santeuil ferme la porte. Maître Pierre, qui était à
demi-nu, se met à frapper ; notre poète lui dit qu'il ne
peut ouvrir, parce que monsieur le prieur l'a défendu.
— Eh ! monsieur de Santeuil, je vous ai ouvert de si
bonne grâce. — Je t'ouvrirai au même prix, dit Santeuil ; le portier rend le demi-louis, et la porte est ouverte.

———

Saint Bernard étant un jour en voyage, fut atteint
par un homme de la campagne ; il lia avec lui une
conversation qu'il fit bientôt tomber sur un sujet reli-
gieux, afin d'être utile à son compagnon de voyage, et
lui demanda, entre autres choses, s'il aimait bien le
bon Dieu ; à quoi il répondit incontinent : Je m'en
flatte, et je l'aime de tout mon cœur. — Le priez-vous ?
poursuivit le saint ; le priez-vous avec attention ? —
Oh ! jamais je n'ai de distraction, répartit-il. Saint Bernard vit bien que cet homme ne savait pas ce que c'est
d'être distrait ; et touché de son ignorance, voici l'expédient qu'il employa pour l'éclairer : Eh bien ! lui
dit-il, mon ami, convenons d'une chose : Si vous êtes
en état de réciter le *Pater* sans distraction, je vous
donne le cheval sur lequel je suis monté. Aussitôt voilà
notre homme qui commence le *Pater*, plein de confiance que le cheval était à lui ; mais il n'était pas encore à moitié qu'il s'arrêta, et s'adressant au saint, il
lui demande : *Me donnerez-vous aussi la bride ?* — Ni

l'un ni l'autre, lui dit saint Bernard, puisque vous voilà distrait. Alors cet homme ouvrit les yeux et comprit qu'il avait ignoré jusqu'à présent ce que c'est que prier avec attention.

———

Quatre chevaliers d'industrie, gascons d'origine, ayant fait grande chère dans une auberge, firent monter le garçon, et arrêtèrent avec lui le prix du repas. Le premier mit la main à la poche ; le second le retint, disant qu'il voulait payer ; le troisième fit la même grimace ; le quatrième dit au garçon : Je vous défends de prendre l'argent de ces messieurs. Comme personne ne voulait céder, l'un d'eux dit : Pour nous accorder, il faut mettre un bandeau sur les yeux du garçon ; celui de nous qu'il prendra paiera l'écot. On exécute la proposition. Tandis que le garçon tâtonnait dans la chambre, ils défilèrent l'un après l'autre. Le maître monta ; notre Colin-Maillard le prit, et, le serrant étroitement, il s'écria : Ma foi, ce sera vous qui paierez l'écot.

———

Louis XIV passait dans une petite ville de province. Les officiers municipaux voyant qu'il n'y en avait aucun parmi eux en état de le haranguer, prièrent le boucher de la ville, homme de beaucoup d'esprit et plein de confiance, de s'en charger ; il accepta. Mais, comme il vit bien qu'on ne s'adressait à lui que parce qu'on n'en trouvait point d'autre, il résolut de s'en venger. S'étant rendu chez le roi à la tête du conseil de la ville : « Sire, lui dit-il, en lui montrant les municipaux qui le suivaient, je suis boucher de ma profession, et, en cette qualité, voilà mes bêtes que je vous présente. »

———

Louis XIV assista un jour à un motet où le musicien faisait répéter plusieurs fois le mot *Nicticorax* (oiseau de nuit). Il demanda au clerc qui était le plus voisin de lui ce que c'était que ce *Nicticorax*. Le clerc, qui l'ignorait aussi bien que le roi, ne voulant pas demeurer court, lui répondit : « Sire, c'était un des officiers de la cour de David. »

———

Dans un village du Poitou, une femme, après une forte maladie, tomba en léthargie. Son mari et ceux qui étaient autour d'elle la crurent morte. Ils l'enveloppèrent seulement d'un linge, selon la coutume des pauvres gens du pays, et la firent porter en terre. En allant à l'église, ceux qui la portaient passèrent près d'un buisson dont les épines l'ayant piquée, elle revint de sa léthargie. Quatorze ans après, elle mourut ; comme on la portait en terre, et que l'on s'approchait d'un buisson, le mari se mit à crier deux ou trois fois : « N'approchez pas si près de la haie. »

———

Un jour le général 'Decaen, lorsqu'il n'était encore qu'aide-de-camp de son frère, fut arrêté par la gendarmerie, en se rendant à l'armée.

« Comment vous nommez-vous ? lui demanda le brigadier. — Decaen. — D'où êtes-vous ? — De Caen. — D'où venez-vous ? — De Caen. — Qu'êtes-vous ? —

Aide-de-camp. — De qui? — Du général Decaen. — Où allez-vous ? — Au camp. — Oh ! oh ! dit le brigadier, qui était un faiseur de calembourgs, il y a trop de cancans dans votre affaire, je vous arrête comme suspect. »

————

L'empereur de la Chine s'informait un jour auprès d'un Français du nombre des médecins attachés à la famille royale. — A combien se portent leurs honoraires, demanda-t-il ? — Cela n'est pas fixé, répondit l'homme interrogé, et qui du reste ne se trouvait pas là dans le centre de ses connaissances : je crois que chacun d'eux a tant par an, et des gratifications honorables quand il a soigné un ou plusieurs de ces illustres malades. — Eh bien ! moi, répondit le monarque chinois, je trouve cette méthode fort mauvaise, et je ne m'arrange pas ainsi avec mes médecins : je les paie richement à raison de tant par jour ; mais sitôt que moi ou l'un des miens sommes malades, les appointements de nos docteurs sont suspendus jusqu'à guérison, et je vous réponds que, de cette manière, nous ne sommes pas longtemps malades.

————

Un parvenu, après avoir fait bâtir une chapelle dans son château, voulut la décorer de peintures. Il demanda à un artiste un *Passage de la mer Rouge*, et lésina ignoblement sur le prix.

Le peintre accepta néanmoins, et se contenta de tirer, sur le mur destiné à recevoir son œuvre, un large ruban avec du vermillon. Le parvenu, appelé pour voir ce chef-d'œuvre, se récrie et prétend qu'on se moque de lui. — Ne m'avez-vous pas demandé le passage de la Mer Rouge? reprend le peintre : il me semble que celle que vous avez sous les yeux est d'un rouge superbe. — Soit, dit le parvenu, voilà la mer ; mais où sont les Hébreux ? — Les Hébreux ? ils sont passés.

—————

Un ancien militaire, après avoir servi avec distinction, vivait retiré dans sa province, lorsqu'un procès le força de faire le voyage de Paris. Passant par la forêt de Fontainebleau, il vit beaucoup de gens à cheval, qui, tous prenant une route de traverse, paraissaient avoir la même destination. La curiosité le porta à les suivre, et à s'écarter pour cela un peu de son chemin. Il arriva bientôt dans un grand rond, appelé *le Fort de la Biche*, où il trouva plusieurs hommes, qui, ayant mis pied à terre, avaient attaché leurs chevaux à des branches d'arbres. Sa première idée fut de se croire au milieu d'une bande de voleurs, et, regardant la fuite comme impossible, ou du moins comme imprudente, il se proposa d'agir comme les autres, et de paraître ainsi être de leur société. Il mit donc pied à terre, et attacha aussi son cheval à un arbre. Cependant son inquiétude augmenta quand il vit tous les yeux se fixer sur lui, des groupes se former successivement, se rejoindre ensuite, conférer mystérieusement entre eux, sans le perdre de vue. Enfin un homme se détache, vient directement à lui, et lui demande avec embarras quel motif l'amène en ce lieu. Le vieux militaire, suivant sa première idée, lui répond avec fermeté : *Probablement, monsieur, le même qui vous y a conduit.* Le député se retire, rentre dans le cercle ; on converse plus bas et avec plus d'activité. Enfin on revient au militaire : on lui offre deux cents louis s'il veut se retirer. Quoique étonné de la proposition, et sans y rien comprendre, il répond à tout hasard que ce n'est pas assez. On retourne, on revient, on insiste, on lui propose enfin cinq cents louis que l'on compte devant lui. Il accepte, prend l'or qu'on lui offre, remonte à cheval et s'en va fort surpris de laisser tout le monde aussi joyeux de son départ qu'il l'était lui-même de regagner la grande route. Arrivé à Melun, il prend des informations sur le rassemblement qu'il a trouvé, et il apprend que le hasard l'a conduit au *Fort de la Biche*, au moment où l'on allait y faire l'adjudication d'une partie considérable de la forêt. Il comprend que tous les gens qu'il avait vus étaient des miseurs associés qui, l'ayant pris pour un enchérisseur inquiétant, avaient été bien aises de se défaire de lui à prix d'argent ; et finalement il gagne Paris assez content de l'aventure.

Deux jeunes frères, serruriers de leur métier, s'embarquèrent pour la Jamaïque. Arrivés dans cette île, ils ne trouvèrent pas d'occupation dans leur état, parce qu'il leur fallait environ 80 guinées pour s'établir ; dénués de tous moyens, ils eurent recours à l'expédient suivant :

L'un d'eux, qui avait les cheveux fort crépus, se déguisa en nègre, et se teignit le visage et tout le corps en noir ; après cette métamorphose, son frère le conduisit chez un banquier, et lui demanda à emprunter 80 guinées sur la vente de ce prétendu esclave. Comme il était fort et vigoureux, sa demande fut accueillie. L'argent reçu, le faux nègre s'échappe de chez le prêteur, revient chez son frère, où il se nettoya depuis les pieds jusqu'à la tête. En vain les journaux offrirent-ils des récompenses à celui qui le ramènerait, il fut impossible de le trouver.

Les deux frères, avec cet argent, formèrent leur établissement, gagnèrent beaucoup d'argent et revinrent en Angleterre avec 20,000 guinées. Avant leur départ de la Jamaïque, ils eurent soin de rendre à leur prêteur son argent avec les intérêts en lui faisant leurs remercîments, en lui rappelant l'anecdote du nègre.

———

Un gentilhomme fut filouté à Paris d'une manière très-adroite. Un jour qu'il allait à l'église, il rencontra un homme galonné qui le salua, et qui lia insensiblement conversation avec lui. Cet homme apparemment était un filou, qui lui demanda, après plusieurs autres choses, s'il avait de l'argent : *C'est que, monsieur*, ajouta-t-il, *j'ai un bon conseil à vous donner. Vous savez que Paris est plein de filous, et qu'il est assez difficile d'éviter leurs ruses ; ainsi vous ferez bien de mettre en sûreté ce que vous pourriez avoir qui en vaille la peine, soit argent monnayé, soit montre ou tabatière.* Le provincial lui répliqua : Je suis, monsieur, très-sensible à vos attentions ; du reste, je ne crains pas les filous, je n'ai ici qu'un louis d'or, et je le tiens dans ma bouche ; ils seront bien fins s'ils me l'escamotent. — *Vous avez fait sagement*, dit le filou, *et vous pouvez dire que vous êtes inviolable.* Après cela, ils entrèrent ensemble dans l'église, et se placèrent dans une chapelle. Vers la fin de l'office, le filou, en tirant son mouchoir, laissa tomber à terre cinq ou six louis, ce qui fit du bruit et attira les regards du peuple. Le filou se baisse, et cherche son argent; notre gentilhomme voyant un de ces louis, le ramasse et le lui rend ; lorsque le filou eut trouvé toutes les pièces qui étaient tombées, il dit tout haut au gentilhomme : *Donnez-moi, monsieur, le second louis que vous avez levé.* — Vous vous trompez, monsieur, répartit celui-ci, je n'en ai touché qu'un seul : — *Oh ! je vous le ferai bien trouver,* s'écria le filou, *et je vous l'ai vu mettre dans la bouche.* Le gentilhomme ayant effectivement un louis dans la bouche, ne sut où il en était; il vit bien qu'il serait condamné ; il crache son louis, le donne au filou, et se retire au plus vite, accablé des reproches du peuple, et traité comme un voleur; encore se crut-il fort heureux de n'être pas arrêté.

Il y avait à la table d'un intendant de province, un père jésuite, accompagné d'un frère de la société. Le frère, mal instruit des usages du monde, trouvant un ragoût excellent, y trempait son pain. À cette action rustique, le père voulut lui donner, par dessous la table, un coup de pied pour l'avertir de ne pas continuer; mais par malheur, au lieu de frapper la jambe de son compagnon, il attrapa celle de l'intendant, qui lui dit avec précipitation : « Eh ! mon père, prenez
« garde à ce que vous faites, ce n'est pas moi qui
« sauce. »

Un jeune homme qui enseignait la musique, était si gourmand, qu'il ne pouvait s'empêcher de manger les fruits et les confitures qu'il trouvait sous sa main chez ses écoliers ; quelquefois même il ouvrait les buffets, et faisait un ravage étonnant dans toutes les friandises qui s'offraient à ses yeux. Une dame résolut de le guérir de ce défaut. Un jour que notre musicien venait pour donner leçon à une de ses écolières, il trouva une assiette garnie de biscuits, et fondit aussitôt dessus, pendant qu'il n'y avait personne dans l'appartement. Après qu'il en eut rempli son estomac, la dame entre et demande à sa fille ce qu'étaient devenus la plupart des biscuits dans lesquels on avait mis de l'arsenic pour faire mourir les rats. A ces mots, le musicien épouvanté ne doute pas qu'il ne se soit empoisonné lui-même. Il pâlit et avoue qu'il a eu le malheur de manger les biscuits ; aussitôt on s'empresse de le secourir, on lui fait avaler de l'huile, on tâche de rassurer son imagination effrayée. Les soins, les remèdes sont inutiles ; il s'écrie qu'il ressent une violente colique, et demande en gémissant à se préparer à la mort. Enfin on lui apprend en éclatant de rire, qu'il n'a rien à craindre, et qu'on n'a voulu que lui faire peur. Mais il était tellement persuadé que le poison agissait avec force, qu'il fallut manger devant lui tous les biscuits qui restaient. Cette aventure le corrigea pour toujours de sa gourmandise.

Un gascon arrivé tout récemment à Paris, était sur le Pont-Neuf ; il tenait par la bride un cheval de vil prix et occupait le milieu de ce pont, Dans ce moment arrive un homme monté sur un cheval magnifique, qui avait peut-être coûté cinq cents écus, et même davantage. — Que fait là ce bidet ? dit-il au gascon, Retirez-le promptement de peur que... - Monsieur, répond le gascon rusé, ne méprisez pas mon cheval. Vous le vilipendez parce que vous n'en connaissez pas les qualités ; jamais le vôtre ne fera ce que fait le mien ; je gage cent écus si vous le voulez. Le défi est accepté : l'argent de part et d'autre est mis en dépôt. Cette précaution étant prise, le gascon pique son bidet ; l'animal saute dans la Seine, et son maître gagne de cette façon les cent écus de son adversaire, qui ne veut pas perdre ainsi un cheval de grand prix.

———

Henri IV avait un cheval malade qu'il aimait beaucoup. Il avait dit qu'il ferait *pendre* celui qui lui en apprendrait la mort. Le cheval paya le tribut à la nature. Un gascon apprit ainsi cette perte au roi : « Hélas ! Sire, dit-il, votre cheval !... Le cheval de Votre Majesté... ! Oh ! ciel ! ce magnifique cheval... ! — Je parie qu'il est mort, *s'écria le monarque alarmé*. — Vous serez pendu, Sire, *reprit le gascon* ; vous vous en êtes donné la première nouvelle ! »

———

Un aveugle avait 500 écus qu'il cacha dans un coin de son jardin ; mais un voisin qui s'en aperçut les déterra et les prit. L'aveugle ne trouvant pas son argent, soupçonna celui qui pouvait l'avoir dérobé. Comment s'y prendre pour le ravoir. Il alla trouver son voisin, et lui dit qu'il venait lui demander un conseil ; qu'il avait mille écus, dont la moitié était cachée dans un lieu sûr, et qu'il ne savait s'il devait mettre le reste au même endroit. Le voisin le lui conseilla, et se hâta de reporter les 500 écus, dans l'espérance d'en retirer bientôt 1,000 ; mais l'aveugle ayant retrouvé son argent, s'en saisit ; et appelant son voisin, lui dit : «Compère, l'aveugle a vu plus clair que celui qui a des yeux. »

La duchesse de Penthièvre étant à Sceaux, le maire du lieu vint la voir : elle le fit asseoir sur un fauteuil auprès d'elle. Le bon maire portait encore de ces anciennes culottes à brayette ; il voit un morceau de linge qui lui parait en sortir : il pense que c'est sa chemise, et il s'empresse de la renfoncer, en couvrant ses mains avec son grand chapeau ; enfin il ne cesse que quand il ne voit plus rien, et qu'il est bien certain qu'elle ne passe plus.

Quelques instants après, la princesse tournant la tête, comme si elle cherchait quelque chose, un page, qui se trouvait auprès d'elle, lui demanda ce qu'elle cherchait. — C'est mon mouchoir, que je croyais à côté de moi. — Madame, dit aussitôt le page avec malignité, il était sur ce fauteuil, et M. le maire vient de le mettre dans sa culotte. A ces mots, le bon maire devint rouge, se hâta de sortir le fatal mouchoir et le présenta à la princesse avec le plus grand embarras.

Un paysan s'arrêta devant la salle de spectacle de Rochefort : il s'adressa au donneur de billets : Je n'ai jamais vu la comédie, dit-il, j'ai envie de savoir ce que c'est. Je veux bien payer ; mais je veux être à la première place. Un des acteurs était alors dans le bureau ; il lui promit de le satisfaire, le conduisit sur le théâtre, où il l'installa dans un fauteuil. On jouait ce jour-là Gaston et Bayard. La vue de cet homme, son costume égayèrent les spectateurs. Le paysan ouvrait de grands yeux pour voir les mouvements des acteurs. Lorsque l'on fut parvenu à la sixième scène du cinquième acte, où Altamore veut massacrer Bayard, le paysan, qui vit l'acteur s'avancer la lance à la main, se jette sur lui, le désarme, le prend à la gorge, le terrasse en lui disant : Il y a assez longtemps que tu fais souffrir ce brave homme par tes trahisons, mais tu ne lui en feras pas davantage. On eut toutes les peines du monde à arracher le comédien de ses mains.

Un paysan, qui était aimé de tous ses voisins, perdit une de ses plus belles vaches ; il en fut fort affligé ; mais il le fut encore beaucoup plus lorsque, quelque temps après il perdit sa femme. — Mon ami, lui dit un de ses voisins pour le consoler, vous avez perdu une femme qui méritait toute votre affection ; mais il y a du remède, vous êtes jeune et vous êtes bien fait, vous ne manquerez pas de femme ; j'ai trois filles, je vous en donnerai une en mariage, à votre choix. Un autre lui proposa sa sœur, et un troisième sa nièce. — Je vois bien, leur répondit-il, qu'il vaut mieux perdre sa femme que sa vache. Ma femme à peine est morte, qu'en voilà déjà cinq autres, pour la remplacer ; lorsque j'ai perdu ma vache, personne ne m'en offrit une autre.

DEUXIÈME PARTIE

PLAISANTERIES, BONS MOTS, RÉPARTIES ADROITES

Un bouffon ayant offensé son souverain, le monarque le fit appeler devant lui, et prenant le ton de colère : Malheureux, lui dit-il, tu vas être puni : prépare-toi à la mort. Le coupable effrayé, se prosterne et demande sa grâce. — Tu n'en auras pas d'autre, dit le prince, sinon que je te laisse la liberté de choisir la manière dont tu voudras mourir, et qui sera le plus de ton goût ; décide promptement, je veux être obéi. — Puisque vous me laissez le choix, seigneur, répondit le bouffon, j'adore votre arrêt, et je demande à *mourir de vieillesse.*

Un général se promenait avec un aumônier, homme à promptes réparties ; le hasard fit qu'ils passèrent au pied d'un gibet, près duquel une troupe de corbeaux remplissait l'air de ses croassements. « Voyez-vous, dit le général, à son compagnon, comme ces corbeaux se réjouissent de voir un habit noir ; ils s'imaginent que vous êtes un des leurs. » — « Ce n'est pas cela, répliqua l'ecclésiastique, ils croient que je leur amène du gibier de potence dont ils pourront faire leur pâture. »

La marquise de Pompadour, dont le nom était *Poisson*, avait un grand désir de voir son frère Cordonbleu ; le roi était assez disposé à lui accorder cette grâce ; mais un seigneur qu'il consulta eut le courage de lui répondre que *le poisson n'était pas assez gros pour le mettre au bleu.*

Un jeune homme ayant perdu tout son argent dans le plus beau palais de l'Europe, dit à son voisin : De ma vie je ne remets le pied dans ce tripot. Le prince, instruit de ce propos, répondit en souriant : *Le père de ce jeune homme doit être bien logé.*

Un philosophe dit un jour à un matelot : *Mon ami, où est-ce que ton père est mort ?* — Dans un naufrage, répondit le matelot. — Et ton grand-père ? — Comme il allait à la pêche, il s'éleva une tempête furieuse qui le fit périr avec sa barque. — Et ton bisaïeul ? — Il périt aussi dans un navire qui alla se briser contre un écueil. — Comment donc, reprit le philosophe, oses-tu te mettre sur mer, puisque tous tes ancêtres y ont péri ? Il faut que tu sois bien téméraire. — Monsieur le philosophe, reprit le matelot, où est-ce que votre père est mort ? — Fort doucement dans son lit. — Et vos ancêtres? — De même, fort tranquillement dans leur lit. — Eh ! monsieur le philosophe, dit le matelot, comment osez-vous donc vous mettre au lit, puisque tous vos ancêtres y sont morts... ?

————

On assure que Michel-Ange, dans un tableau qu'il fit du jugement dernier pour la chapelle du Vatican à Rome, avait peint toutes les personnes de sa connaissance si ressemblantes, qu'on ne pouvait les méconnaître. Il avait placé ses amis en Paradis, et ceux qu'il n'aimait pas en Enfer. Un prélat, camérier du pape, se voyant du nombre des derniers, supplia le pape de faire mettre un autre à sa place. — J'ai bien le pouvoir, répondit le souverain pontife, de tirer les âmes du Purgatoire, mais non pas de l'Enfer. Ainsi, puisque vous y êtes, il faut que vous y demeuriez.

————

On demandait au prince de Ligne, qui ne pouvait trouver à emprunter pour satisfaire ses créanciers, qu'elle était la meilleure de toutes les constitutions. — Celle des Romains, répondit-il. — Et pourquoi cela ? — Parce qu'on y trouvait des *Prêteurs*.

————

Un peintre avait représenté un enfant tenant une corbeille de fruits. Quelqu'un, pour vanter le tableau, disait que ces fruits paraissaient si naturels, que les oiseaux venaient les becqueter. Un paysan de bon sens, qui écoutait ces louanges, se mit à dire: Assurément, si les fruits sont bien représentés, l'enfant ne l'est guère, puisque les oiseaux n'en ont pas peur.

———

Triboulet ayant été menacé par un grand seigneur de périr sous le bâton pour avoir parlé de lui avec trop de hardiesse, s'en plaignit au roi. — Si quelqu'un, lui dit le monarque, était assez hardi pour te tuer, je le ferais pendre un quart-d'heure après. — Ah! sire repliqua Triboulet, s'il plaisait à votre majesté de le faire pendre un quart-d'heure avant.

———

Un peintre dont le talent était fort médiocre, embrassa la profession de médecin. Comme on lui en demandait la raison: « C'est, répondit-il, parce que, dans la peinture, toutes les fautes sont exposées à la vue, au lieu que, dans la médecine, elles sont enterrées avec le malade. »

———

Un paysan qui avait un procès à Paris, fut obligé d'y venir implorer la protection d'un procureur auprès duquel il avait eu accès pendant que celui-ci était l'intendant de sa province. Le magistrat le reçut avec bonté, causa même avec lui, et lui demanda s'il y avait toujours beaucoup de voleurs dans le pays. — Oui, Monseigneur, lui répondit-il; mais pas autant cependant que lorsque *vous y étiez.* »

———

Deux jeunes Parisiens voulurent se divertir un jour aux dépens des douanniers de la barrière d'Enfer; ils revenaient en coucou de la campagne : « N'y a-t-il rien qui paie les droits ? crient les douaniers. — Rien, répond le cocher. — Pardonnez-moi, dit un des jeunes gens, nous avons du vin ; mais nous passerons sans payer. — Et comment cela, monsieur ? — C'est que ce vin, nous l'avons bu. — Ah ! vous avez raisons, le vin en *cruches* ne paie pas. »

Un jour qu'il gelait à glace, un écolier arriva fort tard à l'école. Le maître lui ayant demandé pourquoi il venait si tard : — Parce que, dit-il, j'ai reculé de deux pas à mesure que j'avançais d'un. — Mais, répliqua le maître, la chose étant ainsi, comment se fait-il que vous ayez pu arriver jusqu'ici, en définitive ? — C'est que j'ai fait volte-face, et que j'ai glissé dans l'autre sens.

Un jeune prince qui voulait servir comme volontaire, présentant à un vieux capitaine plusieurs jeunes seigneurs, lui dit : Je vous amène ici des gens qui ne savent pas reculer. — Ils ne l'apprendront pas de moi, reprit le capitaine. Le prince, voulant ensuite le railler de ce qu'étant assez replet, il montait de mauvaise grâce un petit cheval, lui dit : D'où vient donc, monsieur le capitaine, que vous étiez autrefois si bon cavalier, et qu'à cette heure vous avez l'air d'un boucher ? — Monseigneur, répondit le capitaine, il faut bien que j'aie l'air d'un boucher puisque je mène tant de veaux à la boucherie.

Un jeune homme qui croyait avoir des dispositions pour le théâtre, vint un jour trouver le directeur du théâtre de Coven-Garden ; celui-ci le renvoya à Kean, devant qui il déclama d'une manière pitoyable . « Avez-vous quelquefois joué dans la tragédie, lui dit le célèbre acteur? — Oui, monsieur, j'ai joué le rôle d'Abel. — Vous vous trompez, reprit Kean, c'était le rôle de Caïn, car je suis sûr que vous avez *massacré* Abel.

———

La *Gazette du Midi* a cité la répartie suivante du jeune mathématicien Vito Mongiamède, qui faisait alors l'admiration du public marseillais. Dans une visite de Vito Mongiamède, au café Casati, tandis que le merveilleux enfant se jouait au milieu des problèmes et des calculs les plus embrouillés, deux plaisants s'avisèrent de lui adresser cette demande: « Combien font 2 fois 4? — 800, répondit Mongiamède, le plus froidement du monde. — Comment 800? — Oui, 2 fois 4 font 8 et deux *zéros* que vous êtes là, c'est tout juste 800. »

———

Un prince passant par Mirebeau, pays des bons ânes, fut harangué par le maire de la ville. Un seigneur, voulant donner du divertissement au prince, interrompit le maire au milieu de son discours, en lui disant : « Combien valent les ânes, monsieur? » Le maire, sans se déconcerter, le regarde depuis les pieds jusqu'à la tête et lui répond : « Monsieur, un de votre poil et de votre taille coûterait bien dix écus; » puis il continue son discours.

Un jeune sot, qui ne savait ni A ni B, avait un beau livre dont on lui avait fait présent ; et, pour le faire voir à tout le monde, il le portait toujours à l'église, faisant semblant de lire dedans avec beaucoup de dévotion. Quelqu'un qui était derrière lui, s'étant aperçu qu'il le tenait à rebours, lui en demanda la raison. « C'est, répondit-il, parce que je suis gaucher. »

Un prince raillait un de ses courtisans qui l'avait suivi dans plusieurs ambassades, et lui disait qu'il ressemblait à un bœuf. — Je ne sais à qui je ressemble, répondit le courtisan, mais je sais que j'ai eu l'honneur de vous représenter dans plusieurs circonstances.

Un Gascon ayant quelque chose à faire signer à un ministre, lui fit dire qu'il voudrait bien lui dire un seul mot ; le ministre lui répondit que s'il en disait davantage, il ne l'écouterait pas. On appelle le Gascon, il entre, fait la révérence au ministre, lui présente un papier et une plume, et lui dit : *Signez ;* ce qu'il fit en riant de cette industrie.

Un musicien assez mal vêtu disait, en parlant de sa voix, dont quelqu'un faisait l'éloge : « Il est vrai que j'en fais ce que je veux. — Ma foi, Monsieur, lui dit un plaisant, vous devriez bien vous en faire une culotte. »

Le grand Condé, en 1674, était allé saluer le roi après la bataille de Senef, qu'il avait gagnée contre le prince d'Orange. Louis XIV se trouva sur le haut de l'escalier, lorsque ce prince, qui avait de la peine à monter à cause de sa goutte, s'écria : Sire, je demande pardon à Votre Majesté si je la fais attendre. — Mon cousin, lui répondit le roi, ne vous pressez pas tant : on ne saurait marcher bien vite, quand on est aussi chargé de lauriers que vous l'êtes.

———

Quelqu'un ayant demandé à un maître de pension pourquoi il avait pris un logement au sixième : — C'est, répondit-il, afin que les pères et mères ne viennent pas me dire que leurs enfants ne sont pas *bien élevés*.

———

Peu de jours avant son entrée à la Bastille, Linguet vit entrer dans son cabinet un grand homme sec qui lui causa quelque frayeur. « Qui êtes-vous ? Monsieur, lui dit-il. — Je suis le barbier de la Bastille. — Parbleu ! vous auriez bien dû la raser. »

———

Dominique, célèbre orateur, se trouvant à un souper de Louis XIV, avait les yeux fixés sur un plat de perdrix. Ce prince, qui s'en aperçut, dit à un des valets qui desservaient : Que l'on donne ce plat à Dominique. — Quoi ! Sire, et les perdrix aussi ? — Le roi, qui pénétra la pensée de Dominique, reprit : Oui, les perdrix aussi. — Dominique, par cette demande adroite, eut, avec les perdrix, le plat qui était d'or.

———

Un jour, M. le duc de L..., seigneur très-aimable, mais qui avait souvent des distractions, poussa l'étourderie jusqu'à l'oubli des convenances. Il aborde un acteur et lui dit : « Mon cher Dugazon, vous souperez demain à ma petite maison ; nous aurons quelques personnes aimables, et je veux que nous nous amusions aux dépens de deux nouveaux débarqués, dont la tournure seule est d'un ridicule achevé..... A propos, il faut que vous me tiriez d'embarras : j'ai promis à ces dames quatre bouffons, et je n'ai encore que vous, Musson et Butet ; je ne sais où prendre le quatrième. Aidez-moi donc ; qui chargerons-nous de ce rôle ? — Mais vous, Monsieur le duc. — Comment, moi ! — Certainement. — C'est une raillerie. — Point du tout, Monsieur le duc : vous n'imaginez pas combien vous êtes *plaisant*. » M. de L... sentit l'épigramme, eut l'air d'en rire, et se retira, bien décidé de distinguer une autre fois l'artiste du baladin.

Henri IV rencontra un jour dans les appartements du Louvre un homme qui lui était inconnu, et dont l'extérieur n'annonçait rien de bon ; il lui demanda à qui il appartenait. — J'appartiens à moi-même, lui répondit-il fièrement et d'un ton peu respectueux. — *Mon ami*, reprit le roi, *vous avez un sot maître*.

Un petit garçon demandait un jour à table de la viande ; son père lui dit qu'il était incivil d'en demander, et qu'il devait attendre qu'on lui en donnât. Ce pauvre enfant, voyant que tout le monde mangeait et qu'on ne lui donnait rien, dit à son père : « Mon papa, donnez-moi, s'il vous plaît, un peu de sel. — Qu'en voulez vous faire ? lui demanda le père. — C'est pour le manger avec la viande que vous me donnerez, répliqua l'enfant. » Alors, le père, s'apercevant qu'il n'avait rien, lui donna de la viande sans qu'il en demandât.

Un échevin de Saumur, choisi pour haranguer le roi, commença ainsi son discours : « Sire, les habitants de votre ville de Saumur ont tant de joie de voir Votre Magesté, que.... que.... » et il demeura court. — « Oui, Sire, dit le duc de Brézé, ils ont tant de joie, qu'ils ne peuvent l'exprimer. »

À un dîner où il y avait nombreuse société, un fat voulut faire le bel esprit aux dépens du curé de l'endroit. Voyant une oie placée devant ce dernier, il demanda : « Pourquoi a-t-on placé cette oie juste devant monsieur le curé ? — Je n'en sais rien, monsieur, répondit celui-ci, mais je trouve votre demande si spirituelle, que je penserai à vous chaque fois que je verrai un de ces animaux. »

Un président normand, faisant une harangue à Henri IV, resta court au milieu de son oraison. — Il ne faut pas s'en étonner, dit le roi, les Normands sont sujets *à manquer de parole.*

Trois abbés, montés sur des ânes, rencontrèrent plusieurs cavaliers. Un d'eux leur demanda : Comment vont les ânes, Messieurs les abbés ? — Messieurs, répondit un de ceux-ci, *ils vont à cheval...*

———

Deux paysans regardaient la statue d'un financier ; l'un deux demanda à l'autre : — D'où vient que le financier n'a pas de gants ? — Il n'en a pas besoin, dit l'autre, puisqu'il a toujours les mains dans nos poches.

———

Un jeune prince âgé de sept ans, que tout le monde admirait à cause de son esprit, se trouva un jour dans une compagnie où il y avait un vieux capitaine qui dit en parlant de ce jeune prince : Les enfants qui ont tant d'esprit, en ont ordinairement fort peu quand ils sont avancés en âge ; le jeune homme, qui l'avait entendu, lui dit : Monsieur le capitaine, il faut que vous ayez eu infiniment d'esprit dans votre enfance.

———

En 1814, pendant la campagne champenoise, Napoléon entra subitement chez un curé de village, qu'il trouva brûlant du café. — Comment, lui dit-il, vous faites usage d'une marchandise prohibée ? — Aussi vous voyez, Sire, je la *brûle*, repartit le curé.

———

Un jour, un paysan passait à Paris, sur le Pont-au-Change, anciennement bordé de maisons habitées par des banquiers qui changeaient des monnaies étrangères. Comme il n'apercevait point de marchandises dans plusieurs boutiques, il entra dans un bureau de change, et demanda d'un air niais : Monsieur, qu'est-ce que vous vendez ? Le changeur, qui était seul, croyant qu'il pouvait se divertir aux dépens du paysan : Je vends des têtes d'ânes, lui répondit-il. — Ma foi, lui répliqua le villageois, il faut que vous en fassiez un grand débit, car je n'en vois plus qu'une dans votre boutique.

Le général Despinois, dont la sévérité était en grand renom, passait la revue d'un régiment ; il y remarqua un soldat qui portait des guêtres grises au lieu des noires alors de rigueur dans la grande tenue de l'infanterie. Le général, s'approchant de cet homme, lui dit : Pourquoi n'as-tu pas des guêtres noires ? — Pourquoi, mon général ? parce que je voulais vous en faire voir *des grises*. Le sérieux général se prit à rire, et le soldat ne fut pas puni.

Louis XV, à son lever, demandait à un courtisan combien il avait d'enfants. « Quatre, Sire, répondit-il. » Le roi ayant eu occasion de lui parler en public deux ou trois fois dans la journée, lui fit précisément la même question : « Un tel, combien avez-vous d'enfants ? » et toujours l'autre répondit : « Quatre, Sire. » Enfin, le soir, au jeu, le roi lui ayant demandé encore: « Un tel, combien avez-vous d'enfants ? » — Sire, répondit-il cette fois, six. — Comment diable, reprit le roi, mais il me semble que vous m'aviez dit quatre ? — Ma foi, Sire, c'est que j'ai craint de vous ennuyer en vous répétant toujours la même chose.

La Savoie gémissait sous le poids des impôts. Un paysan eut le noble courage de dire au roi : « Sire, je vois dans votre royaume la Passion du Sauveur renversée. — Comment l'entends-tu ? demanda le roi. — C'est que, dans la Passion, répondit le paysan, un seul meurt pour tous, et nous mourrons tous pour un seul. »

L'empereur Joseph II étant arrivé dans une ville de France avant son équipage, l'hôtesse, qui était une femme fort bavarde, lui demanda pendant qu'il était occupé à se raser, s'il avait un emploi auprès du prince : *Oui*, dit-il, *je le rase quelquefois.*

Un jour que M. de La Motte, évêque d'Amiens, dis-cutait avec quelques ecclésiastiques sur les matières du temps, un de ceux-ci n'ayant pu rien répondre, dit : *Je prends le parti de me taire et de m'envelopper dans le manteau de mon humilité.* — *Voilà*, reprit M. de La Motte, *un manteau qui ne vous chargera pas beaucoup ; on pourrait le porter dans la canicule.*

Le comte de Lubersac, commandant l'école militaire des chevau-légers, passant ses élèves en revue pour l'équitation, dit à M. de Rochefude : « Monsieur, « vos bottes ne sont pas uniformes ; que diriez-vous « si je vous envoyais en prison ? — Mon général, je « dirais que vous m'y envoyez à propos de bottes. » Le général sourit en se retournant, et continua son inspection.

Un jour, dans un repas où se trouvait un cordelier, on servit un cochon de lait qu'on le pria de découper. — Mon père, lui dit en plaisantant un des convives, prenez garde à ce que vous allez faire, car il en sera de vous comme de lui : Si vous lui coupez une oreille, nous vous en couperons une, en un mot, nous vous ferons tout ce que vous lui ferez. Le cordelier aussitôt introduisit son doit sous la queue du cochon de lait ; puis, l'ayant retiré, il le suça, et dit à la compagnie : « *Messieurs, faites m'en autant.* »

Un roi qui s'était rendu familier avec son valet de chambre, le voyant un jour d'été en veste, qui regardait par une fenêtre de son appartement, alla lui donner un grand coup sur les fesses. Celui-ci lâcha un... : ce qui ayant mis le roi en colère, il lui dit : « Sire, quand votre majesté frappe à une porte, elle doit être ouverte à l'instant. »

Lorsque M. de La Motte fut à Chartres, M. l'évêque le conduisit dans de petites rues fort étroites et très-malpropres, en lui disant que le peuple était très-misérable. M. d'Amiens, qui n'était occupé qu'à éviter de marcher dans l'ordure, lui dit : Monseigneur, vous me dites que le peuple de Chartres est dans la plus grande misère, il me semble cependant qu'il faisait assez bien ses *affaires.*

Une pauvre femme faisant paître un cheval dont la

maigreur semblait faire des côtes de la bête comme autant de cercles bien dessinés, un homme la rencontrant lui dit : « Femme, combien vendez-vous les cercles ? » Celle-ci, prenant la queue de la bête, lui dit en la levant : « Tenez, voici la porte du magasin, entrez et voyez. »

————

Des personnes qui venaient fort souvent chez l'évêque d'Amiens, avaient pris l'habitude de se tourner le derrière vers la cheminée, après avoir relevé les basques de leurs habits pour se chauffer plus à leur aise. Cette habitude parut indécente au prélat. — Je savais bien, leur dit-il avec un air enjoué, que les Picards avaient la tête chaude, mais je ne savais pas qu'ils eussent le derrière froid.

————

Le marquis de Grammont était un homme à bons mots, et tout le monde était sacrifié à sa passion pour la plaisanterie. Voyant un jeune gentilhomme breton, arrivé depuis peu à la cour, il fit un pari d'aller lui faire une question singulière ; il lui dit en effet, pour se moquer de lui : Apprenez-nous si dans votre pays on sait ce que c'est que parabole, faribole et obole. Le gentilhomme, sans se déconcerter, lui répondit, avec l'applaudissement de toute la cour : Une parabole est ce que vous n'entendez pas ; une faribole est ce que vous dites, et une obole est ce que vous valez.

————

Le duc de Bourgogne, jeune prince vertueux, et qui savait déjà accueillir la vertu, demanda un jour à

Mgr de La Motte d'Orléans, à quel âge on l'avait fait évêque. Mgr d'Amiens le lui ayant dit : C'est bien tard ! répondit le prince. — Ah ! reprit le digne évêque, c'est que quand le roi, votre aïeul, a une faute à faire, il la fait le plus tard qu'il peut !

Un des plus célèbres partisans de la philosophie anti-chrétienne disait, il n'y a pas longtemps, à une dame d'esprit : Avouez, madame, que nous avons abattu bien du bois dans la forêt des préjugés. — C'est pour cela, répliqua-t-elle, que vous avez débité tant de fagots.

Deux mauvais plaisants rencontrèrent un paysan, et résolurent de s'amuser à ses dépens. Ils l'entourèrent, et l'un d'eux lui demanda : Dis-nous sincèrement, l'ami, es-tu un âne ou un imbécile ? — Je ne le sais vraiment pas au juste, répondit froidement celui-ci, mais plus je réfléchis, plus je crois être entre les deux.

Du temps que Napoléon n'était encore qu'officier d'artillerie, un officier prussien disait devant lui, avec beaucoup de suffisance, que ses compatriotes ne combattaient jamais que pour la gloire, tandis que les Français se battaient pour de l'argent. — Vous avez bien raison, répondit Bonaparte, chacun se bat pour acquérir ce qui lui manque !

Madame de Saint-Loup alla voir madame de Cornuel, et lui dit, après avoir passé plus d'une heure auprès d'elle : Madame, on m'avait bien trompée, en disant que vous aviez perdu la tête. — Vous voyez, lui répondit madame de Cornuel, le fond que l'on doit faire sur les nouvelles ; on m'avait dit, à moi, que vous aviez retrouvé la vôtre.

———

Un gascon dînait un jour à Toulouse chez une personne de sa connaissance. Lorsqu'on fut au dessert, on servit un grand fromage de Roquefort : Où l'entamerai-je ? demanda le gascon. — Où vous voudrez, répondit le maître de la maison. Là-dessus le gascon, appelant un des domestiques qui servaient à table : Portez, dit-il, ce fromage chez moi ; je l'entamerai à la maison.

———

Un barbier maladroit avait coupé, en le rasant, M. de La Motte, évêque d'Amiens, et se retirait après avoir reçu son salaire. M. de La Motte, sentant le sang couler sur son visage, le fit rappeler, et, lui mettant dans la main une nouvelle pièce de monnaie : Tenez, lui dit-il, je ne vous avais payé que pour la barbe, voilà pour la saignée. Le barbier voulait s'excuser, en disant qu'il avait rencontré un bouton : C'est cela, reprit l'évêque ; vous n'avez pas voulu, n'est-ce pas, qu'il restât sans boutonnière.

———

M. de La Motte, évêque d'Amiens, ayant à dîner quatre dames de la cour, fut embarrassé pour les placer convenablement, sans que la vanité d'aucune en fût blessée. Il prit son parti sur-le-champ, et un bon mot le tira d'affaire : — Mesdames, leur dit-il, quand j'ai un quatorze de dames, je ne puis me résoudre à en écarter aucune ; voyez vous-mêmes à vous placer. Cette plaisanterie réussit, et les dames se placèrent sans cérémonie.

———

Je n'aime pas ceux qui changent de religion, disait un prince protestant à M. le comte de Stolberg. — Ni moi non plus, répondit le comte, car si mes ancêtres n'en avaient pas changé, je n'aurais pas été obligé de revenir au catholicisme.

———

Un facteur de la poste et un cocher de fiacre se disputaient : — Comment ! s'écria le facteur, vous osez insulter un homme de lettres !

— Et vous, disait le cocher, vous osez outrager un homme en place !

———

Un maire de la ville de Caen, homme sage, quoiqu'il n'eût pas le brillant bavardage des orateurs de nos cercles, se trouvait à un dîner, entre un marquis et un chevalier. Ceux-ci employèrent à le persiffler tout le talent qu'ils avaient de dire des inutilités ou des sottises. C'étaient des éloges ridicules de l'esprit, de la pénétration, des lumières de M. le Maire. — Messieurs, leur dit-il enfin, je n'ai jamais eu l'ambition de passer pour un homme de génie, je ne suis pas un fat, et je

ne crois pas être tout à fait un sot ; mais je suis entre
deux.

———

Une bonne mère de famille, en débitant toutes sortes
de bons principes à son jeune fils, lui dit entre autres :
Ne remets jamais au lendemain ce que tu peux faire
aujourd'hui. Sur quoi le petit bonhomme répondit :
En ce cas, ma chère mère, mangeons encore aujour-
d'hui le reste de notre gâteau.

———

Un italien racontait, avec une ostentation ridicule,
ses voyages dans les diverses parties de l'Europe : —
J'ai été, disait-il, oun' ann' à Madrid, oun' ann' à
Rome, oun' ann' à Londres, oun' ann' à Pétersbourg,
oun' ann' à Vienne, oun' ann' à Stockolm. — La maîtresse de la maison, que ce détail ennuyait, lui dit : Je
vois, qu'en dernière analyse, vous avez été un âne partout !

———

Le célèbre orateur Fléchier, évêque de Nîmes, était
le fils d'un fabricant de chandelles ; un homme de
cour, tout fier de sa naissance, fit sentir un jour à l'é-
vêque de Nîmes qu'il était fort surpris qu'on l'eût tiré
de la boutique de ses parents pour le placer sur le siége
épiscopal. Fléchier, sortant à regret de sa simplicité et
de sa modestie ordinaires, répondit au noble personnage : Avec cette manière de penser, monsieur, il
est probable que, si vous étiez né dans la même condition que moi, vous seriez encore fabricant de chandelles.

Une dame qui avait beaucoup de rouge, demanda à son peintre dans quel endroit il achetait ses couleurs. — Je crois, madame, répondit-il, que nous nous fournissons au même marchand.

Louis XVI s'amusait quelquefois des pointes de M. de Bièvre; dans un moment de gaîté, il lui demanda un calembourg. — Sur quel sujet ? dit de Bièvre. — Sur moi, répondit le roi. — Sire, reprit-il, vous n'êtes pas un sujet.

Un docteur-médecin, appelé chez un charlatan, se plaignait d'avoir été dérangé pour une bagatelle. — Ce n'est pas une bagatelle, monsieur; j'ai avalé par mégarde une de mes pilules, répondit celui-ci.

Un jeune homme disait à son ami, en lui montrant une demoiselle assez jolie, mais dont la bouche était démesurément grande : Quels jolis yeux ! quel beau teint ! c'est dommage qu'elle ait la bouche commune. — Si tu disais comme deux, répondit l'autre.

Quelqu'un demandait à un gascon de l'argent qu'il lui avait prêté; le gascon lui dit qu'il n'en avait pas. — Je vous en ferai bien trouver, répartit le premier. — Ah ! rendez-moi ce service, je vous jure que vous serez payé le premier.

Un ministre des finances avait fait rendre une déclaration qui alarmait le clergé. Il dit à un des abbés qui se plaignaient le plus : Vous sonnez le tocsin. — Vous en étonnez-vous, répliqua l'abbé, quand vous mettez le feu partout?

Un homme fort laid venait de recevoir un coup de fouet à travers le visage ; une dame dit : C'est singulier ; il suffit qu'on ait mal quelque part pour qu'on s'y attrape.

Un médecin fameux s'étant converti du huguenotisme à la religion catholique, Henri IV dit à Sully : Mon ami, ta religion est bien malade ; les médecins l'abandonnent.

Un jour quelqu'un croyant embarrasser M. de Châteauneuf, qui alors n'avait que neuf ans, lui fit cette question : Mon ami, dites où est Dieu, et je vous donnerai une orange. — Monsieur, reprit l'enfant, dites-moi où il n'est pas, et je vous en donnerai deux.

TROISIÈME PARTIE

DOCUMENTS MUNICIPAUX CURIEUX

Fénelon et Montaigne, caporaux.

Il s'agissait d'ériger, à Périgueux, des statues à Fénelon et à Montaigne. Désirant que toutes les communes
de son département participassent à cette œuvre patrio-
tique, M. le préfet de la Dordogne écrivit à MM. les
maires de réunir extraordinairement leurs conseils, afin
de prendre une délibération à ce sujet. Le jour fixé
étant arrivé, les conseillers municipaux de la commune
de X..., ayant pris leurs habits des dimanches, se rendent à la mairie. Le conseil se compose de MM. D...,
sabotier, maire ; N..., ancien soldat, grand parleur, la
lumière du conseil ; L..., vigneron, cultivateur ; G...,
chirurgien de sixième ordre ; V..., propriétaire ; G...,
meunier, etc., etc. La discussion se fait moitié en patois
du pays, moitié en français..., aussi du pays.

M. le Maire : — Messieurs, voici une lettre de M. le

préfet qui nous engage-t-à voter des fonds pour donner des *estatues* à Fénelon et à Montaigne. Qu'en pensez-vous? Pour moi, je vous avouerai franchement que je n'ai pas l'honneur de connaître ces gens-là.

N. : — Pardon, M. le maire, je m'en vas vous dire, je ne suis pas très-sûr, mais je crois avoir entendu parler de ces particuliers.

L. : — Qué diablé dé N... so tout! counay tout lou mondé.

G. : — Co eï vraï.

N. : — C'était-z-en Espagne, en 1812, ousqu'il faisait très-çaud, par parenthèse, et ousque ces coquins de caracos nous tuaient comme des mousses, lorsqu'ils nous attrapaient ils zouaient aux quilles avec nos têtes, et ousque...

V. : — Ly fasio pas bon di quer païs.

N. : — Eh biey! z'étais-zalors caporal, et zé crois qu'il y avait deux z'autres caporaux qui se nommaient Fénelon et Montaigne. Ça pourrait biey être eux, ils ont sans doute été blessés, et les pauvres malheureux ne peuvent gagner leur vie. Zé suis d'avis de leur donner 15 francs.

Z'ai connu aussi deux cirurziens mozors qui s'appelaient de même. Ça pourrait biey être eux, ils n'étaient pas rices.

M. le Maire : — Eh bien! que décidez-vous? Voulez-vous leur donner quelque chose?

Tous : — Oui! oui! Quinze francs! M. G... rédigera le procès-verbal.

Après trois heures (pendant lesquelles les autres conseillers ont été se rafraîchir au cabaret voisin), la caisse bat, on se réunit de nouveau. M. G..., du ton d'un homme content de soi, et qui semble dire: *« Ça m'a coûté bien de la peine ; mais aussi c'est du soigné*, lit avec emphase le procès verbal suivant (chacun a ôté son chapeau ou son bonnet) :

« L'an mil huit cent trente-six, et le...

« Le conseil municipal de la commune de X..., réuni en session extraordinaire.

« Présents, MM., etc., etc...

« Vu la lettre de M. le préfet, etc...

« Considérant, d'une part, que nous n'avons pas l'honneur de connaître *positivement* les messieurs dont parle M. le préfet ;

« Considérant d'autre part que, puisque M. le préfet daigne s'intéresser à eux, *ça ne peut être que des braves gens et des gens dans le besoin.*

« Arrête :

« ARTICLE UNIQUE. — — La commune de X... vote 15 francs pour MM. Fénelon et Montaigne. »

Tous (avec enthousiasme) : *Bravo ! Bravo ! C'est tapé !*

En 1841, un journal publia, comme authentique, une pièce très-curieuse, *échappée* à la plume d'un maire des Côtes-du-Nord. Voici cette pièce, adressée de l'arrondissement de Guingamp :

« Nous, soussigné, maire de la commune de***, certifions que le nommé Michel, cultivateur et professeur à la destruction des bêtes puantes et habitant de ce village, nous a déclaré avoir tué une louve près de la lisière du bois dont il avait rencontré les pattes, nous nous sommes transporté de suite sur lesdites pattes, accompagné de notre adjoint qui a de suite reconnu la bête assommée non pas d'un coup de fusil mais avec un brin de fagot. Venant à constater exactement le sexe de l'animal, nous avons reconnu que ladite louve était un loup; pour ladite raison nous n'avons pas extrait les louvetots de son cor, ni accordé la prime que pour le loup seulement, toujours avec notre adjoint, auquel nous avons coupé les oreilles pour être annexé au présent certificat et servir à M. le préfet pour prime, et avons signé avec l'adjoint. »

Dans une commune des environs de Tours, le maire a pris contre les chiens enragés ou errants le curieux arrêté que voici :

« Nous, maire de la commune de L..., avons arrêté ce qui suit :

« 1° Vu qu'il a été instruit par la gendarmerie de Tours et d'après les malheurs qui se sont passés s'est jour dernier.

« 2° Que tous individu de notre commune qui ne tiendrons leurs chiens à la tache ou museler, seront susceptible d'être étranglé, où pour être tuer par une personne d'office.

« 3° Tous individus qui ne feront pas tuer leurs chiens qui se seront battus ou ont été battu par une autre chiens, il est ordonné par la loi d'être tué sur le champ.

« 4° Si les particuliers si refuse, ils sont susceptible d'avoir un procès ou une amende qui sera très-sévère.

« 5° En cas qu'il soit trouvé un seul, seront tué sitôt qu'il seront trouvé sur la voix public, et poursuivi conformément à la loi.

« A la mairie le 25 juin 1842. »

Voici une lettre qu'un maire de la Haute-Saône adressa, en 1833, au préfet du département, à l'occasion de la grêle qui avait ravagé sa commune :

Le Maire de V... à M. le préfet de la Haute-Saône.

M. le magistrat, le maire vous informe humblement que hier, 15 du courant, une grêle sans pendante a plongé dans le deuil ladite commune. En moins de trois minutes, ah, ah !... des grêlons biscornus, de trois lignes à quatre pouce de diamètre, ont animé le rôle tragique dont les vignes dudit lieu furent la scène du coup de théâtre.

Sans coup-férir, cette nuée, cette pluie d'acteurs noctifères et irrités, à l'ordre et à l'appui d'un ouragan ont beaucoup affaissé de crucifères, égrénée de graminés et déchargé d'arbres tant fruitiers qu'oléagineux, etc., transéat...

Mais, Monsieur l'administrateur, qu'un vignoble qui promettait tant et qui voulait réparer ses ingratitudes passées fût à vaux-l'eau !... que l'étain déjà rubicon de ce miroir qui montrait quasi plus de perspective, une destinée consolante, fût terni ! pourrait-on sans crime tenir dans le tacet, un tel dommage, qui doit à juste titre prendre son essor au sein de l'humanité.

En effet, accablés sous le poids du hoyau et de la houe, injuriés de tous les temps, tourmentés par la soif et pressés par (cette terrible vérité est difficile à exprimer) la faim, les infortunés vignicoles fussent maintes et maintes fois tombés en syncope, si leur espoir attaché au cep ne les avait soutenus.

Maintenant, ô infortunés ! où porter sûrement leur espérance, à moins qu'aux pieds du tribunal de leurs magistrats administrateurs !

Or, du fond du creuset de la misère, ces malheureux crient à vous, monsieur le préfet, estimant que vos oreilles attentives à leurs accents plaintifs, et que votre cœur touché de l'avenir qui les contemple et appuyés de votre médiation, ils obtiendront aide du gouvernement.

Organe de ces misérables vignicoles, le maire prénommé vous prie donc, monsieur le magistrat, que soient constatées, par qui vous verrez convenir, les pertes, objets de la présente,

Monsieur le préfet, votre dévoué serviteur,

L.... maire

V..., 18 août 1833.

———

Un maire du département de l'Eure fit afficher dans sa commune une sorte de proclamation ainsi conçue :

AVIS AU PUBLIC.

« Lon fait asavoir aux habitants, de cet commune que le 11 septembre prochin l'on établit une faite à N... Cette assemblés se nomme Saint-Nicolas. Le publique et prévenu qu'il y aura une grande messe et vespres au heures ordinaire.... Lon ne négligera rien pour que tout le monde soit contant. Lon fera tirer un oix oiy aux cabre et l'autre au fusi. L'on fera aussi courir des lapins dans des caques, idem deux quoque qui seront ganges à coup de pierre... Tout. Ces prix seront gratis,... et la cérémonie fête de la commencera à deux heures précise si le monde le permet.

« Fait à N... le...   Signé M... maire. »

Le conseil municipal d'une des commune de la Bresse, composé de dix membres, y compris le maire et l'adjoint, s'étant réuni au lieu ordinaire de ses séances, le maire s'est exprimé ainsi :

Je vous ont assemblé ; je vont vous dire presqua, Un grand miséroble a tiré sous lous ré, et l'a manquo ; mais il pouvait ben l'attrapo. Le journau de la préfecture met tout au long dans ses quelonnes les communes qui votèrent une adresse au ré pour le remercier de n'avoir po été tué ; et y disons que ces communes obtenont tout ce que leux manquove.

L'adjoint : Y nous manquove ben des choses.

1er *Municipal :* Y nous manquove une école.

2e *Municipal :* Y nous manquove une maison commune.

3e *Municipal :* Y nous manquove une église.

4e *Municipal :* Y nous manquove une cure.

5e *Municipal :* Y n'y a que les impôts qui ne manquove po.

Le maire : Fo voter la lettre au ré, où ce que nous lui dirons tout ce que nous manquove, et ben sûr qui nous y baillera.

J'avons préparé une brava lettre : la vetia :

« Sire,

« Un mal appris a commis un attentat ; heureusement y n'a pos viso juste, et vous êtes restés vicant. Tant mieux, sire, car nous ont ben besan de vous. Not' chapel.e est trop petiote ; nous n'ont ni cure, que le curé de Bisiat nous prête son vicaire. Nous n'ont ni école ni instituteux, que les plus savants ne savons po écrire. La présente, sire, est pour vous remercier de n'avoir pos été tué, et vous dire de ne po nous oublio.

« Nous sommes ben vos serviteux. »

L'adjoint : Vetia une brava adresse.

1er *Municipal:* M'narmavoua! elle est gentiment dicto.

2e *Municipal:* L'ou ré va s'en tremousso d'aise.

Tous les municipaux : Faut la signo, et l'evoyé dré à Paris.

Ce qui fut dit fut fait, et l'adresse ci-dessus fut jointe aux autres; si elle ne fut pas plus sincère, elle fut au moins plus amusante.

Nous maire de la commune de... canton de... arrondissement de..., département do Drôme, royome de France.

Vu l'époque du 3 mars courante, vu la proposition du sieur Remilly, vu les vaux de 51 conseil général favorable a l'imposition dos chien et des chiene oci, vu que le chien de la cousine Cato a mordu le petit do mossieu le curé. Vu que nous ne pouvons manqué d'être favorable à notre gouverneman en forsan les chien a peïé limpôts attandu que la ville de Sutrasbourgs a prise une arrêté policipal qui n'a pas été démantis par notre gonverneman Vu que les chien se battes souvent entre eux et donnes ainsi des movais exemples à la jeunesse. Vu que la bergique et l'engletère ont adopté contre les chiens des mesure qui les honores. Voulant fère jouir nos sujet de tous les bienfet dûnc bone adeministration, nous nous faisont loneurt de les prévenirs que le cousail municipal asisté de nous Maire a été arrêté ainsi qu'il suit.

1° tous chien qui sans permiçion suivra la voix publique sera arêté, s'il résiste, il sera açaçiné.

2° tous chien devra péier une côte personnelle de cint franc si cet un chien luxurieus, de deut franc si cet un chien d'utilité publique ou particulière.

3° Les mètre des chien serons tenus concurament avec eux de peïer cette sôme.

4° tous chien qui passera sa vie avec une museliaire qui lui empaîchera d'ouvrir la bouche ne devra rien.

5° tous chien devra porter au col en dessus de lestoma une plaque numérottée qui sera une quitence décharjante de son personnel et on ne lui dira rien.

6° Les articles ci en dessus regardes les chiens des deux sexes qui doivent être bien surveillés.

Fet dans la mairie sur la fenaîtres qui regarde la rue publique, le 15 du mois de marce de l'ané 1846.

Nous Maire....

——

Réglement de police de la commune de N...., près Pontarlier (Doubs) pour 1845, et suivantes :

1° Il est défendu d'extraire de la pierre, du sable des carrières de la commune, sans avoir prévenu les autorités, surtout la Marne, les étrangers n'y seront point admis.

2° Les cabaretiers qui donneront à boire les dimanches sont prévenus qu'on leur dressera procès verbal pendant les offices, surtout de la messe qu'il est défendu d'aller.

3° Il est défendu de conduire le bétail communal joignant la pie des avoines, ni avec des brébis, chèvres ou autres, malgré qu'ils seraient conduits par des personnes raisonnables qui ne doivent pas être pâturés.

4° Dimanche, à l'issue des vêpres, il sera procédé à l'adjudication au plus offrant et dernier enchérisseur des boues du village, en présence du maire qu'on devra râcler proprement, assisté de deux membres du conseil provenant des égoûts du village.

Les articles susdits regarde tous les habitants de tous les sexes qui devront être exécutés.

Les habitants sont prévenu que le lundi prochain on échenillera deux personne par maison, le curé excepté.

Fait en la mairie de N... le... 1845.

Le Maire N...

L'arrêté suivant a été textuellement copié sur l'original affiché à la porte de l'église de la commune de C... (Dauphiné) ; ce sont les pommes de terre qui l'ont inspiré :

MALADIES DES POMES DE TER.

ARRÊTE,

« Art. 1ᵉʳ. — Vu qué les pomes de ter sont gates dans ce peis comme dan la France, la Olande et les autres.

« Art. 2 — Attendu que la miser est grande et que ladite maladie des pomes de ter est un grand malheur. Vu que le blé est cher et le sarazin pas gréné.

« Art. 3. — Considérant qu'il fot vivre sans mangé vu que les habitants non ni l'un ni l'autre et qu'il fot voir.

« ART. 4. — Considérant que dans l'interré de tout le monde j'en ai nourri mais cochon pendant toute une semain et j'en ai mangé moi-même pour escier et que nous n'avons pas été incommodés etc.

« ART. 5. — Considérant que la génice de M. B. est morte sans remède, attendu que la dite n'avait pas mangé de pomes de ter gates vu que je man suis assuré.

ART. 6. — Vu que l'accadémi de Lyon la dit dans le journal que le maire reçoi, vu aussi qu'un pharmacien de Chamberi set nourri de bouillon de pomes de ter gates et qu'il n'a de mal au queur qu'une fois.

« ART. 7. — Attendu tout cela que les pomes de ter gates ne sont pas malsain, ordonnons a tous les habitans, vache, bœu, chevau et cochon de la présente commune de manger de pome de ter gates car sa ne nui pas.

« ART. 8. — Ordonnons que lesdites pomes de ter soit triés, mise au four pour les faire séché et pas en tas dans la caves.

« Fait en mairie, 15 octobre 1845. »

———

Il y a quelques années un préfet ayant demandé à un maire de campagne le rélevé des décès survenus dans sa commune pendant un temps déterminé, le maire lui adressa un chiffon de papier sur lequel un nom était inscrit ; au-dessous, on lisait : « M. le préfet, je vous envoie Philippe Gauthier par la poste, afin qu'il vous arrive plus vite ; c'est le *seul mort* qui soit *existant* dans mon village. »

———

Erreur d'un maire.

Un jeune soldat, sous les drapeaux depuis peu de temps, écrivait au maire de B... (Aisne), son village natal, pour le prier de donner des nouvelles à sa famille, qui ne savait pas lire, et lui apprendre qu'il était *fusilier* dans tel régiment.

A la lecture de cette lettre, le magistrat municipal ne sait plus que faire, — Comment ? Quoi ! N... *fusillé !* Qu'a-t-il donc fait ? En quoi s'est-il rendu coupable ? Quel est son crime, grand Dieu ! lui qui, avant son départ, s'était toujours si bien conduit et n'avait jamais encouru la disgrâce de l'autorité locale pour infraction à ses réglements ! Comment apprendre cette fâcheuse nouvelle à sa famille ?

Pour sortir d'embarras, le maire va trouver un sien voisin, confrère en municipalité, qui, après la lecture de la missive, éprouve le même embarras, et ne veut pas se charger d'informer les malheureux parents de N... que leur fils est *fusillé*. Bientôt pourtant la nouvelle se répand dans le village, et arrive aux oreilles de la famille avec différents commentaires.

Enfin celle-ci, bien convaincue de la réalité de son malheur, fait sonner les cloches, et va commander un office des morts au curé, en lui donnant connaissance de la lettre qui renfermait la mauvaise nouvelle. Après avoir lu la lettre, cet ecclésiastique eut assez de peine à faire comprendre aux parents que leur fils n'était ni *fusillé*, ni mort, mais qu'il était *fusilier*, et qu'il vivait pour la défense de la patrie.

Quand N... rentra dans ses foyers, le maire le prit sans doute pour un revenant.

Bizarre certificat.

Voici un certificat, délivré par un médecin à un individu, à l'effet d'appuyer la demande pour obtenir son passage gratuit de Toulon à Alger : « Je soussigné, docteur en médecine, certifie que Moura Guillaume, de Bernadets, canton de Morlâas, possède une santé de fer ; que, depuis plus de vingt ans qu'il m'a accordé sa confiance comme médecin, sa santé s'est constamment opposée à ce que je lui donnasse des soins ; que cet homme, au teint africain, s'est livré pendant toute sa vie à des travaux de corps et surtout d'esprit incroyables ; que cet être, comme on en voit rarement, légèrement habillé, nu-tête, nu-pieds, a affronté dans toutes les saisons, la pluie, les vents, la glace, la neige, les rayons brûlants du soleil et le tonnerre (l'électricité) ; que le corps si bien endurci, si fortement trempé, il peut voyager sans crainte de l'avenir, en Europe, en Asie, en Afrique, en Océanie et même dans l'autre monde ; que ledit Moura, fort de tous ses antécédents, pourra, en tous lieux, contempler du haut de sa santé, les nombreuses infirmités qui se partagent ici-bas le champ lugubre des misères humaines. Morlâas (arrondissement de Pau), Basses-Pyrénées, le 5 octobre 1845.

Signé : D..., médecin.

Il y a quelque temps, on présenta à un maire de village un enfant âgé de trois ans, dont on avait omis de faire l'inscription sur le registre de l'état civil. Le maire, fidèle à son ancienne routine, l'inscrivit ainsi : Aujour-d'hui, etc., d'un tel et d'une telle et en légitime mariage est né un enfant de trois ans.

Le maire d'un chef-lieu de canton a rendu dernièrement l'arrêté suivant à l'adresse des sapeurs pompiers de son endroit : *Il est ordonné de visiter les pompes la veille de chaque incendie.* La première fois que l'ordre fut exécuté, l'alarme fut grande dans le village : Qui donc brûlera demain ? se disait-on. Aussi, de peur d'alarmer la population, les pompes n'ont plus jamais été visitées.

Pétition d'un maréchal-ferrant sous l'Empire.

Monsieu Bonapart,

Je vous prit si c'est un effait de votre bonté de ma-cordé la meme pansion que vous accordé aux autre maréchau de france car jé randu dé gran servisse dan mo netat de maréchal de france, je suis vieu et jé tune femme et des enfans qui on bon apéti ; dont je crois que je mérite bien tune pansion antant que tou cé maréchau de Paris.

Je me met au pied de votre majesté
Cire, et vous salue cordialement.
J. maréchal.

Éloquence d'un pédagogue.

Voici la copie textuelle d'une lettre dont l'original est déposé aux archives du comité de M... :

F...-en-H... (Meurthe), 1830.

A Monsieur le Curé et Maire de la paroisse et commune de V....

MM.

Le plus humble de vos serviteurs ose ouvrir la bouche pour vous saluer, désirerait entrer au servic sous ces MM. les dignes et mériter gouverneur du spirituel et temporel de votre commune, et mériter les suffrage de tous.

Je me crois assez d'esprit pour occuper cette place, étant pénétré de soumission et d'honneur, et en moi règne la constance. Je n'ai aucune connaissance dans la commune que mes certificats de mœurs et de moralité dont je suis le porteur, que vous daigneret y ajouter foi. Je suis breveté du 3e dégré inclusivement que j'aurais l'honneur de vous proclamer, si vous daigneret me faire une réponce. Je suis âgé de 24 ans, marié sans enfants, que ce me scra un grand avantage que la place de chantre et d'instituteur dans votre commune, dont je serai très-satisfait, en conséquence M. le maire, je vous envoie très-humblement cette lettre épistolaire, en vous invitant de vous conférer avec M. votre curé pour à l'égard de cela et de m'en rendre compte très-prématurément, auquel j'aurais soin de me transférer à vos ordres avec une célérité inviolable.

Salut et fraternité, en vous présentant mes très-humbles respects.

Je suis M. le maire, votre très-humble et très-obéissant serviteur.

M.

P. S. J'embrasse madame votre épouse.

Lettre d'une poissarde à une de ses amies.

Une poissarde qui avait fait une fortune considérable, invitant une de ses amies à venir passer quelque temps chez elle, s'expliquait ainsi : Viens nous voir, je sommes bien logie, da, j'avons champignon sur rue (pignon) c'est une belle maison où il y a des crampes en fer (des balcons) j'avons de grandes estafilades (enfilades) d'appartements d'arrache pied (de plein pied) avec des portes d'excomunication (de communication). J'avons dans nos chambres des belles tapisseries d'autelutte (d'haute lice) de belles dépentures avec des cadavres dorés (de belles peintures avec des cadres dorés), des blanquettes de moquete (des banquettes où fauteuils de moquette). J'avons à nos planchers des rustres de cristal minéral (des lustres de cristal de roche). On voit dans nos jardins des piruliers avec des statues sur des pié détestables (des pyramides avec des statues sur des piédestals). J'te régalerons bien ; j'mangeons dans nos fricassés des trèffles, des manilles, des moucherons (des truffes, des morilles, des mousserons) ; j'avons à nos déserts des resins de coriandre, des mâchepins, des castilles en manière de conserve (à nos desserts des raisins de Corinthe, des massepains ou macarons, des pastilles en manière de conserve). J'buvons des vins de rigueur et de la crême des barbares (des vins de liqueur et de crême des barbades). Not homme est habilié Dieu sait comment, tiens mon enfant, il a des vestes de franchipane avec des moéles d'or (des vestes de pane avec des galons d'or). Il a dans sa bilboteque (bibliothèque) bestiole et cù de jatte (Bartholde et Cujas) et les métaphores d'olive de la dernière oppression (les métamorphoses d'Ovide de la dernière expression). Dame ! il a le moyen de soutenir tout ça parce que monsieur son père a eu le vent en croupe (le vent en poupe). Il a acheté une seigneurie qui lui rapporte des droit de dos et de ventre (des droits de lots et de vente). Il est propriétaire d'une bonne ferme dons son neveu est l'usurier fruitier par un bail amphibologique (usufruitier par un bail amphithéotique). Il est d'une bonne famille; il a un cousin qui joue des ogres, de la clapinette, du claquecin et de la flûte trapercière (qui joue des orgues, de la clarinette, du clavecin et de la flûte traversière); un autre qui s'est fait passé maître lazarre (maître ès-arts); un autre qui assassine les plaideux aux consuls (qui assigne les plaideurs aux consuls). C'est le fils de stila que j'avons tiré d'un grand préjudice auprès de la porte de la circonférence (d'un grand précipice auprès de la Conférence). Il a une sœur qui est tourtière dans un couvent (tourière dans un couvent), et un autre qui a épousé un cent de suisses de chez le Roi (un cent-suisse de chez le roi).

Lettre curieuse.

Monsieur et Cher amicus,

J'ai l'honneur de vous souhaiter le Bonjour, qui de jour à autres Je Pensais De recevoir une missive De votre auguste Bienveillance ou Jusqu'alors mes espérances son été sans succès. elle ce son évanouie, J'ai l'avantage et la très-vive sensualité De vous attendre Le Jour De notre foire le 18 Du courant, vous monsieur,

ainsi que monsieur N.... votre ami sans faute, J'ai l'a-
mitié et l'enchantement De vous engager à y venir
tous les deux ensemble amicalement déjeuner et Dinér
chez moi oui ou que non ; J'aime bien à être Dans la
Très-Belle Croyance que vous défèrerez à mon agréable
engagement a partir De Cejourd'hui sans aucune
crainte, ah ! Je présume que vous serez au nombre de
ceux de Mes amis et aussi que monsieur N....., se sera
un Bonheur la plus éminente et de Préspicacité De
Vous posséder dans mon Manoir et un Dès Jours le
plus heureux De ma vie : Quant enfin, que je ne réce-
vait pas de vos Chers nouvelles, J'ai prit le partit de
vous en donner avis De suite, et relativement à la commission que je vous en avais priés instamment à l'é-
poque que J'étais à votre aimable domicile un peu
avant de nous quitté avec satisfaction ; mais hélas !
J'appréandais qu'il eut opposition a cette illustre affaire
en question Dont il s'agit, pour lors qui Mérite Beaucoup d'attention, et en peu de mot mon chez ami, Je
désire savoir réellement et indubitablement qu'est ce
que cette vertueuse et gentille Demoiselle à pu vous
répondre De très-agréablement et de Décisif depuis
mon départ de ce charmant ciste de ma personnalité,
C'est ce qui me cause aujourd'hui Beaucoup d'inquiétude, Du chagrin, de l'ennui et Des tourments ; Croyez-
le bien que je n'entre point dans une plus amples conversation que celle-ci, motus. vous me ferez seulement
mon ami un petit détaille très-peu circonstancier à
l'égard des particularités comme elles ont pu se passé à
ce sujet. Bref, etc.

Mon charmant ami, je vous envoye une personne de
Th...., à cet effet, ainsi que vous aurez la complaisance de m'honorer de deux mott De votre Gentil ré-

ception que vous remettrez au même particulier, que J'attend avec la plus grande Joie, de sincérité et de patience De votre auguste bonté et clémence infinie, vous l'obligerez singulièrement et aussi d'en garder le plus grand secret, excusée De la peine que je vous Donné, il me restera à bien vous remercier ! D'ailleurs Je n'entre pas dans un plus long début que celui-ci, mon respectable ami veuillez donc bien être dans la grande Croyance que je n'ai que le temps suffisant et très-nécessaire pour m'entretenir un instant avantageusement avec vous mon *amicus*, l'honneur de vous en supplier de grâce de Témoigner mes respects à votre honorable maison de ma part, de Bien embrasser votre illustre et chère épouse, vos enfants De pour moi, et à monsieur votre cher neveu : Vous aurez aussi mon fidèl *amicus* la douce bonté et la Félicitation De Présenter mes Vrais salutations, de la plus haute estime et De l'attachement sans borne à monsieur N.... à madame sa chère épouse, à l'estimable et respectable la Demoiselle N.... et à Messieurs les fils sans les oublier, J'ai bien ainsi L'honneur De vous agréer les vrais dévouements, de vous assurer de la haute considération et de la reconnaissance Très-Distinguée,

Monsieur et Chèr amicus,
D'être Tout à Vous, Votre Très humble et Très dévoué serviteur, ami, pour la Vie.

F....

Chirurgien, Docteur, médecin et Propriétaire.

Th.... La B........ 14 octobre 1836.

Mémoire d'un peintre.

Monsieur Jacques Vanryssberghe, maître-peintre de
de la ville de.... (Belgique), ayant présenté *in globo* la
somme que lui devait la fabrique de l'église N.-D....
pour réparation de tableaux, on lui fit observer que,
pour une fabrique, d'après la loi, il était nécessaire de
détailler chaque article ; pour satisfaire les marguillers,
il représenta son mémoire dans la forme ci-après, en
monnaie courante de Belgique :

	florins	sols	deniers
1° Avoir corrigé et verni les 10 commandements de Dieu.	5	12	6
2° Embelli Ponce-Pilate, et mis un ruban à son bonnet.	3	6	3
3° Orné d'une queue le coq de Saint-Pierre, renouvelé et dentelé sa crête. .	2	3	6
4° Rattaché le mauvais larron à la croix et mis un doigt neuf.	1	7	6
5° Doré l'aile gauche de l'ange Gabriel et ajouté quelques plumes.	14	17	9
6° Lavé trois fois la servante du grand-prêtre Caïphe et mis du cramoisi sur ses joues.	2	10	»
7° Renouvelé le ciel, ajouté quelques étoiles, doré le soleil et nettoyé la lune. .	7	14	6
8° Ranimé les flammes du Purgatoire et restauré quelques âmes.	6	6	3
9° Ranimé le feu de l'enfer, ajouté une queue neuve à Lucifer, raccommodé sa griffe gauche et fait plusieurs chaînes pour les damnés.	7	10	3

<table>
<tr><td></td><td>florins</td><td>sols</td><td>deniers</td></tr>
</table>

10° Renouvelé le foin de l'étable de Bétléem et mis une latte à la crèche. . .   3   »   »

11° Orné les bords de la robe de chambre d'Hérode, rapiécé en cuir la culotte d'Anne et mis deux boutons à sa veste.   6   »   »

12° Chaussé d'une nouvelle paire de guêtres Tobie voyageant avec l'ange Raphaël, et attaché des courroies neuves à son sac de voyage.   2   5   »

13° Effacé les taches de l'âne de Balaam, nettoyé ses deux oreilles et renouvelé les clous de ses fers.   3   6   »

14° Lavé trois fois, retouché et verni le visage de Sara.   2   5   3

15° Restauré et noirci les rampes de l'échelle de Jacob et y avoir ajouté deux échelons.   1   6   6

16° Avoir mis un nouveau caillou dans la fronde de David, gonflé la tête de Goliath et reculé ses jambes.   1   6   »

17° Avoir roussi la chevelure de Juda et raccourci ses doigts.   2   »   6

18° Goudronné le derrière de l'arche de Noé, placé deux nouvelles pannes vitrées, renouvelé une vitrine et mis à Noé une nouvelle paire de manches. .   1   16   »

19° Rapiécé la chemise de l'enfant prodigue, fait courir les poux, en avoir ajouté quelques-uns, raccommodé les soies à plusieurs porcs, rendu leur queues plus onduleuses et renouvelé la boisson dans leurs bacs.   2   7   3

20° Bouché, mastiqué et peint à neuf la

	florins	sols	deniers
cruche de la Samaritaine et y avoir ajouté une anse.	7	15	6
21° Lavé et enduit d'huile notre première mère Eve, rougi la pomme, aiguisé le dard du serpent, renouvelé ses oreilles, remplacé la denture usée d'Adam et remis la pomme à sa bouche.	4	5	6
Total.	92	16	»

Singulière épitaphe.

L'épitaphe suivante a été trouvée dans un cimetière du département des Vosges, et est ainsi conçue :

« Ci-gi, justement regretté, dame C. P., épouse de M. S. P. Cette dame né pour le commerce à l'âge de 19 ans avant son mariage tenant seule la partie des draperies :

« Peut de temps après elle y réunit d'autres branches qui n'ont cessé qu'avec elle son état l'occupant nuit et jour ses désirs à acquérir par sa conduite l'estime et la confiance de tout le monde.

« Sa vie a été courageuse dans son voyage, inébranlable dans ses entreprises, ardie dans ces expéditions, mais trop sensible aux circonstances aggravantes, abregé ont été ces jours et elle fini sa carrière le 6 juin 1822 sans avoir fait un faux pas dans sa vie. »

QUATRIÈME PARTIE

PLAIDOYERS AMUSANTS

Le rentier et son relieur.

Un honnête rentier, décoré de la Légion-d'Honneur et d'un nez qui devait appartenir au même ordre, à en juger par sa couleur, était cité par son relieur devant la justice de paix, en paiement d'une facture de 32 francs.

Le Rentier. — Je ne paierai point... Je ne suis pas assez *chose* pour payer cette facture-là... Au contraire, c'est moi qui demande des *dommages*...

Le juge. -- Reconnaissez-vous que le demandeur a travaillé pour vous ?

Le rentier. — Joli travail! Je lui en ferai mon compliment un de ces jours, quand il repassera; c'est du propre... en vérité, je ne comprends pas l'audace de ce monsieur; c'est comme si, après m'avoir jeté un pot de fleurs sur la tête, il me demandait une indemnité pour la casse. Il faut en rire; permettez-moi d'en rire.

Le juge. — Mais enfin que lui reprochez-vous?

Le rentier. — Voici le fait. — Je suis abonné au *Corsaire* depuis cinq ans; cette feuille me plaît, elle est fort gaie, je suis fort gai, nous sommes faits l'un pour l'autre (Rires). Un jour il me prit envie de faire relier ma collection; j'ai l'imprudence de la confier à cet être (il montre son adversaire). Ça s'intitule relieur ça....., si ça ne fait pas suer...... Faites des bottes de foin, mon cher, reliez des asperges..., mais des livres, plus souvent! (On rit).

Le juge. — Modérez-vous, et n'insultez personne.

Le rentier. — C'est vrai, je m'exhalte, j'ai tort..., je reviens au fait; ce délicieux relieur..., c'est écrit sur sa boutique, parole d'honneur : M. D...., *relieur*.... Enfin, ce délicieux relieur me garde ma collection trois mois; premier grief. Je continue: au bout de ce laps, il me la rapporte reliée, à ce qu'il disait: j'examine la fourniture; au dehors, ça pouvait encore passer.... mais voilà que je m'avise d'ouvrir un volume (élevant la voix): O grands dieux! que vois-je? pas de marge, pas la plus petite marge... Bien mieux, l'impression même était rognée; l'instrument tranchant avait mordu presque toutes les colonnes,

Le relieur. — C'est faux!

Le rentier. — Ah! c'est faux.... je suis enchanté que vous ayez dit ça.... j'ai ici la preuve, j'ai apporté un volume de ma malheureuse collection. (Au juge): Vous allez voir dans quel état il l'a mise.... et si ça ne crie pas vengeance.... Tenez, je vais vous citer des exemples sur différentes divisions du journal. Commençons par la politique; je lis page 30; *Le Gouvernement marchera toujours mal avec un cor...* (On rit). Il y avait « *avec un cortège de flatteurs.* » Mais ce n'est rien encore, passons à la politique extérieure ; je lis page 203 : « *En ce moment la Grèce doit...* (Hilarité). Je vous demande pardon du calembourg. Monsieur a rogné la suite : « *La Grèce doit... veiller à ses intérêts,* » J'arrive à l'article théâtre, et je trouve : « *La voix de* « *Mad. Stolz est tous les jours en progrès, c'est la voix* « *d'une si....* (Rires) . Le reste est coupé: *La voix d'une* « *sirène.* » Je termine par deux autres citations.... Dans un article de modes, on peut lire : « *Le salon des modes* « *françaises, rue d'Antin, 20, est toujours cité pour ses* « *cha....* (Grande Hilarité). Sous-entendu : « *peaux.* » Et enfin, dans un article de critique littéraire, je vois : « *Mad. George Sand vient encore de mettre au monde un* « *petit vo....* (Explosion de rires). La fin manque... L'auteur a voulu dire *volume*. (On rit). Je crois n'avoir pas besoin de vous en dire davantage, et vous comprendrez maintenant pourquoi je refuse de payer à monsieur le montant de sa facture. Quant aux dommages-intérêts auxquels j'aurais droit... eh bien ! voyons, je suis généreux, j'y renonce. (Avec éclat) : J'y renonce ! (On rit).

La demande du relieur est repoussée.

———

Témoin cité par erreur.

Le père Jollivet, marchand de linge d'occasion, est témoin dans une affaire de police correctionnelle; on l'appelle à la barre; il s'y place en saluant à droite et à gauche, laisse tomber son chapeau à ses pieds, son mouchoir dans son chapeau et sur son mouchoir sa tabatière, sa pipe, sa blague, et une foule de menus objets à divers usages.

M. le président: Vous jurez de dire toute la vérité sur les choses que vous savez relatives à cette femme, prévenue du vol d'un paquet de linge?

Jollivet: Je ne peux pas, mon juge; je ne connais rien de tout ça, ni la femme, ni le vol, ni le paquet, ni le linge; si c'était du vieux linge, c'est ma partie, je vous dirais le prix au juste, en toile ou calicot, n'importe. (Cependant le témoin finit par jurer).

M. le Président: Êtes-vous parent ou allié de la prévenue?

Jollivet: De qui, s'il vous plaît?

M. le Président: De cette femme; regardez à votre droite, à côté du gendarme... Êtes-vous son parent?

Jollivet: Je n'en sais rien.... Oh! oh! mais un moment! j'en ai beaucoup, de parents, je suis le onzième de ma mère; ça en donne des neveux et des nièces; ça serait une chance, si j'allais en retrouver une ici, moi qui n'a pas trop de moyens sur mes vieux jours.

M. le Président: Regardez cette femme, répondez....

Jollivet: Mais oui, il faut que je la regarde.... Où donc que j'ai mis mes lunettes? (Il cherche dans ses poches et longtemps). Ah! que je suis bête! dans mon chapeau! (Il met ses lunettes et regarde la prévenue). Belle fille!.... Qué que ça peut avoir?... vingt-cinq à vingt-six ans! Bien bâtie, ma foi... Dites donc, **la petite,** vous n'êtes pas une Jollivet?

La prévenue: Non, monsieur, je m'appelle Marie Murat.

Jollivet: Murat! j'ai entendu parler de ce nom là. (Il cherche, se gratte la tête, et reprend d'un ton penaud): Psit! psit! oui, oui, j'y suis... C'est que, dans mon régiment, ce num ro-là... excusez... un beau-frère de l'empereur Napoléon, vice-roi d'Italie, et que cœtera et que cœtera. (Saluant la prévenue) : Mademoiselle.... si vous êtes la fille de votre père, il n'y a pas d'affront: bel homme et tout; je l'ai vu, lui et son cheval, au Carrousel, contre le marchand de vin.

M. le Président : La prévenue n'est pas votre parente, mais vous la connaissez ?

Jollivet : Pas seulement un petit peu.

M. le Président : Rappelez-vous bien: vous avez été enfermé avec elle dans la prison de Melun.

Jollivet (avec indignation) : Moi, en prison !

M. le Président : Oui, pour vol.

Jollivet : Moi, le père Jollivet, en prison pour vol? J'ai jamais été en prison qu'à Saint Denis pour pauvreté. Y a quelque diablerie là-dessous. Je reçois un papier sans savoir quoi ça peut signifier; je viens ici sans savoir pourquoi; on me fait un tas de questions que j'y comprends rien, et ça finit qu'on me prend pour un voleur. Faudrait pourtant s'arranger de manière à ne pas se moquer tout le long du père Jollivet. J'ai connu Murat, c'est vrai; mais tout le reste que vous me parlez, j'y connais ni plus ni moins qu'à la bouteille à l'encre.

Il y avait une erreur, en effet, qui est bientôt expliquée. Un second Jollivet se présente; celui-là est un ancien détenu de Melun, qui a connu la prévenue, et dont le témoignage, en aide à d'autres, la fait condamner à un an de prison et vingt-cinq francs d'amende.

———

L'homme-nourrice.

A l'appel de la cause d'Hoferfelden contre Johnstone, devant la cour du comté de Middlesex, une espèce de monolithe, perché sur deux longues poutres, s'est avancé au pied de la cour.

M. le commissaire Dubois : Veuillez avoir la complaisance d'exposer l'objet de votre demande.

Hoferfelden, avec l'accent germanique le plus prononcé : Ya, monsir, ché havre été chargé de brendre en nourrice la betite fille à madame Chonstone.......

M. Dubois : Comment vous, vous vous êtes chargé de nourrir des enfants à la mamelle?

Hoferfelden : Ya, ya, moi et pas moi, ché fais fou dire dout dzeuite, monsir, tout-à-l'heure, c'est être moi mon cher femme qui tonnait à déder à la betite fil à matame Chonstone, et comme sa visage elle était très-vilaine elle ne grantissait pas di tout.

M. Dubois : Vous dites que cette petite fille ne grandissait pas, parce qu'elle n'était pas jolie ; vous voulez dire qu'elle paraissait avoir mauvaise santé, je pense, par les mots vilaine figure?

Hoferfelden : Ya, ya, meinher, vilain comme sa baba, qui être toujours malate, et la matame Chonstone il havre envoyé son servante fille brendre la petite boubon à la moitié di mois, sans rien tire, et sans bayer l'autre moitié. Ché demande la satisfaction de ma moitié qui vaut un lifre sterling (25 fr. 25 c.). Il être un encachement réculeir afec la matame Chonstone.

Madame Johnstone : J'avais confié à madame, Hoferfelden le soin de nourrir mon enfant, dans l'espoir que l'air de la campagne serait favorable à sa santé, qui est fort délicate; mais je me suis convaincue par moi-même que mon enfant manquait des premiers soins, qu'il dépérissait chaque jour. Un soir, je le trouvai seul dans son berceau, à peine couvert de sales haillons et mourant de froid.

Hoferfelden : C'est être pas férité di tout, il être bien hoché, manché, cuché et autres choses. La matame Chonstone ne pé pas rompre son encachement, ou il n'havre pas de ponne voi.

M. Dubois, pensant avec le jury que madame Johnstone avait le droit de reprendre son enfant, a déclaré l'homme-nourrice non recevable dans sa demande, et l'a condamné aux dépens.

Hoferfelden : Oui, ché havre fait des dépenses; et bien, quelle être dont la satisfaction que je havre?

M. Dubois : Celle de vous en aller dîner tout de suite chez vous, si cela vous fait plaisir.

Hoferfelden (outré) : Ah! ché ne havre pas la satisfaction! il n'y hêtre pas de chistice ni de relichion tans votre bays, monsir! comprenez-vous? Ché suis folé gomme bar les prigands de la forêt noire, et mon pauvre femme ti do même.

Après sa chaleureuse tirade, Hoferfelden est sorti de l'audience au milieu des huées et des rires de la foule.

Les quatre normands.

Ferdinand. — Tiens, nous sommes donc devant la justice? Je ne me la figurais pas comme ça...... sur les almanachs elle a une balance à la main.

Le père Frimoux. — On la lui a retirée.... depuis le changement des poids et mesures....

Le juge. — Voyons, Messieurs, vous réclamez 600 fr. à ce maître d'hôtel, formulez votre demande.

Le père Frimoux. — Elle est claire comme A, B, C, ma demande..... Figurez-vous que Ferdinand et moi nous arrivons à Paris, il y a huit jours...... avec les messageries Laffite...... V'là que nous allons loger à l'*hôtel du Moineau franc*...... A table d'hôte nous faisons connaissance avec un nommé Boniface, qui était de Caen.... Ça se trouvait drôlement, nous en sommes tous deux aussi! Dam alors, voyez-vous, ça a été fini, nous fûmes liés par des liens très-étroits...... par de fortes sympathies, et nous passâmes joyeusement la vie entre le gras-double et l'amitié..... c'est le ragoût national.

Le juge. — Arrivez au fait.

Le père Frimoux. — Voilà donc que nous avons bu et mangé comme si ça ne coûtait rien. Cependant, comme on ne peut pas toujours avaler du gras-double, et que cet exercice indéfiniment prolongé deviendrait indigeste, nous avons cherché à tuer le temps, en attendant que le temps nous tue... Nous nous sommes livrés corps et âme au piquet à écrire.

Le juge. — Cela a-t-il le moindre rapport avec les 600 francs que vous réclamez ?

Le père Frimoux. — Ça y mène... le piquet à écrire nous y conduit naturellement. Figurez-vous que nous avions projeté une partie à Versailles... histoire de voir le musée, les eaux, les raffineries de sucre et autres monuments plus ou moins gigantesques... Eh bien ! tout l'argent perdu au piquet était remis à l'aubergiste, et à la fin de la semaine, il y avait la somme que nous réclamons.

Le maître d'hôtel. — Je l'ai rendue à Boniface.

Ferdinand. — Mais vous aviez promis de ne la remettre qu'à nous trois ensemble.

Le père Frimoux. — C'est ce Boniface qui était un voleur !... un Normand !... Qui aurait jamais cru ça?... Nous descendions tous trois dans la rue... Tout à coup, dans la cour, il me dit : « Sapristi, pays, je n'ai pas de parapluie, et je rentrerai tard ; il peut tomber de l'eau... Vous devriez me prêter votre riflard. » — Allez le prendre, que je réponds, et il est monté dans l'hôtel.

Le maître d'hôtel. — Oui... pour me demander les 600 francs. Comme je m'étais engagé à ne les remettre qu'à vous trois réunis, j'ai refusé... C'est alors qu'il vous a crié par la fenêtre : « N'est-ce pas, pays, que je peux le prendre ?..... Vous avez répondu : Oui, oui, donnez-le lui... »

Le père Frimoux. — Nous parlions du parapluie.

Le maître d'hôtel. — Mais il parlait d'argent ; j'ai cru que vous alliez à Versailles faire votre partie de plaisir... j'ai compté la somme...

Ferdinand. — Ça ne doit pas compter, ce paiement-là..... vous êtes responsable..... vous devez supporter les conséquences de votre erreur.

Le père Frimoux. — Vous ne deviez payer qu'à nous trois réunis.

Le maître d'hôtel. — Mais, messieurs, c'est une question de bonne foi.

Le juge, avec un accent de regret. — Vous êtes parfaitement loyal, M. l'hôtellier ; mais vous avez commis une erreur..... les résultats en sont à votre charge..... Croyez-moi, évitez un jugement..... payez.

Le maître d'hôtel, après réflexion. — Je paierai !

Les deux Normands. — Ah ! bon ! bon !... nous sommes prêts à recevoir.

Le maître d'hôtel. — Un instant : je me suis engagé à ne payer qu'à vous trois réunis, vous venez de le répéter.... je ne vous donne rien que vous ne soyez trois (rire général).

Le père Frimoux. — Mais le voleur s'est sauvé, il ne reviendra jamais !....

Le maître d'hôtel. — Ce n'est pas mon affaire... mes fonds sont prêts ; engagez votre camarade fugitif à se joindre à vous, et je les compte à l'instant.

Ferdinand.— Mais, Boniface, vous le savez bien, n'irait pas chez vous pour un empire... Vous le feriez arrêter (nouveaux rires).

Le juge sanctionne en souriant l'ingénieux système du défendeur, et déboute Ferdinand et son compatriote de leur demande.

Le Père Frimoux, piteusement. — Sapristi, camarade, nous sommes encore joués par ce malin-là. (S'adressant au maître d'hôtel) : Ah ça ! mon ami, de quel pays êtes-vous donc ?

Le maître d'hôtel, avec un grand sang-froid. — Je suis Normand. (Hilarité prolongée.)

Il faut être poli.

M. Lourque, chasseur de la 7ᵉ légion, n'a pas monté sa garde. Aussi le voilà traduit devant le conseil de discipline.

Le Président. — Quand voudrez-vous monter la garde ?

Lourque. — Quand vous serez plus poli. Bien que je *soie* herboriste, j'aime la politesse, les manières avant tout ; eh bien ! on a manqué de politesse à mon égard lors de ma dernière garde.

Le Président. — Que vous a-t-on fait ?

Lourque. — Figurez-vous que l'on m'a crié : *Peloton, portez vos armes* ; peloton que je me fais, ça ne me regarde pas, je ne m'appelle pas peloton, je n'en suis même pas fâché.

Le Président. — Sont-ce là vos griefs ?

Lourque. — Il y en a d'autres. On m'a crié : *Par le flanc droit, marche* ; à cet ordre, vous devinez ce que j'ai fait.

Le Président. — Vous vous êtes mis en marche.

Lourque. — Oui, monsieur, tout de suite.... vers mon domicile : a-t-on jamais vu demander des choses crûment comme ça ? Si l'on y avait mis des formes, je serais allé au bout du monde ; mais me dire ça comme à un chien savant, ça m'a blessé.

Le Président. — Comment vouliez-vous donc que l'on vous dit ?

Lourque. — On pouvait dire : Messieurs, sans vous commander, si c'était un effet de votre complaisance, nous vous serions bien obligés de vouloir bien faire par le flanc droit, s'il vous plaît.

L'homme infiniment poli est condamné à 12 heures de prison.

Lourque, s'en allant. — Les belles manières se perdent.

———

Le garde national de bonne volonté.

M. Le Président Lamy, au prévenu. — Vous avez été condamné trois fois pour manquement de service de la garde nationale ; pourquoi persistez-vous à vous soustraire à vos devoirs ?

Jacob. — Parce que, que je fasse mon service ou que je ne le fasse pas, on me punit tout de même ; une fois, on m'a mis en prison parce que je voulais monter ma garde : voilà qui est un peu fort, n'est-ce pas, mon président ? eh bien ! c'est la pure vérité.

M. le Président. — Ce que vous prétendez est impossible : que voulez-vous donc dire ? expliquez vos allégations.

Jacob. — Voilà la chose : j'étais habillé, dans les temps ; mais, par suite d'une forte maladie d'un de mes enfants, j'ai vendu mon équipement. V'là qu'un jour en me rendant au poste, on me dit : — Tiens ! t'es plus habillé ! nous ne te reconnaissons pas. Puisqu'on ne voulait pas me reconnaître, je m'en vas, comme de juste. — L'autre fois, je viens au poste avec mon fusil, sans mon sabre ; l'officier me dit d'aller chercher mon sabre ; je le rapporte ; mais, comme j'avais vendu la buffleterie, le chef de poste me le pend au côté avec deux sous de ficelle. Vous comprenez que j' n'avais rien de mieux à faire que d' m'en sauver pour ne pas me faire crier à la *chienlit* par toute la commune. — L'autre fois je me rends à la revue commandée ; mais v'là qu'on la remet à je ne sais plus quand, sous prétexte que le capitaine était aux couches de son épouse. (Bruyante hilarité.) Vous voyez, messieurs les juges, qu'on ne peut pas mettre plus de bonne volonté, et que si j'ai trois fois manqué à mon service, on ne peut pas dire que ça jamais été de ma faute.

Le tribunal, ne trouvant pas très-péremptoires les excuses du garde national Jacob, l'a condamné à cinq jours de prison et cinq francs d'amende.

L'éleveur de lapins.

Un vieux bonhomme est prévenu de vagabondage. — Vous ne travaillez pas ? lui dit M. le président. — Moi, pas travailler ! répondit-il ; vous ne connaissez pas mon tempérament ; une minute sans rien faire, et je tombe malade. — Quel est votre état ? — C'est pas brillant, ça ne se met pas dans l'*Almanach du Commerce*; je dresse, j'engraisse et je vends des lapins ; pas des lapins de choux, jamais il n'est entré une feuille de chou dans mon atelier. Le matin, je mets mes lapins dans un sac, je les porte dans les champs, dans un bon endroit où il y a de la bonne nourriture ; je les lâche, et mes gaillards s'en donnent jusqu'à la nuit. Vous croyez peut-être qu'ils se sauvent ; pas si bêtes ! Ils me sont trop attachés, les lurons. Où donc qu'ils trouveraient à être plus heureux qu'avec moi ? Le soir, rien qu'en sifflant, ils reviennent dans le sac ; je les remporte, et nous allons nous coucher.

— Mais vous, où couchez-vous ? — Avec mes lapins donc, la cabane est pas grande, c'est plus chaud ; j'en fais le tour avec mon corps ; ça fait une chaleur comme un poêle, excellente pour la santé ; je ne suis jamais malade.

— Où est cette cabane ?

— Dans la cour d'un ami ; je lui paie cent sous par an en lapins.

— Mais la nuit où on vous a trouvé à deux heures du matin rôdant dans les rues ?

— Exact, mon président ; c'est que j'avais ma blanche, une mère superbe, qui allait faire ses petits ; alors pour ne pas la gêner, je lui ai abandonné l'appartement, et j'ai été me promener ; une nuit est bientôt passée.

— Vous auriez pu aller demander à coucher chez votre ami pour cette nuit !

— Impossible de toute impossibilité ; sa femme était dans le même état que ma blanche ; et, de fait, le lendemain matin, c'était fini pour toutes les deux ; seulement que ma blanche m'en a donné douze.

L'ami, cité à la décharge du prévenu, affirme sous serment que l'homme aux lapins n'a pas d'autre domicile que leur cabane ; il y couche toutes les nuits.

En présence de cette déclaration, le tribunal a rendu le brave homme à ses lapins.

La fièvre goulue.

Rosalie Abel, grande et robuste fille d'une trentaine d'années, comparaît sous la prévention de plusieurs vols. Le premier plaignant, le logeur chez qui demeurait la prévenue, est appelé à déposer.

Le Logeur : Mademoiselle Rosalie Abel....

Rosalie : Tiens ! c'est vous, M. Pascaly ! comment va

la petite santé ! Vous vous êtes toujours bien porté depuis celui que j'ai eu de vous voir ?

Pascaly : Pas mal, merci ; mais ma couverture ?...

Rosalie : Et madame Pascaly et les enfants ? tous en bonne santé ? Ça me fait plaisir ; et la petite maison, les affaires, M. Pascaly, les affaires, ça va toujours à la douce ?

Pascaly : Mais, les affaires, vous voyez bien que je viens pour ça, puisque ma couverture....

Rosalie : Ah ! d'abord vous méritez de réussir ; ça, je vous rends justice : une maison bien tenue, de la propreté, des honnêtes gens ; oui, des honnêtes gens ; je ne crains pas de le dire devant tout le monde, M. Pascaly, vous méritez l'estime et la confiance.

Pascaly : J'en ai eu trop de confiance, puisque vous m'avez subtilisé ma couverture !

Rosalie : Et votre fille, a-t-elle été reçue pour la première communion ? Et Victor, a-t-il eu des prix à la mutuelle ? Charmants enfants ! Parole, M. Pascaly, vous méritez l'estime et la confiance.

Pascaly : J'en ai eu trop de la confiance, puisque vous m'avez subtilisé ma couverture !

Rosalie, toujours avec la même volubilité, s'empresse encore de vouloir entortiller le logeur, mais M. le Président se hâte de lui couper la parole, en lui demandant si elle reconnaît s'être rendue coupable du vol de la couverture.

Rosalie : Ah ! la couverture ! C'est donc de cela que M. Pascaly veut me parler, de cette vieille couverture qui nous a déjà tant taquinés, M. Pascaly et moi ! Mon Dieu ! mon respectable président, c'est une misère, une vraie bagatelle, qui ne vaut pas la peine de s'en occuper !

Pascaly : De quoi ? Pas la peine de s'en occuper ! Mais je suis venu tout exprès, moi, et je n'entends pas que ça se passe en conversation.

Rosalie : Ah ! ah ! c'est différent ; il n'y a pas besoin de se fâcher pour ça ; M. Pascaly, vous savez bien ce que je vous ai dit ; je ne m'en dédis pas.

Pascaly : Qu'est-ce que vous m'avez dit ? Je ne m'en rappelle pas.

Rosalie : Vous savez bien, M. Pascaly, que dans un moment de fièvre j'ai détruit la converture, sans pouvoir dire ce qu'elle est devenue.

M. l'avocat du Roi : Vous l'avez mise au Mont-de-Piété ; la reconnaissance est au dossier.

Rosalie : Bien possible, je ne puis pas dire non, puisque dans ma fièvre je ne savais pas ce que je faisais.

Au logeur succède un restaurateur, auquel la fille Rosalie aurait escamoté d'abord un potage, puis le bol d'argent dans lequel on le lui avait servi, puis la cuiller, puis enfin la clef de la salle où elle avait consommé.

M. le Président : Convenez-vous de ce second vol ?

Rosalie : Je ne puis vous dire ni oui, ni non, mon président, puisque c'est ma fièvre.

M. le Président : Vous vous moquez de nous avec votre fièvre : la fièvre ne donne pas envie de voler.

Rosalie : Ah ! mon président, je vous demande pardon, il y a des fièvre comme ça ; y en a même de plus fortes, ousqu'on tue les petits enfants, comme Papavoine et les autres, vous savez ; ça prend les hommes et les femmes, qu'on ne peut pas y résister.

M. le président : Et vous n'avez pas d'autre excuse à donner ?

Rosalie : Non, mon président, je vous certifie que c'est ma fièvre.

Une voix de l'auditoire : Oui, oui, connu ! C'est la fièvre goulue ; ça commence par des tiraillements d'estomac, et ça finit par des démangeaisons au bout des doigts.

Rosalie : Justement et des étourdissements dans la tête, qu'on ne voit plus ce que l'on fait.

Dans la crainte que cette maladie ne se répande, le tribunal juge sage d'ordonner six mois de traitement à Rosalie, dans l'établissement public du faubourg St-Denis, juste en face la maison de santé du docteur Cellérier.

Le chat de madame Barbaroux.

Madame Barbaroux est une grosse mère, pleine de sensibilité, qui vient, devant le juge de paix du 5ᵉ arrondissement, tirer vengeance de mademoiselle Sophie Tronquette, gentil cordon bleu, sa voisine, qui a eu l'infamie de faire périr par la corde l'objet de son affection.

Le Juge : Qu'avez vous à déclarer ?

Madame Barbaroux : Rien, si ce n'est que mademoiselle...

Sophie (furieuse) : Taisez-vous, vieille hydre ; Dieu ! si c'est possible.... m'assigner pardevant les justices, m'attaquer avec du papier timbré.... moi qui ne ferais pas pleurer une mouche ; et pourquoi, je vous le demande ?

Madame Barbaroux : Oui, faites donc votre sainte ni-touche, assassine que vous êtes...

Sophie : Assassine ! et de quoi, s'il vous plaît ?

Madame Barbaroux : Comment, de quoi ? mais de mon chat, un angora superbe, et qui, tout petit, m'avait coûté dix francs au marché aux chiens.

Sophie : Ah ! c'est ça.. Eh ! bien oui, je l'ai tué, sans compter que j'ai bien fait... Un chat qu'était plus mal-propre que Monsieur votre mari, si c'est possible, un être dégradé tout-à-fait, et qui ne passait pas de jours sans abandonner des choses très-désagréables dans mes fourneaux.

Madame Barbaroux : Fallait fermer votre fenêtre. Pauvre bête, va ! un chat qui valait 20 francs comme un liard.

Sophie : Et si je vous disais qu'il m'en coûte 80, à moi.... votre maudit matou... ll n'y a pas plus de huit jours qu'il a renversé, dans le salon de mes maîtres, un superbe cabaret dont je suis responsable ; mais bien mieux que ça, monsieur le juge, tenez, le jour même où je l'ai tué, il venait de vous voler votre langue.

Le juge (riant): Que voulez-vous dire ?

Sophie : Certainement. La cuisinière de madame avait oublié de fermer le garde-manger ; crac, le voleur s'est introduit, et j'ai parfaitement vu le satané chat qui traî-nait votre langue de mouton sur les toits, dans les gouttières.... partout....

Madame Barbaroux : Ça ne me regarde pas... je de-mande 50 francs...

Sophie : Allons donc ! un chat maigre et affreux ; il était si laid, que le gargottier voisin qui l'avait ra-massé... n'en a pas même voulu. Vous avez perdu la tête.

Madame Barbaroux : C'est ce qui vous trompe, mam'-selle, et la preuve, c'est que la voilà (elle présente à l'auditoire la tête de son chat, et veut la faire passer au juge).

Le Juge : Du tout, c'est entendu ; retirez-vous.

Les parties sont renvoyées dos à dos, les depens compensés.

Madame Barbaroux : C'est indigne (regardant avec douleur les restes de son chat) : pauvre bête, va !

Sophie : Vous avez encore sa tête, faites faire son buste.

La redingote des niais.

Arrivant tout essouflé devant le juge de paix du 5e arrondissement, Grivois s'écrie : Une réparation ! une réparation ! J'ai été attaqué dans mon fond... de culotte. Mon antagoniste m'a exposé à l'intempérie des saisons. Je pouvais m'enrhumer.

Le président : Racontez les faits.

Grivois : En me promenant l'autre jour, je vis une boutique de tailleur. Il y avait là des paletots en abondance et à des prix très-vils. Ce qui m'étonna le plus, ce fut une redingote à 15 fr. : elle avait des parements et un collet en velours et une doublure de soie: 15 fr. ! que je me dis, ce tailleur me fait peine, il doit faire de tristes affaires. Je m'adresse au commis : Mon ami, lui dis-je; est-il vrai que cette lévite soit de 15 fr. ?

— Pas plus, monsieur, essayez-là.

Là-dessus il m'empoigne par ma cravate, et d'un

bras fort il me lance dans sa boutique, où un autre garçon m'attrappe. J'avais l'air d'un volant lancé par deux raquettes.

Le Président : Avez-vous pris cette redingote ?

Grivois : On me décroche ladite redingote ; on essaie de me la mettre. Messieurs, leur dis-je, je crois que ça n'ira pas ; ce vêtement me paraît destiné à l'âge le plus tendre. —Si, monsieur, me dirent les tailleurs, ça vous chaussera comme un bas de soie. Je passe le bras, j'étais serré d'une façon terrible. Allez toujours, qu'on me crie. J'emmanche.... tout-à-coup, crac... j'entends un affreux bruit... la redingote s'était déchirée aux coudes.

Le Président : En prîtes-vous une autre ?

Grivois : Je le voulais ; on m'en choisit une seconde, elle me dessinait la taille d'une façon ravissante ; mais quel fut mon étonnement quand on me demande 105 fr ; je n'avais que 22 fr. 50 dans ma poche. Sur l'aveu que je fis de ma fortune, ces deux garçons tailleurs me ballotèrent impitoyablement ; ils me dirent de grosses injures, et, me prenant par le dos, ils endommagèrent mon pantalon d'une façon déplorable.... Si le tribunal veut voir ma culotte ?....

Le Président : C'est inutile. Aux garçons tailleurs : Que répondez-vous ?

Un tailleur : La pratique nous doit notre redingote qu'il a déchirée, et nous ne lui devons rien.

Grivois : Ah ! c'est comme ça... Eh bien ! j'apporte une attestation de plusieurs témoins ; la voici :

« Nous soussignés, certifions que la redingote dont il s'agit au procès est la même dont se servent les défendeurs, depuis plusieurs années, pour forcer les chalands à acheter en leur faisant croire qu'ils ont commis un dégât. Depuis 1834 cette redingote se déchire toujours à la même place quand on veut l'essayer. »

Le Président : C'est bien, cela suffit.

Grivois : Quant à moi, c'est la première fois que mon vêtement se déchire. Si le tribunal veut s'éclairer par la vue de ma culotte ?...

Le président impose silence à Grivois, et condamne le tailleur à lui payer une indemnité.

CINQUIÈME PARTIE

ANERIES

Un jour, un laquais eut ordre de son maître d'aller voir l'heure au cadran solaire posé sur un piédestal dans son jardin. Après avoir tourné vingt fois autour, le domestique, fort embarrassé, apporte officieusement le cadran solaire à son maître en lui disant : « Tenez, Monsieur, cherchez l'heure vous-même, car je ne m'y connais pas. »

Un homme ayant une cruche d'excellent vin, le cacheta ; son valet fit un trou par-dessous et buvait le liquide. Le maître ayant décacheté la cruche, fut fort surpris de voir son vin diminué, sans en pouvoir deviner la cause. Quelqu'un lui ayant fait observer qu'on pouvait bien l'avoir tiré par-dessous : « Eh ! gros sot, reprit le maître, *ce n'est pas par-dessous qu'il en manque, c'est par-dessus.* »

Une femme dont le mari venait de tomber en apoplexie, courut vite chercher un médecin et lui dit que son mari était en *sicope*. — Comment, dit-il, en sicope ? c'est en *syncope*, apparemment, que vous voulez dire ? — Ah ! monsieur, répondit-elle, une cope de plus ou de moins, qu'est-ce que cela fait dans l'état où est mon pauvre mari ?

———

Lors de l'entrée des Bourbons en France, après la Révolution, un chaud partisan de l'ancien régime s'écria : Dieu soit loué, nous allons redevenir ce que nous étions avant la Révolution ! — Tant mieux, reprit une dame, *je n'aurai plus que dix-huit ans.*

———

Un Irlandais entendant parler d'un homme mort à cent ans, comme d'une chose extraordinaire, dit : « Voilà une belle merveille ! *Si mon père n'était pas mort, il aurait actuellement cent vingt ans.* »

———

Un jour un paysan regardait, à Besançon, le palais du cardinal de Grandville. « Voilà, s'écria-t-il, un beau palais ? *A-t-il été fait ici ?* — Non, monsieur, répondit quelqu'un, qui vit bien à qui il avait affaire, il a été apporté de Florence dans *une hotte.* — Ah ! je m'en doutais bien, reprit-il. »

———

Un usurier racontait à sa femme une excellente affaire qu'il disait avoir faite dans la journée. Il s'agissait d'un prêt de 600 francs pour un an, et à 50 p. 100 d'intérêts, fait à un jeune homme. « Sur cette somme, ajouta-t-il, je me suis fait payer d'avance les intérêts, de sorte, que je n'ai réellement avancé que 300 francs. » — Imbécile ! lui répond sa femme, *il fallait la lui prêter pour deux ans, et tu ne lui aurais rien donné du tout.*

Un individu qui ne brillait pas par l'intelligence, fut interrogé sur son âge. — Trente-cinq ans, répondit-il ; et vous, monsieur ? — Quarante ; je suis donc plus âgé que vous. — *Oui, maintenant,* répliqua l'imbécile, *mais dans cinq ans nous serons du même âge.* »

Le même, revenant d'un long voyage, s'écria en entrant dans l'église : *Mon Dieu ! les enfants de chœur n'ont pas grandi du tout depuis mes cinq années d'absence.* »

Un commis représentait à un fournisseur de la République, aussi riche que bête, que l'été la viande se gâtait du jour au lendemain ; le fournisseur lui répondit : « C'est votre faute : quand il fait chaud, il n'y a qu'à ne tuer que la *moitié du bœuf à la fois.*

Un voyageur poltron se plaignit qu'on le volait toujours quand il voyageait dans la nuit ; quelqu'un lui dit : Vous devriez porter des pistolets. — Pas si bête, répondit notre homme, les voleurs me les prendraient.

Un paysan qui ne savait pas lire, ayant vu que les vieillards, quand ils voulaient lire, se servaient de lunettes, alla à la ville pour en acheter. Le marchand lui en mit une paire sur le nez. Le paysan prit un livre, et, ne pouvant lire, il dit que les lunettes n'étaient pas bonnes. Après en avoir essayé plusieurs, le marchand voyant qu'il n'en trouvait point qui lui convinssent, lui dit : — Mais, mon ami, vous ne savez peut-être pas lire du tout ? — Que diantre ! dit le paysan, si je savais lire, je n'aurais que faire de vos lunettes !

———

Au mariage de monsieur le Dauphin, on donna au peuple, suivant l'usage, les spectacles gratis. On représentait l'opéra de *Castor et Pollux*. Une poissarde entendant chanter un duo qui lui plaisait, dit à sa voisine : Ma commère, on voit bien que je ne payons pas, ils se mettons à deux pour chanter, afin que ce soit plutôt fini.

———

Deux paysans furent députés pour aller dans une grande ville, choisir un peintre qui entreprit le tableau du maître-autel de leur église. Le sujet était le martyre de saint Sébastien. Le peintre demanda si l'intention des habitants était de le représenter vivant, ou mort. Cette question les embarrassa. Ne pouvant la résoudre, ils étaient sur le point de s'en retourner sans rien conclure, lorsque l'un d'eux, prenant son parti, dit au peintre : « Le plus sûr est de le représenter en vie : si on le veut mort, on pourra toujours bien le tuer. »

———

Quelqu'un s'était endormi dans une voiture publique; un de ses amis, qui n'était pas des plus spirituels, le réveilla : « Quoi, lui dit-il, vous dormirez donc toujours ? — Il est donc bien tard, dit l'autre ? — Nous sommes à demain : nous avons bien fait du chemin depuis que vous dormez. — Eh ! combien ? dit le dormeur. — Nous sommes à quatre grandes lieues d'ici. »

Deux dames de la campagne, conduites par un garde-du-corps de leurs parents, assistaient au couvert de la reine Marie-Antoinette. Leur toilette ridiculement recherchée, leur regard ébahi, frappèrent la princesse, qui dit en souriant au garde-du-corps : « Ces dames sont de province ? » Ravies d'être remarquées, et se souvenant que dans leur endroit les femme du président, du receveur, se nomment présidente, receveuse, nos deux dames font une profonde révérence, et d'une voix claire, répondent : « *Oui, Sirette.* » Le fait est historique.

Un parisien, nouvellement sorti de Paris, admirant la largeur de la Loire, dit : Voici cependant une belle rivière, pour une rivière de province.

Les habitants d'un village firent construire un pont, et voulurent le décorer d'une inscription. Lorsque tous les beaux esprits de l'endroit eurent bien cherché, ils adoptèrent la suivante :

« Le présent pont a été fait ici. »

Un jeune homme lisant dans la gazette que deux vaisseaux étaient arrivés, chargés, de *Terre-Neuve*, demanda si la vieille n'était pas aussi bonne.

Dans le courant de l'hiver, un monsieur et une dame venaient à Blois, dans leur voiture ; ils avaient sous leurs pieds une chaufferette, d'où s'échappèrent quelques charbons qui communiquèrent le feu à la carriole d'osier. Deux paquets de linges et de vêtements furent brûlés ; un sac contenant mille francs d'argent le fut aussi, et plusieurs pièces de 5 francs furent semées sur la route. Quand les voyageurs s'aperçurent de l'incendie, on ne pouvait plus le maîtriser : ils furent obligés de descendre à la hâte de la voiture, qui bientôt fut entièrement consumée par les flammes. On ne put en sauver que les roues. Un bon paysan venait à cheval derrière la voiture, qu'il regardait tranquillement brûler. Le propriétaire lui fit des reproches de ne l'avoir pas prévenu. *Ma foi*, reprit le villageois, *il y a aujourd'hui tant de nouvelles inventions que j'ai cru que votre voiture était à la vapeur.*

Le conseil municipal de la ville de... voulant faire l'acquisition d'une pompe à incendie, se réunit en séance extraordinaire, et fit une délibération composée des quatre articles suivants :

Article 1er. La pompe à incendie est destinée à éteindre les incendies.

Article 2. Tout habitant de cette commune est pompier en naissant.

Article 3. En cas d'incendie, la pompe ne sera délivrée au pompier que d'après une délibération du conseil municipal, approuvée ensuite par le sous-préfet.

Article 4. La pompe devra toujours être essayée la veille d'un incendie.

On sait que l'hébreu se lit de droite à gauche. Un commissaire-priseur faisant l'inventaire d'une bibliothèque, et rencontrant un livre hébreux, écrivit : *Item, un livre en langue étrangère et inconnue, dont le commencement est à la fin.*

Un professeur de collége, parlant en classe des négations, dit que deux négations valaient une affirmation. Alors un des élèves ayant été lui demander permission de sortir pour satisfaire un besoin, le maître lui dit non ; l'élève réitère, le maître dit encore non ; alors l'élève sort. Le professeur, irrité, se promet de punir cette désobéissance. L'élève rentre. — Pourquoi, insolent, quand je vous défends de sortir, faites-vous tout le contraire ? — Vous m'avez permis. — Moi, je vous ai dit deux fois que je ne voulais pas. — Eh bien ! vous disiez tout-à-l'heure que deux négations valaient une affirmation ; vous m'avez dit deux fois non, j'ai cru que vous vouliez dire oui.

Un particulier, revenant de la comédie, on lui demanda quelle pièce on avait jouée : « Ma foi, répondit-il, il pleuvait si fort quand je suis entré, que n'ai pas eu le temps de lire l'affiche. »

Un des jurés convoqués pour la session d'assises de la Meurthe, dînait à une table d'hôte. On causa beaucoup, pendant le repas, de l'affaire de Cracovie. Le dîner fini, ce juré prend à part un des convives et lui dit : « Monsieur, on vient de parler longtemps de l'affaire de Cracovie ; pourriez-vous me dire si cette affaire est une de celles qui doivent passer dans la session actuelle ?

———

Il y a quelques années qu'un inspecteur des routes et chemins du comté de Kent (Angleterre), fit placer un poteau près d'une route avec cette inscription : Ce sentier conduit à Feversham ; mais si vous ne pouvez pas lire ce qui est écrit ici, vous ferez mieux de suivre la grande route.

———

Un jeune homme fort simple s'étonnait de voir le soleil se coucher tous les jours à une extrémité et de le voir se lever à une extrémité opposée. Il en demanda la raison à son voisin le barbier, qui passait pour le savant du village. — C'est, lui répondit celui-ci, qu'il s'en retourne pendant la nuit pour se trouver le lendemain à l'endroit où tu le vois. — Bah ! répondit le jeune homme, si cela était, on le verrait bien s'en retourner. — Mais, imbécile, ajouta le savant, comment pourrais-tu le voir, puisque c'est pendant la nuit qu'il s'en retourne.

———

Antonio Lusca était un homme à bons contes. Il dit qu'un jour étant allé à Sienne avec un Vénitien fort simple, peu accoutumé à monter à cheval, ils couchèrent dans une auberge où il y avait quantité de cavaliers. Quand il fallut partir, chacun prit son cheval, sans que le Vénitien bougeât de place. Antonio lui ayant demandé à quoi il s'amusait pendant que tous les autres étaient déjà à cheval : « Je suis, dit-il, prêt à partir ; mais comme je ne saurais reconnaître mon cheval entre tant d'autres, j'attends que tout le monde soit parti, parceque celui qui restera sera le mien. »

—

Une municipalité extrêmement polie écrivait à son sous-préfet; après avoir mis en tête, suivant l'usage: la municipalité de... à M..., a terminé son épître par cette formule que prescrit la civilité: *Votre très humble et obéissante servante.*

———

Le marquis de Gèvres, admirant un jour, comme connaisseur, plusieurs crucifiements de différents maîtres, décida que le même avait fait tous ceux qui étaient là. On se moqua de lui, et on lui nomma les peintres dont on reconnaissait la manière. *Point du tout, dit-il, ce peintre s'appelait Inri; ne voyez-vous pas son nom sur tous les tableaux?* Cette balourdise prêta beaucoup à rire.

———

Un jeune marquis alla chercher un jour quelques dames pour les mener à l'Observatoire de Paris, où se devait faire l'observation d'une éclipse de soleil. Mais comme ces dames s'étaient un peu trop arrêtées à leur toilette, l'éclipse était passée lorsque le petit maître se présenta à la porte; on lui annonça qu'il était venu trop tard, que tout était fini. — Montons toujours, mesdames, leur dit il, mes amis auront la complaisance de recommencer de nouveau.

———

Un suisse étant allé, par ordre de son maître, acheter de la viande chez un boucher, il lui demanda par écrit la façon de la cuire. Le boucher lui donna un billet tel qu'il le demandait. Le suisse sortit aussitôt et rencontra en chemin un chien qui voulait prendre sa viande ; il le laissa faire. De retour à la maison, son maître lui ayant demandé où était sa viande, il lui dit : « Un gros chien me l'a prise, mais il la rapportera, il ne pourra la manger, car il ne sait pas la manière de l'accommoder ; j'ai eu soin de garder l'écrit... » Et il lui montra le billet qu'il avait reçu du boucher.

Un jeune villageois s'étant adressé à un colonel pour lui demander d'entrer dans son régiment, le colonel lui demanda s'il pourrait bien porter une pique. — *Comment, monsieur,* répondit-il, étant tout échauffé comme s'il eût reçu quelque affront, *par ma foi, j'en porterais bien vingt-cinq.*

Une dame ayant commandé à son domestique de lui aller chercher son spencer chez son tailleur, lui ordonna, s'il pleuvait, de prendre un fiacre en revenant, de peur de le mouiller. Le domestique fit ce que sa maîtresse lui prescrivit ; mais il lui rapporta le spencer tout trempé. — Pourquoi donc n'avoir pas fait ce que je vous avais commandé, lui dit la dame en courroux ? — *Madame, j'ai exécuté vos ordres, j'ai pris une voiture ; mais comme je sais que ce n'est pas à moi à aller en carrosse, je me suis tenu derrière, comme c'est l'usage.*

Une dame de la cour demanda à son suisse quelle heure il était : *Madame,* dit-il, *il est trente heures.* — Comment, trente heures, dit la dame ? — *Oui Ma-*

*dame, trente heures; dix heures à la paroisse, dix heures aux Récollets, et dix heures au château, çà fait bien
trente heures.*

———

On demandait à un homme de qualité très-borné,
qui voulait se faire présenter à la cour, si ses titres
de noblesse étaient en règle? — Oui, répondit-il, rien
n'y manque. — Vous avez sans doute, ajouta-t-on,
votre arbre généalogique? — *Ma foi*, répartit notre
homme *j'en ai beaucoup dans ma terre, mais je ne
sais pas si celui-là s'y trouve; je le demanderai à mon
fermier.*

———

Un paysan portait des poires à son nouveau seigneur,
homme fort laid. Dans la cour, il trouva deux gros
singes qui se jetèrent sur le panier, et lui en mangèrent chacun une demi-douzaine des plus belles. Ils
avaient, suivant la mode de ce temps-là, des casaques
de toile d'or, des toques ornées d'un plumet, et la
dague au côté. Le paysan qui n'avait jamais vu de
ces animaux, les salua civilement et les laissa faire.
Quand il eut fait son présent, le seigneur lui demanda,
en riant, pourquoi il ne lui avait pas apporté son panier plein. — « Il était plein, monseigneur, dit le bonhomme; mais messieurs vos enfants, que j'ai trouvés
dans la cour comme j'entrais, se sont jetés dessus, et
m'ont pris ce qu'il en manque. »

———

Un journalier avait tâché deux fois de se noyer, et
deux fois il en avait été empêché par un moissonneur
qui s'était jeté à la nage pour le sauver. Ce malheureux,
décidé à finir sa carrière, profita du moment où il crut

que l'autre ne le voyait pas, et alla se pendre à la porte de la grange. Le moissonneur, qui s'en aperçut, le laissa faire et ne lui prêta aucun secours. Quelques heures après, le maître de la ferme venant à passer devant cette porte, demanda au moissonneur pourquoi il avait laissé périr son camarade sous ses yeux : — Ma foi, reprit-il, voilà deux fois de suite que je le retire de l'eau ; et comme il était trempé depuis la tête jusqu'aux pieds, j'ai cru qu'il s'était mis là pour se sécher.

Un paysan qui arrivait à Strasbourg un jour de marché, s'arrêta avec sa voiture devant le bureau de l'octroi :

— Qu'avez-vous dans ces sacs ? demanda l'employé.

— De l'avoine, répondit le paysan, à voix si basse, qu'à peine on pouvait l'entendre.

— Pourquoi donc parlez-vous si bas ?

— De peur que mes cheveaux n'entendent, répliqua le paysan, en jetant un coup d'œil furtif sur son attelage, qui, par sa maigreur, témoignait visiblement qu'on ne lui prodiguait pas cette denrée.

Un domestique nouvellement engagé apporta le matin à son maître une paire de bottes, dont l'une était à longue et l'autre à courte tige. — Que diable fais-tu donc là? lui dit le maître, tu m'apportes des bottes dépareillées. — Cela m'a paru étrange aussi, monsieur; mais qu'y puis-je? l'autre paire qui est là dehors est tout aussi dépareillée.

Un monsieur en rentrant ne peut parvenir à allumer sa chandelle, tant ses allumettes chimiques étaient mauvaises. Il donna ordre à son domestique de ne pas manquer de lui en procurer de meilleures pour le lendemain. Le lendemain, même déboire, pas une ne prenait feu. — C'est singulier, je n'y puis rien comprendre, dit le domestique; pour mieux m'assurer de leur bonne qualité, je les ai éprouvées l'une après l'autre, et aucune n'a raté!

Un acteur de l'Opéra, qui n'avait pas une belle voix, était sifflé toutes les fois qu'il paraissait. Impatienté un jour, il s'avance vers le bord du théâtre et dit: Messieurs, je ne vous conçois pas: croyez-vous que pour six cents francs que je reçois par an, j'irai vous donner une voix de mille écus?

Un jeune homme demandait à être incorporé dans le vingt-cinquième régiment de ligne. — Pourquoi justement dans le vingt-cinquième? lui demanda l'intendant. — Parce que mon frère sert au vingt-quatrième, et que j'aimerais être aussi près de lui que possible.

Un paysan, condamné à mort, envoya chercher un chirurgien pour se faire saigner, et lui dit: Je n'ai jamais été saigné; on dit que la première saignée sauve la vie.

Un petit espiègle, qui avait excuse à tout, répondit à sa mère qui le grondait d'avoir mis son bas à l'envers: C'est que, vois-tu, maman, le bas avait un trou à l'endroit.

Ne pourriez-vous pas me dire, monsieur, si c'est là la lune ou le soleil? demanda un ivrogne qui avait tant ingurgité de litres au cabaret, qu'il ne savait plus distinguer le jour de l'éclat d'un beau clair de lune. — Je regrette bien, monsieur, répondit celui à qui il s'était adressé, de ne pouvoir vous renseigner, mais je ne suis pas du pays.

Un cocher représenta à son maître que les deux chevaux de son équipage n'étaient pas bien appareillés. — Montre-moi, répondit le maître, celui des deux qui n'est pas pareil à l'autre, et je le ferai changer.

Un curé demanda à un paysan qui voulait faire baptiser son enfant: Quel nom voulez-vous lui donner? — Je n'en sais rien, ça m'est égal. — Hé bien, donnez-lui votre nom; comment vous appelez-vous? — Je m'appelle Jean-Georges; soit, donnez-lui mon nom, je saurai bien m'en passer. — Ha! dit le curé en riant, vous pensez qu'il en est de votre nom comme de votre manteau, et que dès qu'on l'a donné on ne l'a plus!

M. N... envoya par son domestique à un ami, une lettre qu'il termina par distraction ainsi qu'il suit: Si mon domestique oubliait de vous remettre cette lettre, veuillez avoir l'obligeance de la faire réclamer à l'hôtel de la Bague-d'Or.

Le maître d'école — pardon — l'instituteur d'une école d'une petite ville, dit à un élève: Te voilà déjà grandi comme un arbre, et, cultivé par mes soins; bientôt tu dois porter des fruits. — Oh! s'écria un autre élève, il l'a déjà fait hier, je lui ai vu porter un panier de pommes.

SIXIÈME PARTIE

CALEMBOURGS, JOYEUX DEVIS

Diriez-vous bien quel est le jour le plus haut de l'année ?

C'est le mardi gras, parce que le lendemain il faut descendre (*des cendres*).

—

En quel temps faut-il jouer aux cartes pour être heureux au jeu ?

Quand on est enrhumé, parce qu'on a toujours de l'atout (*de la toux*).

—

Quelles sont les plus vieilles lettres de l'alphabet ?
Ce sont les lettres agées (*a, g*).

—

Quelle est la ville qui possède la plus ancienne relique ?
C'est la ville de Lodève (*l'os d'Ève*).

—

Peut-on faire cinq chemises en un an sans travailler les dimanches ?

Non, parce que cinq chemises ont *dimanches*, sans lesquelles elles ne seraient pas faites.

———

Dans quel endroit l'âne cria-t-il assez fort pour être entendu de tout le genre humain et de tous les animaux ?

Dans l'*Arche de Noé*, où tout le genre humain et tous les animaux se trouvaient rassemblés.

———

Quel est le mois de l'année où les femmes parlent le moins ?

C'est le mois de février, parce qu'il n'a que 28 jours, et 29 au plus dans les années bissextiles.

———

Quelle ressemblance y a-t-il entre une pomme cuite et un menteur ?

C'est qu'ils ne sont *crus* ni l'un ni l'autre.

———

Quelle différence y a-t-il entre un juge paix et un escalier ?

C'est qu'un juge de paix fait lever la main, au lieu qu'un escalier fait lever le pied.

———

Qu'est-ce que Dieu ne voit jamais, un roi rarement, et un paysan souvent ?

Son semblable.

———

Quels sont les gens les plus expéditifs ?

Ce sont les notaires, parce que l'acte le plus long et le plus compliqué est pour eux l'affaire d'une *minute.*

Quelle est la bienfaitrice au service de laquelle on tourne le dos ?

C'est une chaise.

—

Quel est l'animal auquel tous les autres doivent le respect ?

C'est le mouton, parce qu'il est l'*aîné* (lainé).

—

Pourquoi les journalistes doivent-ils craindre l'automne ?

Parce que c'est dans cette saison que les *feuilles* tombent.

—

Quels sont les citoyens français les plus mal couchés ?

Ce sont ceux de Senlis (sans lits)

—

Quelles sont les îles les plus nouvelles ?
Ce sont les îles d'*Hyères* (d'hier).

—

Quelle est la ville où l'on doit avoir le plus à souffrir ?
C'est la ville de *Meaux* (de maux).

—

Quelle différence y a-t-il d'une poire à l'histoire de France ?

C'est qu'une poire renferme plusieurs pépins, tandis que l'histoire de France ne représente qu'un *Pépin.*

—

Pourriez-vous faire avec un notaire un chien ?
Avec un *os* taire un chien.

—

Quelle différence y a-t-il entre une roue et un avocat ?

C'est qu'une roue, plus on la graisse moins elle crie; au lieu qu'un avocat, plus on le graisse plus il crie.

—

Diriez-vous bien quelle est l'église la plus légère de France ?

C'est l'église de Tulle *(de tulle)*.

—

Quand est-ce que les petits poissons sont les meilleurs ?

Quand il n'y en a pas de gros.

—

Quels sont les Français les plus maigres ?
Ce sont ceux de Carcassonne *(carcasse sonne)*.

—

Quel est le plus poli d'Oremus ou de Quœsumus ?

C'est Oremus, parce que Oremus visita Quœsumus, et qu'il n'est jamais dit que Quœsumus lui rendit sa visite.

—

Combien faut-il de points pour faire un soulier, petit ou grand ?

Deux : les deux poings d'un savetier.

—

Quelle différence y a-t-il entre une salade et une méchante femme ?

C'est qu'une salade, plus on la tourmente plus elle est bonne, au lieu qu'une méchante femme, plus on la tourmente plus elle est mauvaise.

—

A quoi servent les ballons ?

A chausser les grandes jambes *(les bas longs)*.

—

Quelle est la ville dont on pourrait faire une omelette ?

C'est la ville d'Eu *(d'œufs)*.

—

Quelle ressemblance y a-t-il entre un vicaire et un fossé ?

C'est que tous les deux demandent à être *curés*.

—

Quelle était la voiture la plus légère au sacre de Charles X ?

C'était celle du Nonce *(d'une once)* ; ou bien celle qui était devant *(de vent)*.

—

Diriez-vous combien il faudrait de temps pour rebattre tous les matelas de Paris ?

Quinze minutes, parce que c'est l'affaire d'un quart-d'heure *(d'un cardeur)*.

—

Pourquoi la France et l'Angleterre marchent-elles si bien ensemble ?

Parce qu'elles se tiennent par la Manche *(la manche)*.

—

Dans quel pays les habitants peuvent-ils se passer le plus facilement de montres ?

C'est dans le département de l'Eure *(de l'heure)*.

—

Quelle différence y a-t-il entre un coq qui sert de girouette à nos églises, et un priseur ?

C'est que le coq tourne son nez au vent, tandis que le priseur lui tourne le derrière.

—

Quand le temps est-il bon à mettre sur la table ?
Quand il est couvert.

—

Feriez-vous bien trois tas de deux pierres sans les casser ?
Oui, trois tas de deux pierres chacun.

—

Quels sont les hommes qui ont le plus de caractères ?
Ce sont les imprimeurs.

—

En quel temps les priseurs usent-ils le plus de tabac ?
Quand ils ont dîné (*dix nez*).

—

Quel est le roi de France qui a porté la plus grande couronne ?...
C'est celui qui a la plus grosse tête.

—

Quel est le pays où il est dangereux de coucher à deux dans le même lit ?...
C'est dans le pays de Galles (*gale*).

—

Quel est l'instrument à cordes le plus facile ?
C'est la cloche.

—

Que font trois moineaux sur un toit ?
Un nombre impair.

Pourquoi fait-on bouillir l'eau à Londres ?
Parce qu'on ne peut pas la faire rôtir.

—

Quelle différence y a-t-il entre un miroir et une femme ?
C'est qu'un miroir réfléchit toujours sans parler, au lieu qu'une femme parle souvent sans réfléchir.

—

Quels sont les habitants les moins belliqueux du monde ?
Ce sont les habitants de Trèves (de trèves).

—

Dans quel pays trouve-t-on le plus de petits pois ?
C'est dans l'Ecosse (dans les cosses).

—

Quel est le monument dans Paris avec lequel on pourrait faire de bons matelats ?
C'est la Madeleine (l'amas de laine).

—

Quelles sont les personnes les moins sujettes aux indigestions ?
Ce sont les blanchisseuses et les couteliers, parce qu'ils font des repassages (repas sages).

—

Quel est l'événement historique qui a fait le plus de tort aux marchands de tabac ?
C'est la descente d'Enée aux enfers (des nez).

—

Quel est le peuple qui n'irait jamais au fond de l'eau, s'il tombait dans la rivière ?

C'est celui de Liège (*de liège*).

—

Quand on se promène au soleil, pourquoi devrait-on rentrer vite chez soi ?

Parcéque l'on est exposé au plus grand des astres (*désastre*).

—

A quel moment les dames sont-elles le plus parfaites?

C'est après les vêpres, parce qu'elles sont à complies. (*accomplies*).

—

Dans quelle ville le poisson est-il le plus commun ?

C'est à Jérusalem, parce que ses murailles sont détruites (*des truites*).

—

Qu'est-ce qui devient plus grand à mesure qu'on en ôte ?

C'est une fosse.

—

Qu'est-ce qui peut se promener sans quitter sa maison ?

C'est l'escargot.

—

Qu'est-ce que nous ne pouvons voir en plein midi, et que nous voyons pourtant quand nous ne voyons goutte ?

Les ténèbres.

—

Qui sont ceux qui sont censés se divertir le mieux ?

Ce sont les vitriers, parce qu'ils ont presque toujours le verre à la main et le ventre à table.

Dans quelle ville meurt-on le moins riche ?

C'est dans la ville de Périgueux (*périt gueux.*)

—

Quel est celui qui, se regardant dans un miroir, ne se voit pas dedans ?

C'est un vieillard, qui, à cause de son grand âge, n'a plus de dent (*ne se voit pas dedans*).

—

Dans quelle ville est-il plus aisé d'avoir de la farine?

Dans la ville de Moulins (*de moulin*).

—

Pourquoi les cheveux blanchissent-ils avant la barbe ?

C'est parce que la barbe est de quinze ou seize ans plus jeune que les cheveux.

—

Dans quelle ville les souris ont-elles le plus à craindre ?

C'est dans la ville de Châlons (*chats longs*).

—

Qu'est-ce qui passe sous le soleil sans faire de l'ombre ?

C'est le son de la cloche.

—

Pourquoi doit-on arrêter ses chevaux quand on voit passer un enterrement ?

Parce qu'ils pourraient prendre le mors aux dents (*le mort*).

—

Quelle est la Constitution qui paraît la plus durable ?

Celle de Bonaparte, parce qu'elle est scellée à Saint-Cloud (*cinq clous*).

———

Quels sont les habitants qui ont la physionomie la plus remarquable ?

Ce sont les habitants de Nevers (*nez vert*).

———

Dans quel temps est-il plus difficile de cacheter les lettres ?

A la mort du roi d'Espagne, parce qu'alors il n'y a plus de sire d'Espagne (*de cire*).

———

Qu'est-ce qui vous appartient et dont les autres se servent plus souvent que vous ?

C'est votre nom : car les autres vous nomment plus souvent que vous.

———

De quinze oiseaux perchés sur un arbre, un chasseur en tue deux, combien en reste-t-il ?

Il n'en restent point, parce que les autres s'envolent.

———

Qui sont ceux qui ne voient le jour de leur naissance que cinq fois en vingt ans ?

Ce sont ceux qui sont nés le 29 février, dans les années bissextiles, qui ne reviennent que tous les quatre ans.

———

Qui est-ce qui est au-dessus de Dieu ?

C'est un point.

———

Quelle est la chose qui ressemble le plus à la moitié d'un fromage ?

d'un fromage ?

C'est l'autre moitié.

—

Quelle différence y a-t-il entre une pendule et une personne aimable ?

C'est que l'une marque les heures, au lieu que l'autre les fait oublier.

—

Quelle est la ville de France la plus nouvelle ?
C'est la ville de Laon (*de l'an.*)

—

Qu'est-ce qui vit sans corps, qui entend sans oreilles, qui parle sans bouche, et que l'air seul fait naître ?
C'est l'écho.

—

Pourquoi les meuniers portent-ils des chapeaux blancs ?

Pour couvrir leur tête.

—

Quel est le fils de l'Amérique (*de la mère Ique*) ?
C'est le physique (*le fils Ique*).

—

Quels sont les ouvriers qu'on doit aimer le moins ?
Ce sont les maçons, parce qu'ils ne cherchent qu'à faire des niches.

—

Quelle est la ville où il est le plus facile d'avoir de l'eau?
C'est la ville du Puy (*du puits*).

—

Diriez-vous bien pourquoi, à Hambourg, les soldats ne sont pas en uniforme ?

Parce qu'ils sont Hambourgeois (*en bourgeois*).

—

Pourquoi les catacombes ressemblent-elles à un jardin ?

Parce qu'on y trouve beaucoup d'orangers (*d'os rangés*).

—

Quel est le peuple le plus pauvre de la terre ?

C'est le peuple gênois, parce qu'il est continuellement dans l'Etat de Gênes (*l'état de gêne*).

—

Quelle est la chose que l'on commence par la fin ?

C'est un bon repas (*la faim*).

—

Quels sont les insectes que les habitants de l'île de Corse redoutent le plus ?

Ce sont les vers, parce qu'ils rongent les Corses (*l'écorce*).

—

Savez-vous pourquoi les dames n'aiment pas les nouvelles mesures ?

C'est parce qu'il y est question de stère (*de se taire*).

—

Quelle est la plante la plus utile à l'homme ?

C'est la plante des pieds.

—

Quelle différence y a-t-il entre un brochet et un habit ?

C'est qu'un brochet se mange au bleu, au lieu qu'un habit se mange au vert (*aux vers*).

—

Quel est l'homme qui n'a point eu de mère ?
C'est Adam.

—

Qu'est-ce qui va, qui vient, et qui ne quitte pas sa
place ?
C'est une porte.

—

Peut-on faire cuire des pois dans d'autres pois ?
Oui, des pois ronds dans des poëlons (*des pois longs*).

—

Quelle est la ville où les habitants ont le plus d'esprit et de jugement ?
C'est la ville de Sens.

—

Quelle est la ville où il est le plus facile d'avoir de la
friture ?
C'est la ville de Loches.

—

Quelle est la ville où le soleil ne luit jamais ?
C'est la ville de Nuits (*nuit*).

—

Quelle est la ville où les orages doivent être le plus
fréquents ?
C'est la ville de Tonnerre.

—

Quels sont les ouvriers les plus exposés à faire des
maladresses ?
Ce sont les pâtissiers, parce que souvent ils doivent
faire des brioches.

—

Cachez-vous bien, remuez quelque chose, et me demandez : Qu'est-ce que je remue ? Je gage que je devinerai.

Qu'est-ce que je remue ?

Vous remuez la langue.

—

Quel est le meilleur repas à prendre ?

C'est celui qui ne coûte rien.

—

Quel est le plus vieux des souverains actuels?

C'est le roi de Sardaigne, parce qu'il a mille ans (Milan).

—

Quelle est la fontaine de Paris qui fournit l'eau la plus délicate ?

C'est la fontaine Dauphine (d'eau fine).

—

Quelle est, demandait-on à un savant musicien, la *note* la moins agréable ?

C'est la *note* d'un fournisseur, répondit-il.

—

Quelle différence y a-t-il entre un musicien et un lièvre ?

Le musicien aime la musique, et le lièvre aime le plein-champ (plain-chant).

—

Quelle est la maison dans laquelle les dames ne parlent point ?

C'est un damier.

—

Qui est-ce qui est peintre, toile et tableau tout à la fois ?

C'est un miroir.

Quelles sont les personnes qui entrent toujours dans les églises par le clocher ?

Les boiteux.

—

Savez-vous pourquoi Annibal reçut un échec à la bataille de Zama ?

C'est qu'il avait Scipion contre lui (*six pions*).

—

Pourriez-vous dire quel est l'équivalent de *Dominus* ?

— Certainement; c'est *biscum*, puisque *Dominus* vaut *biscum*.

—

Dans quels mois les maçons travaillent-ils le plus ?
— Dans les moëllons (mois longs).

—

Comment Abraham put-il meubler sa garde-robes ?

En s'emparant d'un roi qui avait vaincu Loth (vingt culottes).

—

Quand passe un convoi funèbre, que voit-on chaque fois ? — On voit ce qu'on voit (ce convoi).

—

Ecririez-vous bien *quicumque*? — C'est impossible : *qui* ne s'écrit pas comme *que*.

—

Combien vaut *Dominus?* Juste deux fois *cum*; car le célébrant dit toujours *Dominus vobiscum* (vaut *bis cum*).

—

Pourquoi les Autrichiens ont-ils quitté les Etats sardes? — Parce qu'ils se trouvaient dans l'Etat de Gênes, et qu'ils se sentaient près du Pô.

Que préférez-vous en cadeau? — Un parapluie (en cas d'eau).

***

Le riverain et le pêcheur.

Le riverain. — Vous aimez la pêche, à ce que je vois, camarade?

Le pêcheur. — Oh! modérément; je préfère l'abricot.

Le riverain. — Vous ne me comprenez pas: je vous dis que ça vous amuse de tenir la ligne......

Le pêcheur. — Oui, la ligne droite, parce qu'elle est le plus court chemin d'un point à un autre.

Le riverain. — Je ne plaisante pas: je me plains de ce que vous prenez la liberté......

Le pêcheur. — Comment pourrais-je la prendre? est-ce qu'elle est au fond de l'eau?

Le riverain. — En vérité, vous êtes un pêcheur facétieux.

Le pêcheur. — Il m'arrive quelquefois d'être facétieux; mais je ne suis pas plus pêcheur qu'un autre: n'avons-nous pas tous quelques péchés à nous reprocher?

Le riverain. — Je vois avec plaisir que vous savez arranger le calembourg.

Le pêcheur. — Oui, à la sauce piquante.

Le riverain. — Ah! ça, finissons; vous n'êtes pas sur votre terrain, et je prétends que vous respectiez ma propriété.

Le pêcheur. — Qu'appelez-vous votre propriété? votre rivière? Mon Dieu, je la respecte, votre rivière: je suis devant elle à genoux et chapeau bas.

Le riverain. — Ma foi, je croyais qu'une ligne était un instrument de pêche qui se termine d'un côté par un hameçon et de l'autre par un imbécile: l'hameçon s'y trouve, mais l'imbécile ne s'y trouve pas.

SEPTIÈME PARTIE

PROBLÈMES AMUSANTS. — TOURS DIVERTISSANTS

Comment feriez-vous pour faire l'aumône à vingt pauvres avec un sou?

Je donnerais à chaque pauvre un liard, ce qui ferait en tout vingt liards ou cinq sous; chaque pauvre me rendrait un centime, ce qui ferait en tout vingt centimes ou quatre sous. Chaque pauvre, au lieu d'avoir un centime, aurait un liard; et moi au lieu d'avoir cinq sous, je n'en aurais plus que quatre : donc avec un sou j'aurais fait l'aumône à vingt pauvres.

Sur le bord d'une rivière se trouvent un loup, une chèvre et un chou : un batelier voudrait les transporter de l'autre côté; mais son bateau est si petit qu'il ne peut y faire tenir avec lui que l'un des trois, et qu'il se trouve, de cette manière, obligé de faire plusieurs fois le trajet. Il faut donc qu'il s'arrange de manière à ne jamais laisser, pendant son absence, le chou avec la chèvre, ni la chèvre avec le loup ; autrement, la chèvre mangerait le chou, et le loup croquerait la chèvre.

Comment fera-t-il ?

Solution. Ce batelier commencera par passer la chèvre ; puis il retournera prendre le loup, qu'il déposera sur l'autre bord ; ensuite il ramènera la chèvre, et la laissera à la place du chou, qu'il transportera auprès du loup. Cela fait, il reviendra à vide pour reprendre la chèvre. Ainsi le loup ne se retrouvera jamais avec la chèvre, ni la chèvre avec le chou, qu'en présence du batelier.

———

L'âge d'un père est triple de celui de son fils ; on demande dans combien d'années l'âge du père ne sera que double de celui de son fils, et si cela est possible.

Solution. — Si le père a 45 ans et le fils 15 ans, l'âge du père est bien clairement le triple de celui du fils ; eh bien ! dans 15 ans le père aura 60 ans et le fils 30 ; il aura par conséquent le double de l'âge de son fils, quoique le nombre d'années ajoutées soit de même de part et d'autre.

———

Nous connaissons un veillard de 96 ans, pour qui c'est un bonheur de célébrer le jour de sa naissance. On demande comment il peut se faire que ce jour ne soit venu que 24 fois pendant 96 ans ?

Solution. — Le vieillard en question était né le 29 février ; et, comme ce mois n'a 29 jours que dans les années bissextiles, qui reviennent tous les quatre ans, il n'a pu célébrer le jour de sa naissance que 24 fois en 96 ans.

—

Après avoir proposé à une personne de penser un nombre à son gré, on lui dit de le doubler, d'y ajouter 4 et de multiplier ensuite le tout par 5; on lui fait de nouveau ajouter 12 à ce dernier produit, et multiplier tout par 10; on lui dit enfin d'ôter de ce dernier total 320, et on lui demande, après ces opérations, le nombre qui reste, dont retranchant les deux derniers chiffres, le nombre qui les précède est celui que cette personne a pensé.

Exemple : Nombre pensé.   7
Double.   14
Auquel ajoutant 4, le total est   18
Multipliant 18 par 5, il vient au produit.   90
Auquel ajoutant 12, le total est.   102
Lequel multiplié par 10, produit.   1020
Duquel ôtant   320
                Reste   700

En retranchant les deux derniers chiffres, 7 qui les précède est le nombre pensé.

—

Joseph : Firmin, pense un nombre quelconque.
Firmin : Je l'ai pensé.
Joseph : Triple ce nombre.
Firmin : Je l'ai triplé.
Joseph : Prends la moitié de ce triple.
Firmin : Je l'ai prise.
Joseph : Triple cette moitié.
Firmin : Je l'ai fait.

Joseph : Combien de fois le nombre 9 est-il renfermé dans ce dernier triple?

Firmin : Il y est renfermé 5 fois.

Joseph : Ce dernier triple est-il un nombre pair ou impair?

Firmin : Il est pair.

Joseph : Eh bien ! mon cher Firmin, tu as pensé le nombre 10.

Firmin : C'est vrai; comment as-tu fait pour deviner ?

Joseph : Comme ton dernier nombre était pair, je n'ai fait que doubler le nombre 5 que tu m'as indiqué; si tu m'avais dit que ton dernier nombre était impair, j'aurais doublé le nombre 5 et ajouté une unité, ce qui aurait fait 11 pour le nombre pensé.

—

Deux petites filles venaient de compter leurs épingles. La première demanda à la seconde combien elle en avait; celle-ci lui répondit: Si tu m'en donnais deux des tiennes, j'en aurais deux fois autant que toi; et si je t'en donnais deux des miennes, nous en aurions autant l'une que l'autre. Combien chacune avait-elle d'épingles ?

(La première avait 14 épingles, et la seconde en avait 10).

—

On demandait à Pythagore combien il avait d'écoliers. Ce mathématicien répondit : la moitié de mes élèves étudie les mathématiques; le quart la physique, et le septième, l'astronomie; trois autres gardent le silence. Combien Pythagore avait-il d'élèves ?

J'ajoute ensemble les fractions 1/2, 1/4, 1/7 ; ce qui me donne 25/28 ; donc les 25/28 étudiaient; il en restait donc les 3/28 qui gardaient le silence ; les 3/28 du nombre total valent donc 3 ; et le nombre total vaudra $3 : 3/28 = 3 \times 28 \vee 3 = 28$. Pythagore avait donc en tout 28 écoliers, dont la moitié, c'est-à-dire 14, étudiaient les mathématiques ; le quart, c'est-à-dire 7, étudiaient la physique, et le septième, c'est-à-dire 4, étudiaient l'astronomie ; total : 25 étudiants, plus 3 silencieux qui complètent le nombre de 28.

—

Une femme portant des œufs au marché, rencontra trois autres femmes : elle donna à la première la moitié de ses œufs, plus la moitié d'un œuf ; à la seconde, la moitié des œufs qui lui restaient, plus la moitié d'un œuf ; à la troisième, encore la moitié des œufs qui lui restaient, plus la moitié d'un œuf. Elle ne garde rien, et cependant elle ne cassa aucun œuf ; combien en avait-elle ?

(Cette femme avait sept œufs).

—

On demandait à une personne le nombre de ses dents ; elle répondit : Si à la moitié et au tiers de mes dents, on ajoutait 25, on aurait le nombre 50. Combien avait-elle de dents ?

Cette personne avait 30 dents. En effet, la moitié de 30 est 15, le tiers de 30 est 10, ce qui fait 25 : auquel nombre, si l'on ajoute 25, on aura celui de 50.

—

Deviner une carte qu'une personne aura touchée.

Pour faire cette récréation, il est nécessaire d'avoir, dans la réunion, un compère qui doit conserver le plus grand calme.

Prenez un jeu de cartes que vous mêlez afin de donner le change aux spectateurs; lorsque le jeu est mêlé, regardez le dessous, comme si la connaissance de la carte qui s'y trouve était très-utile; puis donnez à couper, et faites battre de nouveau les cartes par une personne de la société. Ensuite priez-la de vous remettre le jeu, et posez les cartes indistinctement sur la table, la face par dessus, sur quatre rangées, comme il est indiqué ci-après;

<pre>
4e, Ans..... 1 2 3 4 5 6 7 8
3e, Mois..... 1 2 3 4 5 6 7 8
2e, Semaines 1 2 3 4 5 6 7 8
1re, Jours.... 1 2 3 4 5 6 7 8
</pre>

La première rangée placée vis-à-vis du joueur, qu'on suppose à table, représentera les *jours;* la deuxième, au-dessus de la première, les *semaines;* la troisième, les *mois;* et la quatrième, les *ans.*

Les cartes ainsi disposées, vous annoncez à la société que vous allez vous retirer, et que, pendant votre absence, une personne pourra toucher du bout du doigt seulement une des 32 cartes qui se trouvent sur la table, afin qu'à votre retour vous puissiez lui dire quelle est celle qu'elle aura touchée.

Ici le compère doit apporter la plus grande attention, afin de bien s'assurer quelle est la carte qui aura été touchée.

Lorsque vous êtes rentré pour deviner la carte, faites

semblant de calculer pour la trouver ; c'est alors que l'assemblée est dans la plus grande attention ; le compère doit en profiter pour faire ses communications au joueur.

Supposons, par exemple, qu'on ait touché la sixième carte dans la première rangée, qui, comme on l'a dit plus haut, est celle des *jours* ; hé bien ! le compère doit dire, en s'adressant à celui qui fait le tour : Oh ! allez, je vous donnerais bien *six jours* pour deviner la carte. Dès lors le joueur a la clef du secret ; il sait que la carte touchée est la sixième dans la rangée des jours. Il attend quelques minutes, puis il peut montrer et nommer la carte. Si la carte touchée était, par exemple, la troisième dans la deuxième rangée, qui est celle des *semaines*, le compère devrait dire (ou en termes équivalents) : Je parie avec vous que dans *trois semaines* vous n'aurez pas deviné cette carte.

On comprend qu'il en serait de même si la carte touchée se trouvait dans la rangée des *mois* ou dans celle des *ans*.

Pour la réussite de cette récréation, il ne faut pas confondre les rangées : *jours, semaines, mois* et *ans*. La rangée des jours doit être placée la première près du joueur.

Remarque. On peut faire ce tour avec autant de cartes que l'on veut, et mettre six rangées dans la disposition du jeu, au lieu de quatre ; les deux rangées qu'on ajouterait représenteraient, l'une des *heures*, et l'autre des *minutes*. Dans ce cas cette dernière serait placée près du joueur.

Magie blanche.

L'APPARITION SUPPOSÉE.

Toute la magie de ce tour consiste à s'entendre d'avance avec un compère ; mais si la chose est bien faite, il est bien difficile de découvrir la ruse.

Convenez secrètement avec une personne de la société, que lorsqu'elle sera enfermée dans une chambre voisine, et qu'elle vous entendra frapper un coup, celui-là lui désignera la lettre A ; que si vous en frappez deux, ce sera la lettre B, et ainsi de suite, suivant l'ordre des vingt-cinq lettres de l'alphabet.

Cela bien convenu d'avance, annoncez que vous ferez voir à quelqu'un qui voudra s'enfermer dans une chambre voisine, le premier objet désigné par une autre personne, et de peur qu'un autre que celui avec qui vous vous entendez ne vienne à s'offrir, annoncez qu'il faut que cette personne soit bien hardie, sans quoi elle ne doit pas s'y exposer. Votre compère s'offrira : alors ayant allumé une lampe qui répande une clarté lugubre, donnez-la-lui : dites-lui de la mettre au milieu de la chambre et de ne point s'effrayer de ce qu'il verra.

Le compère étant enfermé dans la chambre, vous prendrez un carré de papier noir avec un morceau de crayon blanc, et vous proposerez à une personne d'y écrire le nom de l'objet qu'elle souhaite que l'on voie ; vous reprendrez ensuite ce papier pour le brûler à une lampe, et vous en mettrez la cendre dans un mortier, en jettant dessus une poudre à laquelle vous attribuerez beaucoup de vertu. Avant de brûler le papier, vous aurez soin de lire le mot écrit dessus. Supposons qu'on ait indiqué un *coq* : vous prendrez un pilon, comme pour triturer le tout dans le mortier ; vous frapperez trois coups pour désigner au compère la lettre C, et vous ferez ensuite quelques roulades avec le pilou, pour l'avertir qu'il n'y a plus de coups à donner. Vous recommencerez ensuite à frapper quinze coups, pour désigner la lettre O, et vous répèterez la roulade, et ainsi de suite. Puis vous ferez demander au compère ce qu'il voit ; il ne répondra pas d'abord, afin de faire croire qu'il s'est effrayé ; enfin, après plusieurs demandes, il dira qu'il lui semble avoir vu un coq.

Pour ne point se tromper dans les lettres, il suffit, de part et d'autre, de prononcer en soi-même les lettres de l'alphabet, suivant leur ordre, à chaque coup que l'on frappe ou que l'on entend.

———

Manière amusante d'attraper les corbeaux.

On peut se procurer à la campagne une chasse aux corbeaux fort divertissante. On prend de la viande que l'on coupe en morceaux de la grosseur à peu près d'une noix ; on fait de grands cornets de papier, au fond desquels on met cette viande ; pour que le papier ne se déroule point, il est bon d'y faire un point en haut et en bas : on frotte l'entrée de ces cornets en dedans avec de la bonne glu : on les dispose çà et là dans un endroit où les corbeaux se rassemblent souvent, puis on se retire. Les corbeaux avides viennent pour prendre cette viande : ils fourrent leur tête jusqu'au fond du cornet, afin de l'atteindre ; mais la glu prend sur leurs plumes, et leur colle le cornet de papier sur la tête ; alors ils se trouvent aveuglés, et voulant prendre leur vol, ils s'élèvent en l'air jusqu'à perte de vue, mais toujours perpendiculairement : et, quand à la fin la force leur manque, ils retombent presque à la place d'où ils s'étaient enlevés. C'est un spectacle assez plaisant que de voir dans la même minute dix ou douze corbeaux s'élever ainsi perpendiculairement, la tête encapuchonnée, et retomber les uns après les autres, selon que les forces leur manquent plus tôt ou plus tard. On les saisit alors facilement, et l'on peut en prendre ainsi une assez grande quantité.

Baromètre animal.

Prenez une petite grenouille verte, de celles qu'on trouve sous les haies et sous les charmilles ; introduisez-là dans une carafe de verre blanc, dans laquelle vous aurez mis auparavant de l'eau à la hauteur de quatre doigts à peu près, et un peu de terre ; vous placerez dans cette bouteille une petite échelle de bois qui aille du fond jusqu'à la naissance du goulot. Vous couvrirez la carafe d'un parchemin que vous piquerez avec une grosse épingle pour y donner de l'air.

La grenouille se tient en haut du col de la carafe tant que le temps est au beau, et elle descend le long de l'échelle dans l'eau quand il doit pleuvoir. Il faut changer l'eau tous les 8 ou 15 jours;

On a vu de ces grenouilles vivre trois ans entiers sans qu'on leur ait donné aucune nourriture.

On tient la carafe sur une fenêtre : mais dans les grands froids, on la met dans l'appartement, pour que l'eau ne gèle pas; il ne faut cependant pas la placer sur une cheminée ni dans un endroit trop chaud.

HUITIÈME PARTIE

—

ÉNIGMES

—

1. Souffle émanant de l'Éternel,
   Partout je t'accompagne ;
   Je te survis. Le sentiment charnel,
   En t'éloignant de la sainte montagne,
   Songes-y, me ferait un sort
   Plus cruel que la mort.

—

2. Je fus hier, je serai demain.

—

3. A Rome le premier, le second à Bruxelles,
   Le dernier à Namur, savez-vous qui je suis ?
   J'en doute : il vous faut des lumières nouvelles.
   Eh bien ! je suis toujours au milieu de Paris.

—

4. Pour tirer de moi du service,
   Il faut m'appliquer au supplice :
   On me brûle la tête, et ce tourment nouveau
   Me fait aussitôt fondre en larmes ;

Il m'oblige à porter les armes
Au gré de mon propre bourreau.

—

5. Nous sommes deux ennemis qui ne pouvons nous quitter ; deux amis qui ne pouvons nous souffrir ; nous avons de grandes liaisons ensemble, et cependant nous nous contrarions toujours.

—

6. Mon destin est des plus bizarres :
D'abord sans l'avoir mérité,
Je tombe dans des mains barbares
Qui me jettent au feu qu'elles ont apprêté.
Lorsque cette épreuve est finie,
On me traîne en un lieu des mortels respecté,
Pour faire la cérémonie
De transmettre mon nom à la postérité.
Après ce vain honneur, garrottée et pendue,
Je me trouve exposée aux injures du temps ;
On m'agite à tous les instants,
Et n'ai pas de repos que je ne sois fendue.

—

7. Avec mes quatre pieds, lecteur, je me présente
Sous trois aspects bien différents.
D'abord je suis la tunique flottante
Que le prêtre revêt sous les saints ornements.
Ma blancheur est éblouissante ;
A mon abord l'obscurité s'enfuit :
Je suis la timide lumière
Qui commence le jour et termine la nuit.
Des splendeurs du soleil je suis l'avant-courrière ;
Enfin je suis le nom d'une rivière
Et celui d'un département
Dont le vin est fort pétillant.

—

8. Je suis l'aîné de tous mes frères ;
   Mon cadet, expirant, décide de mon sort ;
   Je suis plus désiré des enfants que des pères ;
   Et l'avare me hait presque autant que la mort ;
   Je suis vieux, cependant, mes heures sont bornées :
   Mon règne a de l'éclat qu'on voit bientôt finir ;
   Je viens dans la saison des plus courtes journées ;
   Je disparais et suis longtemps à revenir.

   ———

9. Je n'ai point d'âme et j'ai du mouvement.
   Si, par malheur, un indiscret me touche,
   Je m'arrête aussitôt. Je m'exprime sans bouche,
   Et, sans bouger je marche à tout moment.
   En temps et lieux je me fais bien comprendre ;
   Mais d'être bien réglé c'est point essentiel.
   Lorsque le patient attend le coup mortel,
   D'avance il frémit de m'entendre.

   ———

10. Le ciel, la terre et l'eau m'ont donné naissance ;
    Ce dernier élément sans cesse me détruit.
    Dans les coffres fiscaux j'augmente la finance,
    Mais il faut veiller et le jour et la nuit.
    Je répands en tous lieux une odeur agréable ;
    Chacun est convaincu de mon utilité :
    C'est pourquoi tous les jours, sans incivilité,
    Je me trouve placé des premiers à la table.

    ———

11. Je suis un mal qui désole la terre,
    Un des mille tourments du pauvre genre humain.
    J'encourage la fraude et je pousse au larcin.
    Bref, sans pitié pour leur misère,
    J'écrase sous mes pieds la veuve et l'orphelin.

    ———

12. Un pied, de ma longueur
    Est la juste mesure :

Il l'est aussi de ma largeur ;
Cependant du carré je n'ai point la figure.

———

13. Presque toujours obscur, quelquefois éclatant,
Sans pied je chemine sur terre.
Je vois un meurtrier dans le moindre passant ;
Mais je sais m'en venger au bout de sa carrière.

———

14. Je suis l'aîné d'une grande famille.
Je parais dans l'année et non dans les mois,
Je suis dans la chaleur et la glace à la fois,
Ma race en tout pays fourmille.
De mon talent vous serez peu surpris,
Quand vous saurez que ma présence
Est indispensable à la France.
Et, sans moi, Paris serait pris.

———

15. En carême, je suis dans un profond silence ;
Je reparais à Pâques avec magnificence.
Il est plus d'un dévot aimant à m'écouter ;
Enfin chacun se plaît à m'entendre chanter.

———

16. Je me vois le dernier quand on me met à bout ;
Par moi tout se commence et par moi finit tout.

———

17. Je suis celui que je ne puis pas être,
Et celui qui me fait paraître,
Paraissant en moi me détruit.
Il ne fait pas mon corps, mais c'est lui qui me forme.
Parfois qui me cherche me fuit ;
Vous me devinerez... Attendez-moi sous l'orme.

———

18. J'habite au fond du Luxembourg ;
On me voit au village ainsi que dans le bourg ;

Je me plais dans un angle et jamais dans le centre ;
Et cependant Plougoulm m'enferme dans son ventre.
Je précède Gisquet, je marche avant Guizot.
Je suis cité partout avec éloge :
On peut me voir même dans une horloge.
Qui me devinera ne sera pas un sot.

———

19. Mes arrêts sont irrévocables :
Les justes comme les coupables
Se jugent à mon tribunal ;
Je suis témoin, juge et partie,
Même le bourreau qui châtie
Le criminel qui fait le mal.

———

20. Tantôt avec le cavalier
Je mets mon pied dans l'étrier,
Et tantôt dans le râtelier
Je sers à nourrir son coursier.
Lecteur, mon coup je sais porter,
Si tu n'as soin de me parer.

———

21. Dieu, sans moi n'existerait point ;
Je suis très-utile au déisme.
Et je vais me cacher bien loin
Pour mieux éviter l'athéisme.
Lecteur, si tu veux me trouver,
Il faut des Indes m'enlever.

———

22. J'ai la panse assez rebondie,
Une seule oreille arrondie,
Point d'yeux, point de bras, point de nez.
Du reste, le corps bien tourné ;
Poli autant que femme en France ;
En rendant ce qu'on m'a donné
Je fais toujours la révérence.

23. Féminin on me fuit, et masculin j'attire ;
    Si, dans le premier cas, on me fait guerre à mort,
    Au moins, dans le second, bien plus doux est mon sort.
    On m'aime presque autant que l'on aime à rire.

24. Je suis fraîche et bien blanche, agréable à la vue ;
    Chacun peut me toucher et me voir toute nue.
    J'ai du repos le jour ; mais un mauvais destin
    Me menace depuis le soir jusqu'au matin.
    Étant vierge et toute innocente,
    Je ne puis concevoir un criminel dessein.
    Cependant une flamme ardente,
    Que la nuit allume en mon sein,
    Me dévore le corps, m'agite et me tourmente.

25. On m'expose au vent, à la pluie,
    Aux rigueurs de chaque saison.
    De me traiter ainsi mon maître a-t-il raison ?
    Moi, pour m'en venger, je publie
    Ce qui se fait dans la maison.

26. Je n'ai ni pieds, ni mains, ni tête ;
    Je ne parle jamais et je suis écouté.
    J'excite assez souvent la curiosité.
    Je dois mon existence à la plus sotte bête
    Qui jamais ait frappé tes yeux.
    Quoique sans cœur, j'élève le courage.
    Qu'on ne me touche point, je suis silencieux...
    Je n'en dirai pas davantage,
    Mais j'ai bien peur d'avoir trop dit :
    Ne nous décélons pas en faisant trop de bruit.

27. Quoiqu'habitant toujours la Méditerrannée,
    L'on ne me voit, lecteur, qu'en cinq mois de l'année.

J'existe en Portugal comme chez les Français,
Et pourtant, dans le monde, on ne me voit jamais.

—

28. L'or éclate sur moi, et je jeûne sans cesse :
Avec un bon gosier, je ne chante jamais ;
Je suis toujours au temple, et jamais en presse ;
Il est bon d'en sortir pour voir ce que je fais ;
Je n'ai point de cervelle et j'ai la tête forte.
Suivant l'Évangile et ses lois,
Pour moi, c'est la croix qui me porte.

—

29. Connaissez-vous deux frères très-jumeaux
Qui naissent et qui meurent ensemble ?
Un petit toit les rassemble ;
Très-également laids ou beaux,
C'est peut souvent que l'un ou l'autre est semblable ;
C'est peut souvent que l'un souffre quelque douleur
Sans que l'autre est sa part à son sort déplorable.
Ensemble du repos ils goûtent la douceur.
Jamais l'un ne sommeille
Tandis que l'autre veille.
Toujours l'un près de l'autre, ils ne se touchent pas.
Sans parler ils se font entendre ;
Sans pieds ils vont très-vite ; ils attirent sans bras,
Lorsqu'ils se donnent un air tendre.
Cet air tendre n'est pas toujours
Un bon garant de leurs amours.

—

30. De mon palais, d'où je ne sors jamais,
J'ordonne sur la terre et sur l'onde,
Et la plupart des maux qui arrivent en ce monde,
On dit souvent que c'est moi qui les fais.

—

31. Je suis difficile à trouver,
Et plus encore à conserver.

Les curieux, pour me connaître,
Avec grand soin me font leur cour ;
Mais mon destin me défend de paraître ;
Car l'instant où je vois le jour,
Est l'instant où je cesse d'être.

———

32. Du repos des humains implacable ennemie,
J'ai rendu mille amants envieux de mon sort ;
Je me repais de sang, et je trouve ma vie
Dans les bras de celui qui recherche ma mort. (*Boileau*).

———

33. Sans que je sois estropié,
Je suis sans bras et n'ai qu'un pied ;
Mon surtout de toile est modeste,
Trop de pluie est pour moi funeste.
Immobile dans mon emploi,
Je donne quelquefois le gîte aux hirondelles.
Aussi bien qu'elles j'ai des ailes ;
Mon maître n'en a pas et vole mieux que moi.

———

34. On me fait moins sentir à parler qu'à se taire :
Je suis en mille endroits et ne suis en aucun ;
Je déplais à nature, et déplais à chacun ;
L'objet le plus petit m'est tout-à-fait contraire.
Si j'entre en un cerveau, j'en chasse la raison ;
Avec même frayeur, je désole une bourse.
Je suis au corps humain un si cruel poison,
Qu'il est enfin forcé de terminer sa course.
Lecteur, pour deviner, observe bien ce point :
Tu ne me trouveras qu'en ne me trouvant point.

———

35. Aux humains tous les jours je rends mille services,
Le sexe fait de moi ses plus chères délices ;
Sans partage, je suis en mille endroits divers ;
Vers le bien, vers le mal, mon penchant est extrême.

Je naquis au moment que Dieu fit l'univers,
Et nul ne vous dira qui je suis que moi-même.

—

36. Je vous sers, quand la nuit, avec ses sombres voiles,
Dérobe à vos regards la lune et les etoiles.
L'aveugle cependant n'a pas besoin de moi.
A ma vue, un voleur se cache et se tient coi.
Craignant qu'on ne l'empoigne ou bien qu'on ne l'assomme.
Diogène, avec moi, jadis cherchait un homme.
Lorsque régnait la déesse Raison,
J'étais terme de pendaison.

—

37. Avec poil à la queue et plumes à la tête,
Je ne suis point un animal ;
Je n'ai d'esprit que quand je suis bien bête,
D'autant mieux fait qu'on me trouve plus mal.

—

38. On ne peut sans moi
Avoir de la grâce ;
Car, lecteur, chez toi
Rien ne me remplace.
Lorsque tu me vois,
C'est une surface
Où l'hiver, parfois,
Me morfond, me glace ;
Car gros ou menu,
Quelque temps qu'il fasse,
Je suis toujours nu,
Et l'on ne me cache
Que lorsque je crache.

—

39. Employez, gens d'esprit, ici votre savoir ;
Qu'est-ce, sans hésiter pour résoudre ce doute,
Qu'au plus clair du midi nos yeux ne peuvent voir,
Et que nous voyons bien quand nous ne voyons goutte ?

40. Au milieu de la Gaule, et presque au sein des cieux,
   Je suis chez les humains ainsi que chez les dieux ;
   Je fuis les biens, je cherche la fortune ;
   Je suis sans haine et j'aime la rancune.
   Ami de la vertu, je suis sans foi, sans loi ;
   On ne peut être heureux ni malheureux sans moi.
   Parmi vingt-cinq enfants, dont je suis le vingtième,
   Il en est cinq fameux : je suis né le cinquième.
   J'en ai trop dit, tu me tiens, cher lecteur ;
   Exilé de ton œil, j'habite dans ton cœur.

41. Je n'ai certainement nulle part à l'estime,
   Puisque je commence le crime
   Au sein de la société.
   Dans les remords, pourtant, je n'ai jamais été.
   En cent façons, à tes yeux je me montre.
   Me plaçant même à ta rencontre.

42. Je suis grand ou petit et ma taille varie,
   Et je n'ai cependant ni plus ni moins qu'un pied.
   Qui m'a, ne fait pas grande envie,
   Qui ne m'a pas fait grand'pitié.

43. De cinq sœurs je suis la cadette :
   Admirez mon pouvoir et mes effets divers !
   Je sers à former l'univers,
   Et la couronne, et la houlette.
   Je suis toujours avec les dieux ;
   Qui voudra me trouver, qu'il parcoure les cieux ;
   C'est là qu'au milieu de la nue,
   Je viendrai m'offrir à sa vue.

44. On m'a souvent pour une obole :
   J'exige des soins assidus ;

Si l'on me perd, on se désole ;
Si l'on me gagne, on ne m'a plus.

—

45. De moi, quand je suis seul, on ne peut faire emploi ;
C'est pour cela qu'on m'associe
Avec certaine compagnie
Dont le plus petit membre est encore plus que moi ;
Je suis pourtant de bonne escorte.
Par le puissant effet d'un talent singulier,
Avec mes compagnons, quand je vais le dernier,
La troupe est neuf fois plus forte.

—

46. Toujours en l'air, toujours en peine,
La moitié de mon corps sur l'autre se promène.
Tantôt je monte, et tantôt je descends.
Je parais d'humeur noire à quiconque m'aborde ;
Je fais bien pis : je lui montre les dents ;
C'est pourtant sans que je le morde.

—

47. Je vais vite et je vais toujours,
Je ne trouve rien qui m'arrête :
Le vent, la pluie et la tempête
S'opposeraient en vain à mon rapide cours.
Je donne et ravis les richesses,
Je renverse les forteresses,
Et mets l'intelligence entre les ennemis
Que l'on désespérait de voir jamais unis.
Contre ses créanciers, tel mon secours implore,
Qui se verrait persécuté.
Si, par bonheur pour lui, je n'avais acquitté
Ce qu'au fond il leur doit encore.

—

48. Je suis fille d'un père aussi vieux que le temps ;
D'un grand nombre de sœurs ici tu vois l'aînée,

Je ne puis pas mourir, mais je suis condamnée
A recommencer tous les ans.
Sans user d'aucun sortilége,
J'aide à former trois péchés capitaux.
Sans être du sacré collége,
J'ai cependant le rare privilége
Qu'on ne peut sans moi faire des cardinaux ;
Avec eux je suis au conclave.
Mais pour donner ma voix dans une élection,
Le puis-je, cher lecteur ? Voilà la question.

———

49. Sans crainte et sans effroi, tout-à-coup j'obscurcis
La chose la plus claire et la moins inconnue ;
Mais en l'obscurcissant, toujours je l'éclaircis,
Et l'augmente toujours quand je la diminue.

———

50. Ecoute-moi, lecteur, cette énigme est multiple ;
Réfléchis, tu verras que le sens en est triple.
D'abord, de la Champagne, en mon cours sinueux,
Je baigne de mes flots les vignobles fameux.
Lorsque l'aurore annonce son retour,
Tu peux me voir à la pointe du jour.
S'il te prend le désir d'assister à la messe,
Je serai près l'autel, je t'en fais la promesse.

———

51. Je suis, en fonction, plus élevé qu'aucun,
Mais sans ambition, sans espoir qui la fonde ;
Avec l'air brusque et fier, j'obéis à chacun,
Et pourtant c'est bien moi qui mène tout le monde.

———

52. Je suis de l'Éternel la figure et l'emblème ;
Mortel, que serais-tu sans mon pouvoir suprême ?
Rien : le monde sans moi n'aurait plus de soutien.
Je suis utile à tout et ne suis propre à rien.

———

53. Sans moi l'on parvient rarement ;
    Je mène au but, mais lentement ;
    Je suis la devise du sage.
    La jeunesse vive et volage
    Trop souvent m'abandonne et toujours s'en repent ;
    De moi l'on a besoin en tout temps, à tout âge,
    Pour acquérir un beau talent
    Et pour finir un grand ouvrage.
    La raison, l'esprit, le courage,
    Sans moi sont des dons superflus,
    Et seul enfin j'ai l'avantage
    De donner du prix aux vertus.

—

54. De la Grèce, lecteur, je tiens mon origine ;
    Je suis grec, en un mot, nul n'en pourrait douter,
    Puisqu'ainsi mon nom se termine.
    Quoi qu'il en soit, à bien compter,
    Je n'ai qu'un pied, il ne faut pas omettre
    Que fort souvent il en faut deux.
    C'est ici que tu dois t'attacher à la lettre :
    Ne me cherche pas loin, je suis devant tes yeux.

—

55. En peu de mots, voici les traits
    Auxquels on peut me reconnaître :
    J'aime à parler, j'aime à paraître ;
    J'aime à prôner ce que je fais ;
    J'aime à grossir ce que je sais ;
    J'aime à juger, j'aime à promettre ;
    J'annonce les plus beaux secrets :
    Je n'en ai qu'un, celui de mettre
    Tous les sots dans mes intérêts.

—

56. Cinq voyelles, une consonne,
    Forment mon nom.
    Je porte sur ma personne
    De quoi l'écrire sans crayon.

16.

57 . Nous sommes deux qu'on met ensemble,
Ce n'est pas un bonheur, ce semble ;
Car en tout temps notre union
N'opère que division.

—

58 . Mythologiquement parlant,
Je suis un demi-dieu, fils d'un dieu très-puissant ;
Puis, sans mythologie, un être intéressant,
Industrieux autant qu'intelligent ;
Enfin un couvre-chef de l'homme.
Devinez comment on me nomme ?

—

59 . Les visages par moi se trouvent embellis ;
J'entretiens sur le teint, et la blancheur des lis,
Et l'incarnat des roses.
De l'esprit et du corps je me vois le soutien ;
Et ceux qui ne m'ont pas n'ont rien,
Quand même ils auraient toutes choses.

—

60 . Tout paraît renversé chez moi :
Le laquais précède le maître ;
Le manant passe avant le roi ;
Le *simple clerc* avant le prêtre ;
Le printemps vient après l'été,
Noël avant la Trinité ;
C'en est assez pour me connaître.

—

61 . Des Alpes, cher lecteur, j'habite les sommets ;
Des mers j'occupe encore une vaste étendue ;
Souvent l'on me consulte ; et la plus ingénue
Aime à se conformer à mes avis discrets.

—

62 . En Afrique on me voit, animal destructeur,
Respirer le carnage, inspirer la terreur ;
Mais aussi l'on me voit, embellissant la Perse,
Fertiliser toujours les lieux que je traverse.

63. Si je n'ai pas le bonheur de vous plaire,
    Lecteur, je n'en suis pas surpris :
    Vous avez beau dire et beau faire,
    Je ne serai jamais de votre avis ;
    Même en me renversant, je vous en avertis,
    Vous ne me feriez pas changer de caractère.

    —

64. Je suis, je ne suis plus, j'étais et je vais être.
    Veut-on me retourner ? Je suis mort pour jamais ;
    Mais pour jamais aussi je suis prêt à renaître.
    Je meurs toujours et toujours je renais.

    —

65. Mon aspect est brillant, mon visage séduit ;
    Le roi dans son palais, le pauvre en son réduit,
    Tout le monde, en un mot, m'adore et me courtise.
    Mais je le dis avec franchise,
    Nul ne peut cependant de moi rien obtenir
    S'il ne me force à déguerpir.

    —

66. Chacun à tout moment me montre au bout du doigt.

    —

67. Image naïve du temps,
    Que rien n'arrête et ne devance,
    Bien différent des courtisans,
    C'est en reculant que j'avance.

    —

68. A la candeur qui brille en moi
    Se joint le plus noir caractère ;
    Il n'est rien que je tolère,
    Mais je suis méchant quand je bois.

    —

Les mots des énigmes précédentes sont : pour la 1re, l'âne ;
la 2e, aujourd'hui ; la 3e, la lettre ʀ ; la 4e, cire à cacheter ; la

5e, le corps et l'âme ; la 6e, cloche ; la 7e, aube ; la 8e, le jour de l'an ; la 9e, horloge ; la 10e, sel ; la 11e, injustice ; la 12e, soulier ; la 13e, ver ; la 14e, la lettre A ; la 15e, alleluia ; la 16e, la lettre T ; la 17e, ombre ; la 18e, la lettre G ; la 19e, conscience; la 20^e, botte, botte de foin, botte d'escrime ; la 21e, la lettre D ; la 22e, cruche ; la 23e, souris ; la 24e, bougie ; la 25e, enseigne; la 26e, tambour ; la 27e, la lettre A ; la 28e, coq du clocher ; la 29e, les deux yeux ; la 30e, la langue ; la 31e, secret ; la 32e, puce ; la 33e, moulin-à-vent ; la 34e, vide ; la 35e, langue ; la 36e, lanterne ; la 37e, coq-à-l'âne ; la 38e, le nez ; la 39e, ténèbres ; la 40e, la lettre U ; la 41e, la lettre C ; la 42e, soulier ; la 43e, la lettre U ; la 44e, procès ; la 45e, zéro ; la 46e, crémaillère ; la 47e, le temps ; la 48e, la lettre A ; la 49e, mouchettes ; la 50e, aube ; la 51e, cocher ; la 52e, la lette O ; la 53e, persévérance ; la 54e, la lettre Y ; la 55e, charlatan ; la 56e, oiseau ; la 57e, ciseaux ; la 58e, castor ; la 59e, la santé ; la 60e, dictionnaire ; la 61e, glace ; la 62e, tigre ; la 63e, non ; la 64e, temps ; la 65e, or ; la 66e, ongle ; la 67e, cordier ; la 68e, papier.

NEUVIÈME PARTIE

CHARADES

La charade est une espèce d'énigme où l'on donne
à deviner un mot par la division de ses syllabes.

---

1. Les souris craignent mon premier,
   Et cependant lui-même craint fort mon dernier.
   Maintenant, battez la campagne,
   Faites, si vous voulez, mon entier en Espagne.

---

2. Le contraire du bien figure en mon premier ;
   Par mille on compte mon entier ;
   Par un tout petit chiffre on compte mon dernier.

---

3. L'éclat de mon premier par mon second s'efface :
   Volontiers de mon tout chacun se débarrasse.

---

4. Mon premier, mon second sont chantés par mon tout.

---

5. Offert par mon premier, mon second est aimable ;
   Mon tout de pur froment est toujours préférable.

6. Mon premier sert à vous vêtir,
   Et mon second à vous blanchir.
   Déployant mon entier sur la plage africaine,
   Vingt jours avant la fameuse semaine,
   Nos régiments d'un bras victorieux,
   Sur le palais du Dey m'arboraient glorieux.

   —

7. Quand, dans un salon, je m'ennuie,
   Je considère mon premier
   Avec une amoureuse envie.
   Si vous voulez au loin envoyer mon dernier,
   Faites-le fortement vibrer dans mon entier.

   —

8. Lecteur, dans le Brésil se trouve mon premier.
   Et là, tout comme ailleurs, quand tombe mon dernier
   On s'abrite sous mon entier.

   —

9. Mon premier est un minéral ;
   Mon second est végétal,
   Et mon tout un animal.

   —

10. Quand mon premier est mon dernier,
    Alors il devient mon entier.

    —

11. Voulez-vous, cher lecteur, deviner mon premier ?
    De la propriété rurale
    Cherchez la mesure banale.
    Vous trouverez dans mon dernier
    Ce qui mesure et les ans et la vie.
    Achetez-vous un champ, une prairie,
    Ayez recours à mon entier.

    —

12. Chez les boulangers on trouve mon premier ;
    En cherchant dans la gamme, on trouve mon dernier.

Allons donc, paresseux, imitez mon entier.

———

13. Mon premier appartient au règne musical,
    Et mon second au règne végétal.
    Vous trouverez mon tout dans le règne animal.

———

14. Il est sûr que, sans mon dernier,
    Inutile eût été d'inventer mon entier.
    Si tu ne peux me deviner,
    Tu mérites, lecteur, de porter mon premier.

———

15. Apprends, lecteur, que mon dernier
    Est si proprement mon premier,
    Qu'on le fait rarement pour nuire;
    Non moins officieux, tu verras mon entier,
    Toujours pour conserver et jamais pour détruire,
    Préférer la cave au grenier.

———

16. Pauvre diable qui n'a pas mon premier;
    Vers le mal, cher lecteur, évitez mon dernier;
    Tout carrosse est fort dur, privé de mon entier.

———

17. Pour trouver mon premier, creuse au sein de la terre;
    Pour trouver mon dernier, vole jusques aux cieux;
    Et mon entier, tu ne t'en doutes guère,
    Se trouve entre les deux.

———

18. Tout ici-bas est mon entier,
    Dit le livre de la Sagesse :
    Comme le grain dans mon premier,
    L'homme doit se purifier
    Dans l'infortune qui l'oppresse.
    Le prêtre, en terminant sa messe,
    Vous dit en latin, mon dernier.

19. J'aime de mon premier la grâce et la blancheur;
Mon second toujours me fait peur:
Et de mon tout, cher lecteur,
Chacun est admirateur.

—

20. Redoutons mon premier: instrument du hasard,
Il flatte les joueurs et les perd tôt ou tard.
Recherchons mon dernier, il est la douceur même,
Jamais il ne fait mal, et tout le monde l'aime.
Qui que tu sois, lecteur, chef d'armée ou banquier,
Ministre ou potentat, prends garde à mon entier.

—

21. Espoir du laboureur,
Mon premier craint la tempête ennemie;
D'une race bannie
Mon dernier est le successeur;
Mon entier, lancé par l'envie,
Est un trait acéré qui déchire le cœur.

—

22. Mon premier est latin.
Mon second est français,
Mon tout est italien.

—

23. Dans la musique on trouve mon premier;
Un cordonnier se sert de mon dernier.
Oh! qu'un conscrit désire mon entier.

—

24. Dans mon premier, on trouve un instrument à vent,
Un mal dont la douleur parfois nous importune.
Lecteur, quand mon second peut léser ta fortune,
Sois réservé, n'en use pas souvent.
Si dans mon tout tu fais un seul voyage,
Adieu, je vois Caron qui t'attend au passage.

—

25. On chante mon premier,
    On plante mon dernier,
    On mange mon entier.

26. Aux pieds vient mon premier,
    Sur la terre vient mon dernier,
    Dans la mer mon entier.

27. L'homme, en venant au monde, est mon premier,
    L'air du visage annonce mon dernier ;
    Au ciel, cher lecteur, cherche mon entier.

28. Or, vous saurez que mon premier
    Est une pièce essentielle
    Pour maint état, surtout celui de menuisier.
    Si je voyais, lecteur, un instant votre entier,
    Il serait un miroir fidèle
    Où je verrais quel est votre dernier.

29. A mon premier, jamais on ne doit se fier ;
    Mon second quelquefois entoure mon entier.

30. Mon premier sur ta table est d'un fréquent usage,
    De mon second bruyant est le langage,
    Et de mon tout agréable est l'ombrage.

31. Mon premier du plain-chant est une douce note.
    Veux-tu semer oignon, poireau, navet, carotte,
    D'avoir recours à mon dernier
    Tu ne saurais te dispenser.
    Mon entier est un mal à craindre ;
    Tel qui s'en voit atteint, bien souvent est à plaindre.

32. Dans le nom d'un insecte on trouve mon premier,

Dans le nom d'une ville on trouve mon dernier,
Mon tout a fait souvent pleurer un écolier.

—

33. En vendant mon premier,
Exigeant mon dernier,
J'use de mon entier.

—

34. Dans mon premier on verse mon second,
Mon tout attend voleurs et vagabonds.

—

35. Mon premier sert au vêtement,
Mon second est un élément,
Mon tout, dans un régiment,
Figure très-noblement.

—

36. Lecteur, tâchez que mon premier,
Pour l'honneur du logis, soit toujours mon dernier,
Et si vos serviteurs sont ingrats, infidèles,
Ou bien s'ils ont entre eux bisbilles et querelles,
Ne perdez pas un jour pour faire mon entier.

—

37. Un instinct médical avertit mon premier,
Qu'il doit employer mon dernier
Pour se servir de mon entier.

—

38. Mon second est produit dans l'air;
Mon premier dans la terre, et mon tout dans la mer.

—

39. Plus d'un auteur, dans mon entier,
A dit des choses inutiles;
Plus d'un sage, dans mon premier,
Admire la nature et méprise les villes;
Plus d'un traître, sur mon dernier,
Cacha, par un baiser, mille projets hostiles.

40. Le nouvel enrichi est porté sur mon premier ;
     Qui peut à l'indigent refuser mon dernier,
     Ne vaut pas l'animal qui mange mon entier.

---

41. On traîne mon premier ;
     On aime mon dernier,
     On brûle mon entier.

---

42. Mes amis, qu'on soit laid ou qu'on soit mon premier,
     Dès qu'on vient d'épouser la sœur de mon dernier,
     Vite avec celui-ci on devient mon entier.

---

43. Mon premier est hardi, mais craint bien mon dernier,
     Mon dernier convient bien autour de mon entier.

---

44. Du son de mon premier la forêt retentit ;
     Quand mon second se fait, il se fait gratuit ;
     Le ministre de Dieu de mon tout fait usage
     Alors qu'il se revêt de l'ornement sacré ;
     Et, dans certains pays, mon entier est le gage
               Du mérite récompensé.

---

45. Dans mon premier est l'arme du joueur ;
     Dans mon second le désir du buveur ;
     Dans mon entier le douloureux salaire
     De leur conduite, au bonheur si contraire.

---

46. On passe] mon premier, mon second est passé ;
     Mais de trouver mon tout on est embarrassé.

---

47. Voulez-vous, cher lecteur, vivre heureux et tranquille ?
     Avec le plus grand soin évitez mon premier ;
     Il est souvent nuisible et rarement utile ;

Gémissez avec moi du sort de mon dernier ;
Il fut, jadis, témoin des plus sacrés mystères ;
Mais insensible aux divines faveurs
De la plus tendre mère il fit couler les pleurs,
Et, devenu l'objet des célestes colères
Il est, depuis, en proie à d'horribles malheurs.
J'aime de mon entier les pas égaux et lents,
Ses étendards sacrés, ses pompes solennelles ;
J'aime ses hymnes saints, je m'unis à ses chants,
Et mon âme s'élève aux voûtes éternelles.

———

48. Entendez mon entier,
    Perché sur mon premier,
    Faisant de mon second retentir la montagne.
    Pour l'écouter dans la campagne,
        Le laboureur
    Suspend plus d'une fois son pénible labeur.

———

49. Mon second du premier précipite la marche.
    Sans mon entier, Noé n'eût jamais construit l'arche.

———

50. Mon premier suit ta marche, ou vive ou ralentie ;
    Mon dernier dans la Bible est maintes fois nommé.
    Mon tout vit dans nos cœurs, et jette sur la vie
    Souvent plus de malheur que de félicité.

———

51. Sur mon premier
    On passe mon dernier,
    Pour arriver à mon entier.

———

52. Je suis, en mon premier, l'une des douze choses
    Inégales de jour, différentes de nom,
    Qui règnent tour à tour sur l'hiver et les roses.
    Si vous voulez jouir de mon second,

Prêtez l'oreille aux flots, à la foudre, au canon.
Mon entier au mois d'août réclame la famille,
Daignez me déviner en conseil de famille.

—

53. Voudrais-tu, cher lecteur, un ami véritable ?
Ne va pas le chercher, crois-moi, chez ton semblable.
Prends plutôt mon premier : celui-ci t'aimera.
Heureux ou malheureux, toujours il te suivra.
Qu'un ennemi t'approche, excite son courage :
Armé de mon second, il punit un outrage.
Si, tandis qu'il te sert il plaisait au destin
De frapper cet ami de quelque mal soudain,
On ne le verrait pas, créature commune,
T'ennuyer, chaque jour, d'une plainte importune ;
Comme un autre Hippocrate, il est son médecin
Et trouve dans mon tout un remède certain.

—

54. Je devais être un objet fort aimable,
Car mon premier n'est fait que pour les jeux,
Et mon second procure un plaisir délectable ;
Mon tout pourtant est fort triste et fâcheux.

—

55. Mon premier est dans le départ,
Mon second est dans tout,
Mon tout est partout.

—

56. Vous plaît-il de rentrer, vous plaît-il de sortir !
Mon premier est tout prêt à combler votre envie.
En voyage, le froid vient-il à vous saisir,
De mon second, messieurs, couvrez-vous, je vous prie.
Soignez de votre mieux mon entier qui vous suit ;
Pour ce doux compagnon craignez une surprise,
Sous peine, en arrivant à l'auberge, la nuit,
De n'avoir bonnet ni chemise.

57. Dans les mélodieux états de la musique,
  Mon premier tient un des principaux rangs,
  Cherchez dans mon second un chiffre magnifique,
  Surtout quand il nous vient suivi de mille francs.
  De mon entier on appelle une chose
  Qui, tout nouvellement éclose,
  N'est point encore soumise à l'empreinte du temps.

58. Mon premier est liquide,
  Mon second est liquide.
  Mon tout est liquide.

59. D'une lettre de l'alphabet.
  Et d'une note de musique,
  Le total, cher lecteur, est chose rare, unique,
  Un trésor tout-à-fait
     Parfait.

60. Dans les jours d'erreur, de folie,
  Où dominait l'idolâtrie,
  Par *mon premier* chez les Latins,
  On nommait les êtres divins.
  Mais, remarquez bien, je vous prie,
   Que parfois cette expression
  Souffrait une contraction.
  Une fourchette, une cuillère,
  Sans *mon second* ne vont jamais ;
  J'en dis autant de mille objets,
  Auxquels il est très-nécessaire,
  Au point que souvent l'artisan,
  Surtout le pauvre paysan,
  Sans lui ne saurait plus que faire,
  Alors il est au masculin :
  Mais donnez-lui le féminin,
  A la ville comme au village,

Vous en reconnaîtrez l'usage,
Dans la plupart des vêtements,
Qu'il rend parfois plus elégants
Et toujours beaucoup plus décents.
Comme nom propre il signifie
Les eaux qui mirent Albion
A l'abri d'une invasion,
Lorsque le grand Napoléon
Voulait de cette île ennemie
Punir l'insigne perfidie,
Qui depuis, comme auparavant,
Nous a dupés si fréquemment.
Mon tout vit naître la lumière,
Il vit ressusciter le Christ,
Il vit descendre son esprit
Sur les apôtres en prière.
Sa présence est chère aux humains,
Aux bons chrétiens comme aux mondains,
Car, tandis que, sous ses auspices,
L'homme pieux fait ses délices
De se trouver dans le saint lieu,
Pour adorer, pour prier Dieu,
Il donne à la jeune coquette
Le temps de faire sa toilette,
Et d'aller, suivant ses désirs,
Se livrer à de vains plaisirs ;
Il réunit, dans les tavernes,
Tous les discours de balivernes,
Tous les hommes intempérants
Qui, par des excès dégoutants,
Satisfont les plus vils penchants.
O tristes mœurs des temps modernes !
La plus sage institution
Est, pour nous, une occasion
De crime et de damnation !

61. Il ignorait, Adam, notre bon père,
L'utilité de mon premier ;
Ève, sa femme et notre mère,
Sans le secours de mon premier,
Mangea tout cru le fruit de ce fatal pommier.
Venons, lecteur, à mon dernier :
Adam le méconnut encore ;
Il est enfant de Terpsichore.
Mon tout, insecte travailleur,
Est, comme Adam, l'œuvre du Créateur.

———

62. Mon premier sert à faire mon entier ;
Ne cherche point, lecteur peu sage,
A dissimuler mon dernier :
Il est presque toujours écrit sur ton visage.

———

63. Sur la terre humblement se traîne mon premier ;
Un pronom forme mon dernier ;
Dans l'honnête homme on trouve mon entier.

———

64. Vous tondez mon premier ;
Vous rasez mon dernier ;
Vous lisez mon entier.

———

65. C'est en vain que le coupable
A mon premier fait mon dernier :
On applaudit à mon entier
Quand mon premier est équitable.

———

66. La fable au rang des Dieux a placé mon premier ;
A ton pied, cher lecteur, se trouve mon dernier ;
Demande à ton tailleur le nom de mon entier.

———

67. Mon premier, cher lecteur, conduit à la victoire ;
On donne mon second pour aider la mémoire ;

Mon entier, par morceaux d'une triste couleur,
Dans un laboratoire est de toute rigueur.

68. Je brille au second rang et m'éclipse au premier.

69. L'avare a soin d'encoffrer mon premier ;
Le boulanger vend toujours mon dernier ;
Le jardinier pratique mon entier.

70. Mon premier n'a point de serrure,
Et cependant il a sa clé.
Mon second est trompeur, c'est une chose sûre.
Si vous manquez de nourriture,
Par mon entier bientôt vous serez désolé.

71. Mon premier des Chinois obtient l'absurde hommage :
Mon dernier de Bacchus barbouille le visage,
Mon entier des mortels est souvent le partage.

72. Mon premier invite au repos
Et mon second peut inviter à boire :
Mon tout, sur les pas d'un héros,
Conduit souvent les Français à la gloire.

73. Au bord d'un clair ruisseau si mon tout vous arrête.
Amusez-vous à cueillir mon dernier,
Sans aller contre mon premier
Follement vous casser la tête.

74. Heureux qui, loin de mon premier,
Vit en paix dans son humble asile !
Heureux qui sait de mon dernier
Faire un emploi toujours utile !
Heureux enfin celui que mon entier soutient et fortifie
Contre les maux nombreux de cette triste vie !

75. Mon premier, cher lecteur, te fait dresser la tête ;
     Mon second fut toujours fatal à mainte bête ;
     Et très-souvent mon tout, toujours rempli d'ardeur,
     Au Français inspira la plus noble valeur.

—

76. Descendez lentement mon dangereux premier ;
     Montez bien doucement mon pénible dernier ;
     Célèbrez dignement le jour de mon entier.

—

77. Le gourmand, au sortir d'une table splendide,
     Est souvent obligé de prendre mon premier ;
     Le frileux en hiver rarement se décide
     Et répugne toujours à quitter mon dernier ;
     L'homme le plus chagrin s'amuse et se déride,
     Toutes les fois qu'il peut aller à mon entier.

—

78. Dans mon premier est une particule.
     L'abus de mon second rend souvent ridicule.
     Mon tout est ce que vous serez,
     Lecteur, si vous me devinez.

—

79. Mêlant sa voix divine aux sons de sa guitare,
     Le prophète David a chanté mon dernier ;
     En faisant mon premier, quelquefois on s'égare ;
     On s'égare toujours en suivant mon entier.

—

80. Lorsque de mon second mon premier n'a pas trop,
     Mon entier quelquefois n'est pas un mauvais lot.

—

81. L'eau dont s'abreuve mon premier,
     Le rafraîchit et le féconde ;
     Chacun sur la machine ronde
     Se distingue par mon dernier,
     Et reçoit toujours mon entier
     Quand il arrive dans ce monde.

—

82. Le pirate, sur mon premier,
    Court après la fortune ;
    Le médecin, par mon dernier,
    Augmente sa fortune ;
    Et, protégé par mon entier,
    Le marchand fait fortune.

—

Les mots des charades précédentes sont, pour la 1re, chat-eau, où l'on trouve *chat* et *eau* ; pour la 2e, mal-heureux ; la 3e, fard-eau ; la 4e, cou-cou ; la 5e, ami-don ; la 6e, drap-eau ; la 7e, porte-voix ; la 8e, para-pluie ; la 9e, sou-ris ; la 10e, vin-aigre ; la 11e, arpent-age ; la 12e, four-mi ; la 13e, la-pin ; la 14e, bat-eau ; la 15e, bon-don ; la 16e, sou-pente ; la 17e, or-ange ; la 18e, van-ité ; la 19e, cou-rage ; la 20e, dé-confiture ; la 21e, épi-gramme ; la 22e, ita-lien ; la 23e, ré-forme ; la 24e, cor-billard ; la 25e, la-pin ; la 26e, cor-ail ; la 27e, nu-age ; la 28e, vis-age ; la 29e, chat-eau ; la 30e, plat-ane ; la 31e, mi-graine ; la 32e, ver-sion ; la 33e, pré-caution ; la 34e, pot-eau ; la 35e, drap-eau ; la 36e maison-nette ; la 37e, chien-dent ; la 38e, pois-son ; la 39e, pré-face ; la 40e, char-don ; la 41e, char-bon ; la 42e, beau-frère ; la 43e, chat-eau ; la 44e, cor-don ; la 45e, dé-boire ; la 46e, mer-veille ; la 47e, proces-sion ; la 48e, pin-son ; la 49e, char-pente ; la 50e, pas-sion ; la 51e, pont-oise ; la 52e, mois-son ; la 53e, chien-dent ; la 54e, déboire, délire, dégout ; la 55e, partout ; la 56e, porte-manteau ; la 57e, ré-cent ; la 58e, po-tage ; la 59e, a-mi ; la 60e, di-manche ; la 61e, four-mi ; la 62e, pot-age ; la 63e ver-tu ; la 64e, pré-face ; la 65e, juge-ment ; la 66e, pan-talon ; la 67e, char-bon ; la 68e, zéro ; la 69e, écus-son ; la 70e, fa-mine ; la 71e, fo-lie ; la 72e, drap-eau ; la 73e, mur-mure ; la 74e, cour-age ; la 75e, cou-rage ; la 76e, pente-côte ; la 77e, thé-âtre ; la 78e, de-vin ; la 79e, pas-sion ; la 80e, mari-age ; la 81e, pré-nom ; la 82e, mer-cure.

TABLE DES MATIÈRES

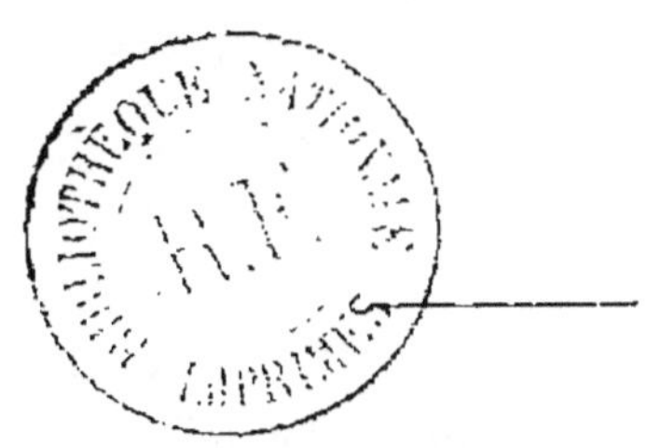

Première partie

ANECDOTES CURIEUSES

Deuxième partie

Troisième partie

DOCUMENTS MUNICIPAUX CURIEUX

Quatrième partie

PLAIDOYERS AMUSANTS

Cinquième partie

Sixième partie

Septième partie

Huitième partie

Neuvième partie

FIN DE LA TABLE

« le fasse lire, il amuse, il instruit et il met les rieurs du
« côté de la vérité. »

Lettres sur la vie d'un nommé Jésus, selon M. Re-
nan, de l'Institut, par LE MÊME. 14e édit. In-12.   2 fr.

Si la France a été châtiée, on peut bien s'en prendre
à sa mauvaise presse et à ses livres impies, comme celui
qui blasphéma contre la divinité de Jésus-Christ. Cette
réponse de Jean Loyseau est donc toujours d'à-propos et
on ne peut trop la propager.

Pouvoir et Liberté, par LE MÊME. Très-fort vol. in-18
jésus, de 431 pages. . . . .   3 fr.

Ces deux mots signifient beaucoup : l'auteur les définit
dans les deux premières parties de son livre et, à la troisième, il tire les conséquences pratiques qui regardent
notre époque. Jamais *l'obéissance, le Mariage civil* et
la Séparation de l'Eglise et de l'Etat n'ont été traités à
un point de vue aussi élevé et sous une forme aussi
piquante.

Nouvelles du Dimanche, par M. le marquis DE ROYS.
1 fort vol. in-12. . . . .   2 fr.

M. le marquis de Roys a contribué, plus que personne,
au succès de l'*Œuvre du Dimanche*, à laquelle il s'est
consacré. Ses longs et nombreux services lui permet-
traient de se reposer et d'attendre en paix la récompense, mais il a senti qu'il fallait quelque honnête distraction aux ouvriers de tout âge ramenés par l'œuvre
à l'observation du dimanche, et le voici qui se met généreusement au travail et donne l'exemple de la publi-
cation de bons livres. Ses *Nouvelles du Dimanche* sont
un livre de propagande, qui a sa place marquée dans
toutes les bibliothèques paroissiales et populaires, et
aussi dans les collections particulières qu'un grand
nombre de personnes vouées au bien forment chez elles,
dans le but très-louable de procurer de bonnes lectures
aux pauvres et aux ouvriers qu'elles visitent et secou-
rent. Ce livre forme d'ailleurs une gerbe de belles et
bonnes histoires, intéressantes et bien écrites, que tout
le monde peut lire avec plaisir et profit.

La Cour de Versailles, par le baron DU FAOUET. 1 vol.
in-12. . . . .   2 fr.

Cette histoire de la Cour de Versailles est écrite dans

un bon esprit. Le sujet était périlleux à traiter, il fallait éviter la déclamation et rester intéressant. L'auteur y a réussi, il a su mettre en relief les grandes actions dont ce palais a été le théâtre et raconter tout ce qui s'y est passé de glorieux. Il glisse sans s'y appesantir sur les périodes malheureuses pour la morale; aussi dans cet ouvrage, on ne trouve rien qui puisse choquer même un jeune lecteur.

Nouvelles de Charité, par LE MÊME. 1 vol. in-12.   2 fr.

Quelque chose de vraiment nouveau, qui ne se traîne pas dans les voies battues des scènes qui se passent sous toutes les zones, et dont les héros sont placés dans les situations les plus diverses; l'auteur a surtout pour objet de montrer l'influence des œuvres, des institutions catholiques pour combattre la douleur, cette condition de l'épreuve ici-bas, mais que la charité, ingénieuse et persévérante, a pour mission d'adoucir.   (*Monde.*)

La Désertion des Campagnes, par Olivier JEANTET. 1 vol. in-12, 2ᵉ édition . . . .   2 fr.

Livre excellent, très-pratique et approuvé par plusieurs Evêques :

« Que de vérités utiles et bonnes à propager renferme « votre livre. Je voudrais qu'il fût entre les mains de « tous nos instituteurs et institutrices des villes et sur-« tout des campagnes, etc.

« Je forme les vœux les plus ardents pour que le succès « vous vienne en aide et vous détermine à ne pas aban-« donner ce champ de bataille, où votre première passe « d'armes me semble un triomphe, etc. »

(Lettre de Mgr de SAINT-CLAUDE.)

La Roue qui tourne, par Mˡˡᵉ G. d'ETHAMPES. 1 beau vol. in-12. . . . .   2 fr.

Il n'est rien dans ce monde mobile d'aussi mobile que la fortune. Nous croyons la saisir et elle glisse entre nos doigts; et, semblable à ces nuages qui fuient devant le vent d'orage, elle passe et disparaît presque en même temps à nos yeux.

C'est dans cette mobilité de la fortune, vieux thème de réflexions et d'études sur lequel l'imagination des poëtes et des romanciers brodera jusqu'à la fin du monde des variations qui paraîtront toujours jeunes, que Mademoiselle Gabrielle d'Ethampes a cherché le sujet du livre nouveau qu'elle vient d'offrir au public. Le héros et l'héroïne de son agréable fiction sont mis dès les premières pages et à l'heure où ils sortent pour ainsi dire du berceau en présence l'un de l'autre, mais ils n'ont de commun que les grâces enfantines et la naïveté du premier âge, car il est pauvre et elle est riche. Les années passent et la roue de la fortune tourne; et quand, après quinze années de séparation ils se retrouvent, c'est lui qui est en haut et elle qui est en bas. Comment ces deux jeunes et nobles cœurs mettent en commun richesse et pauvreté pour ne plus faire qu'un seul et même lot, c'est ce que nos lecteurs devinent aisément, et nous ne voulons pas défleurer par une plus ample analyse le plaisir que nous leur promettons dans ce livre intéressant, que Mademoiselle d'Ethampes a pu justement intituler la *Roue qui tourne*.

En résumé, c'est un bon livre, bien écrit, plein de saines idées, qui contient de salutaires et utiles enseignements et que nous signalons de grand cœur et tout particulièrement à l'attention des mères de famille.

(Espérance du Peuple).

Les Chrétiennes de la Cour, par Mme la comtesse DROHOJOWSKA. 1 beau vol. in-12.. . . . . .   2 fr.

Encore une excellente idée et un excellent livre!!! Madame Drohojowska, déjà connue par tant d'ouvrages intéressants, a eu l'heureuse pensée de mettre en relief ces nobles figures de princesses qui, depuis le commencement du dix-huitième siècle, ont illustré la maison de France, et, par la sainteté de leur vie, réparé les scandales trop souvent étalés à côté d'elles. Puisque des plumes éhontées ne craignent pas d'exploiter ces turpitudes au profit de l'immoralité, il était bien juste qu'une plume chrétienne retraçât tant de vertus à la gloire de la justice et de la religion. Il suffira de rappeler Marie Leszczynska, Mesdames filles de Louis XV, Madame Elisabeth, pour comprendre le tendre et puissant intérêt qu'on éprouve à parcourir cette royale galerie, que l'auteur a prolongée jusqu'à nos jours, sans autre préoccupation que celle de l'honneur et de la vérité.

(Etudes religieuses et historiques.)

Claire de Fouronne, *récit bourguignon*, par Alfred DE THÉMAR. 1 vol. in-12 de 321 pages. . . .   2 fr.

Claire de Fouronne est un petit roman très-honnête, bien écrit et intéressant. Deux jeunes filles, deux cousines, sont élevées presque côte à côte. L'une, Claire de Fouranne, est restée de bonne heure orpheline et sans fortune. Confiée par sa mère mourante à la sœur d'un vieux curé de village, elle apprend dès l'enfance à se suffire à elle-même, à s'occuper de ces soins vulgaires qu'ennoblit si bien la grandeur des sentiments. En même temps, elle nourrit son esprit de lectures sérieuses, élève son cœur par la visite des malheureux et des malades, par toutes ses œuvres de charité enfin, que la pauvreté même n'interdit pas. Quant à l'autre, elle a pour père un général, bon vivant, joyeux chasseur, qui se plaît à lui laisser accomplir toutes ses fantaisies. A Paris, comme à Mailly-Château, Ida de Montrevel s'entoure du luxe le plus insensé, de tous les raffinements de l'élégance; elle ne recherche que les distractions et les plaisirs; ne connaît que les livres les plus frivoles, et se détourne avec dégoût à la vue des infirmes et des pauvres. Elle déteste sa cousine et semble jalouse de sa vie heureuse comme de ses vertus. Arrive l'âge où les deux jeunes filles doivent prendre leur place dans le monde. Ida, malgré son argent, malgré les brillantes réceptions de la maison de son père, ne peut trouver personne qui veuille penser à elle. Des revers de fortune viennent s'abattre sur M. de Montrevel. Le général se ruine tout à fait en essayant de réparer ses pertes. Il meurt de désespoir; et sa fille, instruite enfin aux dures leçons de l'adversité, renonce courageusement au monde et va expier devant Dieu les erreurs et les plaisirs de son inutile jeunesse; tandis que Claire, sans l'avoir cherché, trouve le bonheur avec la richesse.

Garo et son Curé, ou *Prônes interrompus par un impie et défendus par un troupier*, par V. BERTRAND. 1 beau vol. in-12 de 400 pages, 5e édit . . . . 2 fr.

De tous les livres populaires renversant les objections contre la religion, celui-ci est le plus original et peut-être le plus solide. Un respectable curé donne à ses paroissiens un cours suivi d'instructions pendant la station de l'Avent et du Carême; or, *Lucien*, le libre penseur du pays, n'admet pas tout en fait de religion; il interrompt donc son curé et voilà que le sergent *Lafleur*, un brave qui n'a rien perdu de son catéchisme à la guerre, se met aussi de la partie; mais il est pour la bonne cause toujours. *Mille carabines !* s'écrie-t-il, *ç'en est ça des sermons à la baïonnette !!* Le triomphe est complet. Lucien fait ses Pâques. — Le nombre de ces instructions est de 17 : 7 pour l'Avent, 10 pour le Carême.

Petits Sermons où l'on ne dort pas, par LE MÊME. 4 vol. in-12. . . . . 8 fr.

On vend séparément, 2 fr. chaque vol., sous les titres suivants :

Fondements de la foi, t. I ;

Avent et Carême, t. II ;

Nourriture du vrai chrétien, t. III ;

Questions qui devraient être à l'ordre du jour, t. IV.

On lit dans le journal *le Monde,* du 26 octobre : «Sous le titre piquant de *Petits Sermons où l'on ne dort pas,* M. l'abbé Victorien Bertrand, le spirituel auteur de *Garo et son Curé,* publie une série d'instructions familières sur les principales vérités de la religion. Nous venons de parcourir le premier volume, où sont exposés les premiers fondements de la foi.

« L'exorde, un point de doctrine, un exemple à l'appui, souvent un apologue, une comparaison ou même une histoire saisissante qui résume le sujet, puis enfin cinq ou six bonnes paroles en guise de péroraison, tel est à peu près le cadre de ces courtes conférences, qui durent à peine vingt minutes, en sorte qu'il n'est réellement pas plus possible *au lecteur d'y bâiller, qu'à l'auditeur d'y dormir.* »

« Cet ouvrage est neuf et original comme tout ce qui sort de la plume de l'abbé Victorien Bertrand; il peut rendre de grands services pour les catéchismes et la prédication familière. »

Ce que le *Monde* a dit du premier volume, il l'a dit des suivants, qui, du reste, ont déjà leur 2e édition.

Causeries du Dimanche. **Catéchisme des Petits et des Grands,** par LE MÊME, 2e éd. 6 vol. in-12. 12 fr.

Les Chrétiens aux bêtes, par Maurice LE PRÉVOST. In-18. . . . . 1 fr. 50

Rien de plus vif et de plus piquant que ce volume, qui ne fera pas l'affaire de nos libres penseurs.

Beaugency. — Imp. Gasnier.